穹頂之下，
從泰利斯到愛因斯坦的

科學遺產

博文 著

從古希臘哲學家到現代物理學家，
穿梭於數千年的科學發展歷程

僅是對偉大科學家生平和成就的紀念
是對科學精神和人類求知欲望的讚頌

**SCIENTIFIC
HERITAGE**

闡述科學進步對於人類文明的重要性
為讀者介紹了科學歷史的脈絡和科學思想的演變

目錄

目錄

第三部分　熱學家

第四部分　電學家

第五部分　光學家

第六部分　原子物理學家

目錄

目錄

前言

　　科學創造是人類歷史上最激動人心的創造。科學使人類進入一個嶄新的世界。對宇宙的探索，使人類實現了登上月球的宏偉夙願；對微觀粒子的探索使人類擁有了威力巨大的核能；對電的世界的探索，使人類的生活日益電氣化和數位化；對生物及人自身的探索，使人類戰勝了許多疾病，並延長了人類的壽命……科學已經徹底地改變了人類的生活方式，增強了人類征服自然界的能力。最重要的一點是，科學使人類擺脫了愚昧和落後的狀態，使人類的思維發展到了前所未有的高度。

　　今天的社會是重視科學技術的社會，不懂科學或者不具備科學素養的人，無論在學習還是工作中將面臨尷尬的境地。在人們所大力提倡的「素養教育」中，科學素養是最重要的，也是最應該被首先提倡的。科學思維可以促進人類智商的提升，這早已是不爭的事實。研究顯示，那些從小熱愛自然、善於觀察、敏於感知、勤於思考、勇於提問的孩子，其智力較其他兒童發育更快，身心發展更加平衡。現在，如何能讓自己的孩子具有科學思維的能力，豐富的想像力和動手動腦的能力，已成為家長們所關心的問題。

　　無疑，學校老師肩負著向青少年傳授基礎常識的任務。但是由於篇幅有限，且重點又在於知識本體，故教科書一般較少提及與知識相關聯的科學家。其實，了解科學家的人生經歷，不僅有利於孩子學習其經典理論，更重要的是，科學家的奮鬥歷程可以給人許多有益的啟迪。本書的目的，就在於讓青少年朋友擁有一本與教材相呼應，介紹科學家的科普讀物。如此一來，便可以透過閱讀本書理解教科書中的數理化知識，

從而使枯燥的書本變得生動起來，使學習過程有趣又有效率。

為了方便讀者閱讀本書，並能用較少的時間達到較好的閱讀效果，本書在編寫中遵循了下列原則：

一、在人物的選擇上：本書所選擇的 100 位科學家，大多數出自國高中數學、物理、化學的課本之中，個別人物雖未出現，但作為常識也應該了解。這些科學家在自然科學的發展史上有過突出的貢獻，占有重要地位，因而具有較高知名度。他們的科學成就對後來的科學發展產生過深遠的影響。他們追求真理、克服困難、勇攀科學高峰的奮鬥經歷，對任何一個青少年而言，都具有現實的啟示和教育意義。需要指出的是，本書收錄的科學家，是那些致力於科學理論的創立、科學思想的產生的科學家，這與那些在某個技術領域有過重大發明的技術發明家有著根本的區別。故除愛迪生等少數幾位對科學理論起較大推動作用的發明外，如瓦特（James Watt）、蔡倫等純技術發明家本書未收錄。這並不表示他們不重要，只是他們的貢獻與自然科學思想的發展是兩回事，這是由科學和技術的不同性質所決定的。

二、在人物分類方法上：本書採用了空間、時間、學科融為一體的分類方式。橫向而言，全書人物分為中國與外國科學家兩大塊。這主要是由於中國五千年的文明發展史有其獨特性，且中國的科學思想在很長的時期內，是沿著一條獨特的方向發展的。如果把中國科學家與外國（尤其是西方）科學家放到一起介紹，由於文化背景不同，很可能會造成讀者思維上的混亂，同時不利於讀者區別和比較。在把全部科學家分為中外兩大塊的基礎上，外國科學家又按學科劃分為 10 大門類。各學科再以時間排定人物先後次序。這樣劃分的好處在於：讀者在閱讀完一個學科科學家的故事之後，實際上也就掌握了該學科的發展歷史。這樣每一

位科學家在該學科發展歷史中的地位和作用，也就一目了然了。由於物理學門類較多，故又分解為經典力學、熱學、電學、光學和原子物理學五個學科分支，再與數學、化學、生物學及地理學共同組成一個有機的統一體。如此，本書所收錄的科學人物基本上涵蓋了國高中數理化教科書中的所有學科。需要指出的是：由於各學科發展的不平衡性，且在課本中的地位也不一致，故每個學科內介紹的科學家在數量上顯然不可能完全均等，但大體上安排了與該學科發展程度相符合的全部科學家。同時由於某些人物地位與作用並不明顯，或由於數據太少不能成文，所以未收錄本書之中。

三、在人類發展的各個歷史時期中，由於中國的科學家對人類文明作出了巨大的貢獻，所以在本書中占有較大篇幅。但由於本書篇幅有限，故僅選擇中國科學家中的一部分作為代表收錄本書之中。對於科學群星閃爍的中華文明而言，這顯然只能造成以點帶面的作用。但這絲毫不代表中國其他科學人物就不重要，也並非因為作者存在某種偏好，而僅是編寫的需要罷了。

四、在人物時間界定上：本書收錄的人物，僅限於目前已去世的科學家。其中僅有一處例外，即生物學家華森和克里克，由於他二人貢獻極為突出不能不寫，所以為保證準確反映生物學科發展全貌而破例收入。而對於其他仍然健在的科學家，來日方長，他們還將創造出更大、更多的科學成就，有鑒於此，本書暫未將其選入。

五、收錄本書的科學家，所處時代不同，生活經歷各異，因此留下的事蹟資料也多少不一。根據不同的情況，編寫時從實際出發，有的科學家筆墨較多，有的可能相對較少。這裡需要說明的是，篇幅長短僅僅與資料的多少有關，並不意味著他們科學貢獻的大小。另一點需要說明

的是，如前所述，沒有收錄本書的著名科學家還有很多；本書中沒有收錄他們，只是因為篇幅所限，絲毫沒有抹殺他們科學成就的意思。

六、就本書而言，每位科學家均按照以下幾個部分去撰寫：人物生平 —— 以樸素的語言講述科學家的人生經歷；思想著作 —— 評論科學家的光輝思想及傳世名作；主要事件 —— 解讀科學家成名之路；軼聞趣事 —— 展示科學家多彩人生；歷史地位 —— 評說科學家豐功偉業；餘論 —— 點選科學家成功原因。透過多層次多側面的敘述，力爭使每一位科學人物都能以飽滿而生動的形象呈現在讀者面前。對於所涉及的一些自然科學理論，諸如定理、定律、定義等專業性很強的問題，也都簡明扼要地加以解釋。但對於過於專業的問題則不去深入討論。

七、雖然本書是以具有中等教育程度的社會群體為目標讀者，屬於科普性中級讀物，但作者仍以科學家們的科學精神為榜樣，力爭在保證通篇深入淺出、通俗易懂的基礎上，使本書具有較強的科學性、趣味性和可讀性，把科學家實事求是的科學態度貫穿到每一篇故事之中。

以上就是我們在著手編寫本書時的一些考慮，而且我們也是本著這些考慮進行工作的。由於編寫一本貼近國高中生讀者群，關於科學家的通俗讀物對我們來說是一種嘗試，因此，書中難免會有不足之處，希望得到讀者朋友們的批評指正。本書在編寫過程中，從公開出版的書籍和報刊上收集了大量的數據，其中包括海內外學者的研究成果。由於本書的體例，各篇傳記在參考、吸收和利用這些數據時，未能一一註明出處，敬請見諒。

編者

第一部分　數學家

科學之祖 —— 泰利斯

「智慧產生科學，無知產生信仰。」

—— 希波克拉底

（Hippocrates，西元前 460 ～前 370 年，希臘著名醫生）

人生傳略

　　科學的發展有一個漫長的歷史過程，它開始於人們對自然界種種奇異現象的疑惑和思索。由於早期的人類社會還很不發達，人們對於諸如風雨雷電的產生、日月星辰的運動等均無法解釋，這就引起了人們的興趣。所以亞里斯多德曾經指出：「全部科學都是由『好奇心』引起的。」這種好奇心正是推動科學發展的一種動力。在人類文明的幾個發祥地之中，最早確立科學思想的是古希臘。這不僅是因為古希臘奴隸社會的繁榮為科學思想的產生提供了物質基礎，同時古希臘哲學的發展，也為科學思想的產生奠定了理性基石。所以，為什麼科學之祖誕生於古希臘而不是其他文明古國就是可以理解的了。

　　泰利斯（Thalês，約西元前 624 ～前 546 年）是古希臘傑出的科學家和哲學家。他出生於小亞細亞的米利都城，早年一邊經商一邊旅行，去過埃及、巴比倫等地，學習了東方先進的幾何學與天文學知識。回國之後在家鄉創辦了著名的米利都學派，弟子之中後來成為大家者甚多，如著名哲學家阿那克西曼德（Anaximander，約西元前 610 ～前 546 年）就是其中一位。泰利斯以其超凡的智慧而尊居於「希臘七賢」之首，更因其在數學、天文學和哲學方面的開創性貢獻而被後人譽為「科學之祖」。

主要思想及著作

泰利斯在數學方面的主要貢獻，在於把埃及的土地丈量術演變成為平面幾何學，並提出了幾個命題：(1) 直徑平分圓周角；(2) 等腰三角形兩底角相等；(3) 兩直線相交時，對頂角相等；(4) 半圓之內接三角形必為直角三角形。這些原理在今天的國高中生眼中也許是非常簡單的，但是在當時卻是了不起的發現。如果今天的人嘲笑 2500 年前由泰利斯提出的命題的話，那就如同生活於 2500 年後的人們嘲笑我們今天的淺薄與無知一樣。

泰利斯根據巴比倫的天文知識，奠定了古希臘天文學的基礎。他對太陽進行了間接的目測，他確定了 365 天為一太陽年，還建議航海者按照北方天上的小熊星座來辨別方向。直到今天，我們仍以北極星方向作為正北方向。在哲學方面，泰利斯從巴比倫的神話之中得到啟發，他認為水是萬物的本源。古巴比倫神話之中，以淡水之神阿勃祖（Abzu）作為父親，以海水之神提阿瑪特（Tiamat）作為母親，兩者結合便誕生了宇宙。所以泰利斯認為水是最好的東西，理應成為萬事萬物的本源，而大地就如同圓盤一般漂浮於水面之上，所有的東西都從水中而來又都還原為水。這種觀點儘管樸素，也有點兒幼稚，但在西方歷史上卻是第一次用自然物本身去說明自然，並且藉助於水的不定型和流動性，描繪了一幅自然界生滅演化的圖景。

名人事典

泰利斯不僅善於觀察大自然，而且善於運用自然規律。在美索不達米亞，泰利斯了解到巴比倫人因為發現日食大約 19 年出現一次的週期，而能預知日食的出現。西元前 585 年，泰利斯成功地預言了一次發生於

希臘上空的日食，使人們十分驚訝，以至於當時正在進行的一場戰爭因此而停止了。泰利斯從此名聲大震。

泰利斯還善於把自然科學知識與生活連繫起來，更好地為人們服務。據說他不僅閱歷豐富，學識超人，而且做生意也是十分高明。由於他精通天象，在冬季便預知出下一年的橄欖要豐收，於是，用低租金租下了米利都地區的全部橄欖榨油器。到了收穫季節，突然間需要大量的榨油器，於是他又抬高租價，轉手將榨油器租給了他人，賺了一大筆錢。這或許是要向世人表明，哲學或科學並非無用，哲學家和科學家也未必只能貧困。只要他們願意，就會很容易地發財致富。但是他們的志趣顯然不在於此，因為哲學家或科學家首先是一位熱愛智慧的人。正是因為泰利斯是一位熱愛科學、勤於觀察的人，所以他具有普通人所不具有的智慧，才能利用不為他人所知的自然規律賺到大筆金錢。

歷史評說

泰利斯在幾何學方面所取得的成就，今天已經成為中小學生幾何課本的內容。其在幾何學方面的貢獻雖然不及後來的歐幾里得那樣顯著，但是他的幾何學命題已經具備了科學理論的原始雛形。他把埃及人和巴比倫人的經驗提煉並昇華為一種科學的體系 —— 幾何學，有了這個體系（儘管還不成熟），後人便不再必須透過經驗，而只需透過書本和邏輯就能夠掌握幾何學了。舉例來說，一個熟練的木工會以一根繩子的一端為圓心旋轉繩子一周畫出一個圓來，儘管你並非是木工，但只要你學過幾何，知道以一點為圓心、以一定長度為半徑旋轉便可做出一個圓，那麼你的圓絲毫不會比那個木工做得差，這就是科學的價值。科學使我們每一個人不必成為木工就能夠掌握真理。這就是科學家的使命 —— 去發現

一種範例或模式，依此範例或模式，我們就可以掌握認識自然和改造自然的規律了。泰利斯被稱為「科學之祖」就在於他最先把經驗提升為原理（規律），而這正是科學家們所追求的基本目標。

泰利斯之所以取得如此大的成就，除了他閱歷豐富、見多識廣之外，關鍵在於他對自然界有著濃厚的興趣。據說他為了觀察夜空的星星，經常仰望天空而不注意腳下，以至於掉到了水溝裡。這種做法雖然引來了許多人的嘲笑，但他自己並不在意。他還認識到琥珀摩擦能夠產生靜電並仔細觀察磁石吸鐵等現象。泰利斯這種對一切事物都有的好奇心，對任何奇妙現象都要探求其祕密的精神，正是作為一位科學家所必須具備的素養。可見，要理解大自然必須先耐心細緻地觀察大自然，這是人類開啟科學大門的一把金鑰匙。但是僅僅局限於觀察是不夠的，泰利斯在自然規律面前不是被動地服從，而是主動地利用自然規律為人們服務，這對於人類在理性方面早日覺醒，對於人類從原始迷信與宗教崇拜中解放出來，具有深刻的啟蒙意義。泰利斯的精神鼓舞著人們去洞悉自然、探索宇宙、尋找科學。

最早證明勾股定理的人 —— 畢達哥拉斯

「畢達哥拉斯是歷史上最有趣味而又最難以理解的人之一。」

—— 伯特蘭・羅素

人生傳略

畢達哥拉斯（Pythagoras，約西元前 572～前 497 年）是古希臘的數學家、哲學家。約西元前 572 年生於米利都附近的薩摩島，早年跟隨泰利斯

學習，後因泰利斯年事已高，又師從泰利斯的高足阿那克西曼德。曾到埃及、巴比倫、印度等地學習東方科學和宗教，回國後講學數年，後移居義大利的克羅頓，組織了一個半科學半宗教的團體，稱畢達哥拉斯學派。該學派活動時間長達 200 多年（現在已經很難區分這個學派的哪些成果屬於畢達哥拉斯本人，哪些是其他成員做出的，當人們談及畢達哥拉斯的工作時，實際上是指這個學派在西元前 6 世紀至西元前 5 世紀所做的工作）。這些工作影響了西方數學和天文學數千年的發展。對數學入迷的畢達哥拉斯及其學派，最著名的發現便是勾股定理的發現與證明。

主要思想及著作

在國中的幾何書中，有一個定理最能吸引同學們的興趣來證明它。這個定理就是勾股定理，在西方被稱為畢達哥拉斯定理。這個定理的內容是：在任何直角三角形中，斜邊的平方等於兩個直角邊的平方和。（$aB^2 = ac^2 + Bc^2$）雖然在畢達哥拉斯之前，古代中國人、古埃及人、古巴比倫人均已知道這個定理的存在，但是還沒有人能對此加以證明。在中國古代的《周髀算經》中僅記載有勾三股四弦五而沒有給出證明。畢達哥拉斯提出兩個命題讓他的弟子們去證明，即：1. 若一個三角形為直角三角形，那麼其斜邊的平方和等於另外兩邊的平方和；2. 若一個三角形有一條邊的平方等於另外兩條邊的平方和，那麼這個三角形必為直角三角形。今天，這兩個命題對於國中學生來說都不難證明，但在 2500 多年前，這可是一個大難題。經過多次辯論和實證，最後畢達哥拉斯及其弟子們終於證明這兩個命題都是永遠成立的。為了慶祝這個偉大的發現，他們還殺牛擺酒、聚會慶功，並以學派首領畢達哥拉斯的名字為這個定理命名。可惜的是他們證明勾股定理的方法早已失傳了，有興趣的同學可以自己去證明一下這兩個命題。

在數學方面，除了畢達哥拉斯定理之外，畢達哥拉斯及其弟子們還證明了三角形內角之和等於兩個直角，並指出內接於半圓的所有的角均為直角。他們還研究了正多面體、偶數、質數、合數和所謂的幾何形數，他們甚至還發現了無理數。

名人事典

畢達哥拉斯有次應邀參加一位富有政要的餐會，這位主人豪華宮殿般的餐廳鋪著是正方形美麗的大理石地磚，由於大餐遲遲不上桌，這些飢腸轆轆的貴賓頗有怨言；這位善於觀察和理解的數學家卻凝視腳下這些排列規則、美麗的方形磁磚，但畢達哥拉斯不只是欣賞磁磚的美麗，而是想到它們和「數」之間的關係，於是拿了畫筆並且蹲在地板上，選了一塊磁磚以它的對角線 AB 為邊，畫一個正方形，他發現這個正方形面積恰好等於兩塊磁磚的面積和。他很好奇，於是再以兩塊磁磚拼成的矩形之對角線作另一個正方形，他發現這個正方形之面積等於 5 塊磁磚的面積，也就是以兩股為邊作正方形面積之和。至此畢達哥拉斯做了大膽的假設：任何直角三角形，其斜邊的平方恰好等於另兩邊平方之和。那一頓飯，這位古希臘數學大師，視線都一直沒有離開地面。

儘管畢達哥拉斯及其弟子曾為證明勾股定理而欣喜若狂，但他們並未意識到一種新的數正因此從他們自己的手中誕生，他們更未意識到這種新的數會給他們自己帶來什麼樣的危機。這種新的數就是無理數。

當他的弟子希帕索斯（Hippasus，西元前？～？年）用畢達哥拉斯定理考察腰為 1 的等腰直角三角形時，發現其斜邊為 $\sqrt{2}$。這個發現使學派中的大多數人陷入了困惑之中，因為這個無理數動搖了這個學派關於數的完美性的信念。由於他們認為數只能為整數或整數之比，即為分數，

而不應有其他雜亂的數。但是 $(1^2) + (1^2) = 2$，而 $\neq 1$，那麼既不是 1 也不是 2，更不可能是 3、4、5、6……對於現實生活中已經習慣於使用整數和分數的人們來說，這的確是個大麻煩。他們對 $\sqrt{2}$ 害怕到如此程度，以至於他們把最先發現的希帕索斯投進了大海裡以示懲罰。然而，幽靈般的 $\sqrt{2}$ 並沒有因為希帕薩斯葬身於大海而消失，它依然困惑著數學家們的頭腦，並因此導致了歷史上有名的一次數學危機。很顯然，幾何和數的關係並不是簡單而直接的，量並不是可數的數目。這場危機從改變早期人們數的觀念開始，形成算術與幾何的獨立發展，並促使數學思維從依靠直覺、經驗到應用邏輯證明的轉變，有力地推動了公理化幾何學與邏輯學的誕生。

歷史評說

　　赫拉克利特（Heraclitus，約西元前 533 ？～前 475 ？年），古希臘哲學家、天文學家曾說：「畢達哥拉斯進行過的研究和探討比所有其他的人都多，他靠博學和粗劣的技術形成他的智慧。」畢達哥拉斯由於發現和證明了勾股定理，從而推進了幾何學向前發展，後人歐幾里得所著《幾何原本》（*Elements*）第一冊的第 47 個命題，直到現在仍被稱為畢達哥拉斯定理，沿用了 2500 多年而未改變。不僅如此，把數的觀念放到重要地位的也是畢達哥拉斯，他讓人們意識到學習數學的重要意義。他所倡導的關於幾何學、算術學、音樂和天文學，被歐洲許多國家定為學生的必修課，從而使數的秩序觀念深入人心。幾乎歷代西方科學家或數學家都受到他的影響。如果沒有了數學的觀念，近代和現代的科學大廈無疑會失去支柱。

　　畢達哥拉斯不僅是傑出的數學家，他也是一位具有深遠影響的哲學家。在哲學上，畢達哥拉斯強調數是萬物的本質，提出「萬物皆數」的命

題，按他的說法：「萬物的本質是一，從一產生出二……從數產生出點；從點產生出線；從線產生出面；從面產生出體；從體產生出感覺所及的一切形體，產生出四種元素：水、火、土、氣。這四種元素的各種不同的方式互相轉化，於是創造出有生命的、精神的、球形的世界。」這顯然與米利都派從自然界某種特殊的感性實物中尋找世界本質的方法不同，畢達哥拉斯學派則是從量的方面抽取具有廣大普遍性的數的概念作為萬物的本源，這是人類抽象思維的一次進步。特別是，他們把數與自然事物相連繫，用數的關係、數的比例表達出宇宙的和諧與自然的規律，這對於人類理性思維的演化具有長久的影響。

幾何學宗師 ── 歐幾里得

「走向學問，是沒有什麼皇家大道的。」

── 歐幾里得

人生傳略

幾何學（Geometry）的 Geo 即「土地」之意，Metry 即「測量」的意思。從幾何學的英語詞意中我們就能夠看出，幾何學是一門關於土地測量的學問。在古代埃及，由於尼羅河水經常氾濫，人們不得不頻繁地重新劃定各自農田的面積和界線，這促使了土地測量技術的發展。最早的科學家泰利斯從埃及遊歷回來之後，根據埃及人測量土地的經驗，建立起一門有關空間的科學。幾何學發展的第二大步由畢達哥拉斯及他的弟子邁出。到了西元前 320 年，歐德漠寫出了一部幾何學史，說明當時的幾何學已經有了很大的發展。西元前 300 年左右，歐幾里得把泰利斯、

畢達哥拉斯、亞里斯多德等人的幾何知識加以修改和補充，並加以系統化。寫成了 13 卷本的鉅著《幾何原本》，終於確立了幾何的科學體系。歐幾里得（Euclid，約西元前 330～前 275 年）是古希臘數學家，約西元前 330 年生於雅典，曾經師從柏拉圖（Plato）學習，後來他到亞歷山大城從事科學活動。當時的亞歷山大城由於國王托勒密（Ptolemy I Soter）的重視，已經發展成為知識與文化的中心，著名的繆斯學院吸引著四面八方的學者前來學習，歐幾里得就是其中一位。

主要思想及著作

歐幾里得的傳世名著《幾何原本》是人類文明史中最重要的數學著作。在這部宏篇鉅著中，歐幾里得運用推理和數學計算的方法，由簡到繁，演繹出與邏輯相關的一系列數學定理，構成 13 卷本，其中 1 － 4 卷介紹直邊形和圓的基本性質；第 5 卷是關於比例的理論；第 6 卷討論相似形問題，第 7 － 9 卷為數論；第 10 卷是關於不盡根的幾何解法；第 11 － 13 卷為立體幾何學及窮竭法。

這部著作推理非常嚴密，論證邏輯清晰，堪稱古代歷史上一座最宏偉莊嚴的科學殿堂，直到 2000 年後，牛頓力學的建立，才有了能與之媲美的科學體系。《幾何原本》中的基本定義和公理被翻譯成全世界各國文字，廣為流傳。始終為科學工作者、特別是數學家所珍視。直到 19 世紀羅巴切夫斯基和黎曼（Bernhard Riemann）各自獨立創立非歐幾何學，歐幾里得的幾何學仍然作為人類科學認識史上的一座豐碑，聳立於現代科學之林。

除《幾何原本》之外，歐幾里得還著有：《給定量》（*Data*）、《圖形的分割》（*On divisions of figures*）、《辨偽術》（*Pseudaria*）、《光學》（*Optics*）、《反射光學》（*Catoptrics*）等著作。

名人事典

在歐幾里得這位偉大的幾何學家眼中，整個世界是一幅「由錯綜複雜的圖形構成的龐大圖案」。他運用驚人的才智將這個圖形拆開，分解成簡單的組成部分：點、線、角、曲線、平面、立體。他把一幅無限的圖畫，轉化成初等數學的有限的語言。他用最簡單的方法，將似乎是不可能做到的事情變為可能。他在亞歷山大大學時，有位同行說，任何人都沒有辦法測出偉大的金字塔的準確高度，他就用自己的身體為據來測量它：他等到他在陽光下的影子與自己的身高正好相同的那個時刻，測量了金字塔影的長度。然後他說：「各位先生，這個恰恰就是金字塔的高度。聰明的歐幾里得運用等腰三角形兩腰相等和三角形相似的方法成功測出金字塔的高度。

雖然歐幾里得已經簡化了他的幾何學，但他堅持學習幾何學必須進行透澈的研究，當國王問他是否有學習幾何學捷徑時候，歐幾里得回答道：「陛下，鄉下有兩條路：一條是供老百姓走的難走的小路，一條是供皇家走的坦途，但在幾何學裡，大家只能走同一條路。走向學問，是沒有什麼皇家大道的。」這句話後來演化成了人們所共知的「學習無坦途」。

歷史評說

希臘科學史上曾有兩次輝煌時期，第一次發生於雅典，產生了蘇格拉底（Socrates）、柏拉圖、亞里斯多德等一大批偉大的哲學家和科學家。第二次則發生於托勒密王朝的首府亞歷山大城。托勒密國王以寬宏的氣魄和極為優渥的物質條件贊助學術活動，著名的學術中心 —— 繆斯學院吸引了當時幾乎所有的知名學者。而歐幾里得就是這個時代燦爛的希臘科學群星中，最耀眼的那一顆，他也是站在整個希臘科學發展高峰上的巨人。希臘精神最成功的產物就是歐幾里得的幾何學。因為幾何學使

人類的思維從歸納推理發展到了演繹推理，從而使後人不再必須透過經驗或零散的數據來學了。人們只要透過歐幾里得確立的幾個公理體系，再加上嚴密的邏輯論證就能夠得到和事實相符合的結論。儘管透過實驗獲得數據仍然是此後科學發展必不可少的手段，但是科學家更重要的價值，在於用思維的嚴密性去理解人類暫時無法感知的世界。這也正是為什麼愛因斯坦僅僅使用紙和筆就能創立相對論的原因。演繹推理隨著科學的發展越來越發揮出它的重要價值。

歐幾里得的影響無論在當時還是以後都是極為巨大的，以至於我們今天把三維空間稱為歐氏空間，把相應的幾何學稱為歐氏幾何學。《幾何原本》在西方已再版 1 萬多次，其印刷數量僅次於《聖經》。但是歐幾里得並不醉心於榮譽之中，他一生教書育人，兢兢業業，不為金錢與名利所動。曾有一個學生在學習完第一定理之後，問道：「學習幾何究竟有什麼實際的好處？」於是，歐幾里得轉身對他的傭人說：「拿一點錢給這位先生，他沒有錢是不肯學習的。」像古希臘的大多數學者一樣，歐幾里得對於他科學研究的「實際」價值並不大在乎，他是為了科學而科學的，為研究而研究的。對於外面世界的喧鬧，他始終平靜地生活在自己的幾何空間之中，他說：「那些浮光掠影的東西終究會過去，但是星羅棋布的天體圖案，卻是永恆地巍然不動。」是啊！歐幾里得的名字與幾何學是分不開的，我們今天的幾何學教科書中的每一個定理都在證明他的不朽！

解析幾何的開創者 —— 笛卡兒

「我的努力求學沒有得到別的好處，只不過愈學愈發現自己的無知。」

—— 笛卡兒

人生傳略

　　勒內・笛卡兒（René Descartes，西元 1596 ～ 1650 年）是法國著名的哲學家、數學家、物理學家和生理學家。他出生於法國圖朗的一個小有名望的家族，父親是地方法院的法官，擁有祖上傳下來的大量地產，因而生活富有。但笛卡兒的母親卻體弱多病，當笛卡兒 1 歲時她便不幸去世。笛卡兒從小身體就健康，直到他去世時亦如此。在父親的溺愛之中，笛卡兒度過了一個幸福的童年。8 歲時，他被送到當時歐洲最著名的教會學校 —— 拉弗來斯公學讀書，接受嚴格的教育。由於成績突出，他 16 歲就考入普瓦捷大學，攻讀法律，同時他以極大的熱情拜讀了達文西、哥白尼、伽利略、克卜勒等人的天文學、力學和數學著作。4 年後，他以優異的成績獲得了法學博士學位。為了獲得更多的知識，他決心「到整個世界這本大書裡」去尋找真理。從法國到荷蘭，從丹麥到德國，從奧地利到瑞士和義大利，歐洲大陸許多地方都留下了青年笛卡兒的足跡。每到一地，他都要與各個階層的人接觸，向他們請教，同時他沒有忘記鑽研數學和其他自然科學。這些活動不僅為他後來創立二元論世界觀和唯物論奠定了基礎，也為他研究解析幾何創造了條件。

主要思想及著作

　　在近代史上，笛卡兒是以西方近代哲學創始人的身分名揚世界的。儘管他被譽為第一流的物理學家、近代生物學的奠基人和近代數學的開拓者，但是，確切地說，笛卡兒在數學和自然科學上的成就，只是他的哲學成果在科學上的表現，一些數學家稱笛卡兒為「偶爾的數學家」，也就是這個道理。

　　1637 年，笛卡兒的名著 —— 《談談正確引導理性在各門科學上尋找

真理的方法》（*Discourse on the Method of Rightly Conducting One's Reason and of Seeking Truth in the Sciences*），簡稱《談談方法》（*Discourse on the Method*）問世。這是他的第一篇著作，在這本僅幾萬字的「小書」裡，笛卡兒以優美的筆調，楚楚動人地宣傳了他的基本哲學思想。為了說明這些基本哲學思想與具體科學之間的關係，笛卡兒在書的後面還加了三個附錄：《幾何學》（*La Géométrie*）、《折光學》（*La Dioptrique*）、《氣象學》（*Les Météores*）實際上也就是他建立他的哲學所依據的原料。其中《幾何學》約占 100 頁，在這裡笛卡兒充分發揮了他的聰明才智，將代數和幾何有機地結合起來，從而開闢了解析幾何這一新的數學領域。在笛卡兒的一生中，雖曾有不少時間與數學家共事，在與這些人的通訊中表達過他的一些數學思想，但是作為真正的數學著作僅此一本。

　　笛卡兒的方法論中還有兩點值得注意。第一，他善於運用直觀「模型」來說明物理現象。例如利用「網球」模型說明光的折射；用「盲人的手杖」來形象地比喻光訊息沿物質作瞬時傳輸；用盛水的玻璃球來模擬並成功地解釋了虹霓現象等。第二，他提倡運用假設和假說的方法，如宇宙結構論中的漩渦說。此外他還提出「普遍懷疑」原則。這一原則在當時的歷史條件下對於反對教會統治、反對崇尚權威、提倡理性、提倡科學起過很大作用。

名人事典

　　笛卡兒在數學上的最大貢獻是創立了解析幾何學。笛卡兒在分析了歐幾里得幾何學和代數學的缺陷後，說：「我想我應去尋找另外一種，包含這兩門科學的長處而沒有它們缺點的方法。」這種方法就是代數學和幾何學的統一 —— 解析幾何學。笛卡兒的基本思想是：在平面上建立點的座標，而一條曲線就可以由一個含兩個變數的代數方程式去表示。這樣

笛卡兒就把一個幾何問題透過座標系歸結為代數方程式。用代數方程式研究這個幾何問題的性質（這往往比用圖形來研究容易得多），然後再翻譯成幾何語言，就得出幾何問題的解法。笛卡兒用這種方法研究了具有兩個變數的二次方程式，指出這種方程式一般情況下表示橢圓、雙曲線或者拋物線。在《幾何學》第三部分中，笛卡兒對高次代數方程式的理論進行了研究，發現了決定高次方程式的正根和負根數目的符號定則，並提出「代數方程式根的個數低於它的次數」的重要定理。笛卡兒還改進了代數符號系統。他用 a、B、c……表示已知數，用 x、y、z……表示未知數，用 a3、B3……的形式表示冪，這些表示方法我們至今沿用。符號的改進對促進數學的發展具有一定的意義。

　　笛卡兒一生才華橫溢，聲名遠播，但卻極為謙虛。他是一位知識淵博的偉大學者，但他卻說：「我的努力求學沒有得到別的好處，只不過愈學愈發現自己的無知。」一次，有人問這位大數學家：「你學問那樣廣博，竟然感嘆自己無知，豈不是大笑話嗎？」笛卡兒說：「哲學家芝諾（Zeno）不是已經解釋過了嗎？他曾畫了一個圓圈，圓圈內是已掌握的知識，圓圈外是浩瀚無邊的未知世界。知識越多，圓圈越大，圓周自然也越長，這樣它的外沿與外界空白的接觸面也就越大，因此未知部分當然顯得就更多了。」「是的，是的，你的解釋真是絕妙！」問話者連連點頭稱是，嘆服這位學問家的高見。

歷史評說

　　笛卡兒一生寫了許多著作，除了前文提及的《談談方法》一書之外，還有《指導心靈的規則》（*Rules for the Direction of the Mind*）、《宇宙》（The World，亦名 *Treatise on the Light*）、《第一哲學沉思錄》（*Meditations on*

First Philosophy)、《哲學原理》(*Principles of Philosophy*)、《論靈魂的各種感情》(*Passions of the Soul*) 等。從他的著作的構成比例，我們可以清楚地看出他首先是一位哲學家。在歷史上，如果僅僅把笛卡兒看作是解析幾何的創始人，那未免太局限了。作為理性主義的傑出代表，他是一位對認識論和方法論有著主要影響的哲學家。他的名著《哲學原理》是他全部哲學的總結，但其中物理學的內容卻十分豐富。在「物理學」領域裡，笛卡兒是古典機械唯物主義的代表。他認為物體是唯一的實體，這就等於把上帝和靈魂通通拋在了一邊。馬克思 (Karl Marx) 給予笛卡兒的「物理學」以很高的評價，他說：「笛卡兒在其物理學中認為，物質具有獨立的創造力，並把機械運動看作是物質生命的展現。他把他的物理學和他的形而上學完全分開。在他的物理學範圍內，物質是唯一的實體，是存在和認識的唯一根據。」笛卡兒哲學思想最有價值的地方，也正是在這一方面。

需要指出的是，笛卡兒書名中所謂的形而上學並不是現在通常所指的與辯證法相對立的一種宇宙觀和認識論，而是亞里斯多德所謂的「哲學」，即物理學之上的科學。Metaphysics (「meta」代表「在……之上」，「physics」代表「物理學」，哲學就是物理學之上的科學)。笛卡兒打比方說，如果把全部哲學比作一棵樹，那麼樹根就是「形而上學」，樹幹就是「物理學」。這裡所謂的物理學實際上指整個自然科學，比我們現在所說的物理學的範圍要廣泛得多。

科學家年譜

- 1596 年 3 月 31 日，生於法國圖朗
- 1612 ～ 1616 年，在普瓦捷大學攻讀法律
- 1616 年，在巴黎當律師

- 1617 ～ 1620 年，從軍
- 1621 ～ 1625 年，赴歐洲各地遊歷
- 1628 年，完成第一部哲學著作《指導心靈的規則》
- 1629 ～ 1633 年，撰寫《宇宙》，為免遭宗教迫害而中斷寫作
- 1637 年，發表《談談正確引導理性在各門科學上尋找真理的方法》，創立了解析幾何
- 1641 年，發表了《第一哲學沉思錄》
- 1644 年，發表《哲學原理》
- 1649 年，發表《論靈魂的各種感情》，赴斯德哥爾摩任瑞典克里斯蒂娜女王（Drottning Kristina）的私人教師
- 1650 年 2 月 11 日，卒於斯德哥爾摩

偉大的業餘數學家 ── 費馬

「$x^n + y^n = z^n$，當 n > 2 時沒有整數解。」

── 費馬大定理

人生傳略

　　皮埃爾・德・費馬（Pierre de Fermat，西元 1601 ～ 1665 年）是和笛卡兒處於同一時代，法國最偉大的數學家之一。1601 年 8 月 20 日，他出生於法國南部圖盧茲附近的羅曼。父親是當地一家較大的皮革店的老闆，母親是法國官僚貴族的後裔，因此，費馬一家在當地聲名顯赫。費馬從小就受到正規的教育，並先後在兩所大學學習法律。畢業之後，他把主要精力放在了地方的公務上，數學只不過是他的業餘愛好而已。費

馬曾先後做過圖盧茲地方議會的議員和羅曼地方法院的律師。儘管政績平平，但他在學術上的聲望卻與日俱增。作為一位古典主義學者，他能流利地說法語、義大利語、西班牙語、拉丁語和希臘語，還涉足語言學研究。他出色的希臘語和拉丁語，使他得以精心鑽研古希臘的數學，並對阿拉伯和義大利代數的發展瞭如指掌。包括阿基米德、丟番圖（Diophantus）在內的古代數學家們給予費馬許多重要的啟示，可以說，費馬正是在古希臘數學成果的基礎之上邁開步伐，開拓了近代數學的偉大領域的。

主要思想及著作

與當時的其他數學家一樣，費馬在物理學方面也頗有建樹。其中最著名的就是他提出的「最短時間作用原理」。儘管在古希臘，人們已經知道「大自然以最短的可能途徑行動」，「自然不做任何多餘的事或者任何不必要的工作」。但這種認識與其說是科學還不如說是哲學，因為除了光線反射途徑最短尚有數學的推證之外，對上述結論，人們並沒有多少科學的論證，而僅僅是一種具有誘惑力的設想。費馬接受了這一古代思想，但他把這種哲學觀念轉變成了一種科學的信念。這就是費馬的高超之處。費馬得到的光在介質中行進時，其實際路逕取的是極小的曲線的結論，促使惠更斯、牛頓等人在物理學上進行進一步探索和論證，具有深遠的研究價值。

名人事典

費馬在解析幾何的創立過程中發揮了不可替代的作用。他關於解析幾何的基本性質的重要著作《平面和立體的軌跡引論》（*Introduction to Plane and Solid Loci*）比笛卡兒的著作更清晰、更完善。他說，作兩條直

線彼此成一個給定的角度（最適當的是成一直角），把交點作為原點，使離原點的距離分別同方程式的兩個變數成正比，這樣就能方便地表示出方程式。費馬把原點記為 n，並且用 a 和 e（相當於現在的 X 和 y）標示離開它們的重要距離。用 B、d、c 表示常量。在費馬的著作中第一次出現了一條通過原點的直線方程式。

費馬曾經提出是他先於笛卡兒發明了解析幾何的，並且因此與笛卡兒長期爭論不休。但是由於費馬在這方面的實際工作做得並不多，而且除了發表過極少數的片段之外，沒有完整的著作傳世。即使是這些少數的片段也是在他死後許多年才被整理出來的，因此就影響而言，在當時笛卡兒要大得多。

儘管解析幾何的發明者這一榮譽，費馬只能與笛卡兒分享，但當人們的視線轉移到 17 世紀的數論時，那裡可就是費馬的天下了。費馬在數論領域最著名的成就，大概要數他提出的「費馬大定理」了，這是記載在古希臘數學家丟番圖著作頁邊的一個猜想：$x^2 + y^2 = z^2$，當 n > 2 時沒有整數解。原話是這樣的：「不可能把一個立方數分解為兩個立方數之和，也不可能把一個四次方數分解為兩個四次方數之和。一般認為，不可能把任意高於兩次的冪分解為兩個同次冪之和。」費馬接著寫到：「對此，我已發現一個真正奇妙的證明，可惜這裡的頁邊空白太小，寫不下了。」費馬的其他猜測先後都找到了證明，唯一的例外就是這段話。費馬去世之後，他的兒子把他的著述、書信乃至這些旁註連同丟番圖的著作一起發表，就是沒有發現費馬對大定理的證明。費馬是否真的已經證明了這個定理，至今查無實據。現在人們不會太多地去關心這段往事，但作為軼事趣聞，卻給這一定理增添了神祕的色彩。

歷史評說

費馬雖然是一位業餘數學家，而且從事數學研究是在他 30 歲之後，但是他卻在 17 世紀數學史上獨占鰲頭。他是解析幾何發明者之一；他是在牛頓、萊布尼茲大體上完成微積分之前，為微分的創立做出貢獻最多的一位。事實上，如果要在牛頓、萊布尼茲之後再加上一位創立者名字的話，那麼寫上費馬是十分恰當的；他又與帕斯卡、惠更斯一起被譽為機率論的創始人；而 17 世紀的數論幾乎是費馬的世界，著名的「費馬大定理」至今仍吸引著一批為之奮鬥的數學家；當然，在物理學中也有費馬的成就，所謂的「費馬最小作用原理」就是他提出的幾何光學的一條基本原理。

餘論

費馬的才學是驚人的，但是由於他性格內向，好靜成僻又不願意與他人爭論和發表自己的文章或論文。這使他失去了許多學術交流的機會，也使他的許多成果得不到及時發揚和傳播，從而影響了他在 17 世紀數學史上所能起的積極作用。直到 18 世紀，費馬的名字並不怎麼引人注意。然而到了 19 世紀，隨著數論的振興，費馬的名字重新引起數學家和數學史家的注意，他的論著成了學術界的珍寶和出版商們獵奇的對象，而對費馬大定理和證明的探索，使許多數學家獲得靈感，從而開拓了一些新的代數領域。值得欣慰的是，在他提出了費馬大定理 350 年後，該定理終於獲得了圓滿的證明。

科學家年譜

- 1601 年 8 月 20 日，生於法國圖盧附近的波蒙‧德‧羅曼
- 1620 年左右，先後在奧爾良大學和圖盧茲大學學習

- 1630 年左右，寫成《平面與立體軌跡引論》，並畢業於圖盧茲大學法學系
- 1630 年，發表《求最大值和最小值的方法》(*Methodus ad disquirendam maximam et minimam*)，開始對丟番圖《算術》(*Arithmetica*) 進行評註，提出了包括費馬大定理在內的數論中的許多重要結論
- 1638 年，任波蒙·德·羅曼地方議會調查參議員
- 1642 年，進入最高刑事法庭任職
- 1643 年，試圖將平面解析幾何方法拓展到空間，後來沒有成功
- 1654 年，與帕斯卡通訊討論賭博中賭注的分配問題，成為機率論的最早文獻
- 1665 年，卒於法國卡斯特雷斯

積分的創立者之一 —— 萊布尼茲

「萊布尼茲從人類追求善的普遍精神，為促進知識的增加和科學的普及所做出的努力是值得稱讚的，這並不亞於他的那種譜寫出真實業績的努力。」

—— E·J·愛頓（英國學者）

人生傳略

哥特弗利德·威爾海姆·萊布尼茲 (Gottfried Wilhelm Leibniz，西元 1646 ~ 1716 年) 是 17 世紀末至 18 世紀初，德國著名的哲學家和偉大的科學家，由於他在創立微積分上的傑出貢獻，而被列入最卓越的數學家行列。1646 年 6 月 1 日，萊布尼茲生於德國東部重鎮萊比錫的一個知識分

子家庭，父親是萊比錫大學道德哲學教授。他 6 歲那年父親去世，母親從此邊照顧他的生活，邊對他進行啟蒙教育。少年萊布尼茲才智超群，又在父親遺留下來的豐富藏書中感受到了人類知識寶庫的豐富，從此更加努力學習。1661 年，15 歲的萊布尼茲考入萊比錫大學法學系，這是通向政界的道路。20 歲時他提交了一篇博士論文《論組合的藝術》(*On the Combinatorial Art*)，文章雖然被認為寫得不錯，但是校方卻因為他年紀過輕而不授予他博士學位。一氣之下他把論文交給了另一所大學從而得到法學博士學位。畢業後，他成為一名外交官員。當時歐洲正值「三十年戰爭」之際，這場在德國境內進行的戰爭，使德國在政治上分崩離析，被分裂成為 360 個小國。而法國在路易十四的統治下成為歐洲頭號強國。為與法國交好，萊布尼茲奉命赴法國巴黎，儘管後來的經歷證明他並不是一位能左右時局的政治家，但巴黎之行卻是萊布尼茲數學生涯的開始。

主要著作及者作

　　萊布尼茲曾經說過：「在 1672 年之前我基本上不懂數學。」而正是由於 1672 年他奉命赴法，這使他有機會接觸到科學界的一些名流。當時僑居巴黎的荷蘭科學家惠更斯把他剛出版的著作《擺鐘論》(*Horologium Oscillatorium*) 送給萊布尼茲，從而使他對數學家們的微積分先驅性工作產生了興趣。之後他又出訪倫敦，與英國學術界建立了連繫，結識了皇家學會祕書奧登堡 (Henry Oldenburg) 以及著名科學家波以耳。這次短暫的訪問後，他對微積分的興趣更濃了，並且不久便取得了實質性的進展。也正由於這樣，才導致了英國人對萊布尼茲發明微積分的責難，他們譴責萊布尼茲在那次訪問中剽竊了牛頓的研究成果，事實當然不是如此。

　　1675 年到 1676 年，萊布尼茲在筆記手稿中做了一些嘗試，露出對最

簡單的表達方式採用微積分和積分的方法的苗頭。萊布尼茲的進步有一個緩慢的發展過程，但是他的獨特想法卻幾乎從一開始就產生了。1684年他發表了第一篇微積分學著作《為尋找極大極小以及切線的新方法》（*A new method for maxima and minima, and for tangents*），在本書中他非常詳盡地介紹了他的微積分學。他把微積分學的主要問題表徵為，當一個式子的值所依賴的變數有一個無限小的增量時，計算該式由此而引起了值的增量。他把這個增量稱為「差分」（difference）。他透過新增字母 d 來標示它。在他的筆記之中最初把它寫在字母上，但是後來把它作為被微積分的式子的字首即如 dx，dy，與現代的做法一樣。這在當時來說是個重大的改進。並且萊布尼茲一開始就認識到，微積分方程式與求圖形的面積與體積過程的密切連繫。後來他為此他寫出了∫（一個長 s，即英語中 summa 的首字字母）。這個符號我們今天仍然沿用。

名人事典

　　在完成微積分這一點上，萊布尼茲和牛頓的功績相當，他們把微積分作為一種能應用於一般函式的普遍方法；都把微積分從以前學者的幾何形式中能解脫出來，使用了代數的方法和記號，使之具有廣泛的應用能力；都把求面積、體積以及其他以往透過求和加以處理的問題歸併到反微分，不僅展現了微分與反微分之間的互逆行為關係，而且為積運算開闢了一個簡便途徑。所不同的是，牛頓更多地是關心創立微積分的體系和基本方法，而萊布尼茲則更多地關心運算公式的建立和推廣，力求建立微積分的規範以及法則和公式的系統化和符號化。就這方面而言，萊布尼茲作為微積分獨立發明人的地位是不可動搖的。

　　在萊布尼茲的研究生涯中，他對二進位制的研究具有突出貢獻，他的

這一研究不僅深刻地影響了該理論的發展，而且由此建立起他與中國的關係。他認為世間一切都可以用 0 與 1 創造出來，這正好與上帝從無到有創造世界提供了對比。就在萊布尼茲對二進制做深入研究時，法國傳教士白晉（Joachim Bouvet）給他寄去了附有伏羲爻排列的木版圖，萊布尼茲見圖後大為驚訝，他萬萬沒有想到，自己的發明在遠古的中國就已經被人們發現，他當即趕寫論文，並向倫敦皇家學會彙報了這一重大發現。萊布尼茲把易圖說成是「流傳在宇宙間科學中最古老的紀念物」，把伏羲推崇為世界知名的哲學家，「是中華帝國和東洋科學的創造者」。儘管萊布尼茲對中國歷史和文化的了解並不透澈，但是對中國的態度是友好的，他熱情地讚揚中國人民的和平精神，他說：「中國人雖在軍事上落後於歐洲，但這並不是中國人無知，而是他們厭惡人類有狰獰的精神。他們具有較基督教更高的學理，以極力避免戰爭。」據說，萊布尼茲還曾把他發明的計算器複製品贈給康熙皇帝，並建議康熙皇帝在中國建立科學院，以促進科學的發展。這些都顯示了他對人類科學發展的關心以及他對中國人民的友好態度。

歷史評說

如果把萊布尼茲一生的成就僅僅局限在創立微積分上，顯然是不妥當的。他的數學研究領域包括：微積分、變分法、微分方程、微分幾何、函式概念、無窮極數等等。同時他還是線性方程組和行列式理論的開創者和數理邏輯的創始人，他發明了第一臺不僅能加減而且能乘除的計算器。不過他一生中最偉大的地方，也許要數他對歐洲科學的推動作用。是他首先意識到德國科學團體的不景氣，從而四處活動，廣泛遊說，最終使普魯士國王建立了柏林科學院。也是由於他的影響，俄國於 1724 年

建立了彼得堡科學院，科學團體的建立為近現代科學技術的發展提供了重要的動力。成為大批著名學者和專家的搖籃。

　　無論從科學的角度說，還是從哲學的角度說，萊布尼茲的一生都是偉大的，但是在 17、18 世紀的德國，他的地位卻是低下的。他一生幾易其主，受人擺布，雖是外交官卻無多大權力。在政治上處於分裂的德國，王公貴族們更加關心的是領地與權力，而不是科學。這使他始終沒有尋找到心靈上的可靠歸宿。晚年，萊布尼茲雖然在維也納當上了帝國宮廷的樞密顧問，並受封為男爵。但是在德國他被完全棄置不用了。當他去世時，送葬者僅有他的祕書。從他一生的經歷之中，我們可以看出，政治上的統一是一個國家科學發展的重要保證，因為科學研究需要交流，而交流只有在統一的國家中才是通暢的和有效的。德國統一後，科學技術迅速發展並超過了英國和法國，成為歐洲強國的例子就是最好的說明。在這裡，我們只能欽佩萊布尼茲的驚世奇才，而又嘆息他的生不逢時了。

科學家年譜

- 1646 年 6 月 21 日，生於德國萊比錫
- 1661 年，考入萊比錫大學法學系
- 1663 年，獲萊比錫大學哲學學士學位
- 1666 年，獲阿爾特羅夫大學法學博士學位；發表第一篇關於數理邏輯的論文《論組合的藝術》
- 1673 年，發明第一臺乘法計算器
- 1684 年，發表第一篇微積分著作
- 1686 年，發表第一篇積分學著作
- 1700 年，柏林科學院成立，任第一屆院長

- 1701 年，寫出關於二進位制的論文《試論新數的科學》（*Essay d'unne nouvelle Science des Nombres*）
- 1710 年，發表首篇哲學長作《神學論》（*Théodicée*）
- 1716 年 11 月 14 日，卒於德國漢諾威

數學王子 —— 高斯

「數學是自然科學的皇后。」

—— 高斯

人生傳略

　　卡爾·弗里德里希·高斯（Carl Friedrich Gauss，西元 1777 ～ 1855 年）是德國著名的數學家、物理學家、天文學家。1777 年 4 月 30 日出生於德意志小邦布倫端克一個貧苦的家庭裡。父親格布哈德·迪特里希·高斯（Gebhard Dietrich Gauss）當過園林工人、泥水匠和小販，還做過小雜貨舖的算帳先生。母親是石匠的女兒。童年的高斯就顯示出超常的數學才能。11 歲便發現了二項式定理。15 歲讀完了牛頓、拉格朗日（Joseph-Louis Lagrange）等的名著，並掌握了牛頓的微積分理論。同年進入哥廷根大學，大學一年級時發明了用圓規和直尺進行正十七邊形的作圖法，解決了 2,000 多年來懸而未決的幾何難題。1798 年大學畢業，第二年又取得博士學位。他的博士論文中包含了所謂代數基本定理的第一個證明。1801 年發表重要著作《算術研究》（*Disquisitiones Arithmeticae*），闡述數論和高等代數的某些問題。1807 年獲哥廷根大學數學和天文學教授職位，並任天文臺臺長。

主要思想及著作

　　高斯對超幾何級數、複數函式、統計數學、橢圓函式論都有很大的貢獻。他的曲面論是近代微分幾何的開端，著有《曲面的一般研究》（*Disquisitiones generales circa superficies curvas*）一書。他建立了最小二乘法，並曾發表三部有關方面的著作。他沿著拉普拉斯（Pierre-Simon Laplace）的思想方法，繼續發展了理論。他於 1818 年提出了關於非歐幾里得幾何可能性的思想，當時雖未發展，但實際上他是非歐幾里得幾何學的創造者之一。此外，他對向量分析、關於正態分布的正規曲線、項數定理的驗算的研究也取得了成果。

　　在天文學方面，高斯研究了月球的運轉規律。創立了一種可以計算星球橢圓軌道的方法，能準確地預測出行星的位置。他利用這種演算法和最小二乘法，算出了義大利天文學家皮亞齊（Giuseppe Piazzi）發現的穀神星的軌道，並於 1802 年發現了智神星的位置。1809 年發表了《天體運動論》（*Theoria Motus Corporum Coelestium in sectionibus conicis solem ambientium*）一書，闡述了星球的攝動理論。

　　1820 ～ 1830 年，高斯為測繪汗諾華公園的地圖，研究了測地學。寫出了《對高等大地測量學對象的研究》（*Untersuchungen über Gegenstände der Höheren Geodäsie*）一書，並發明了「日光反射器」。1830 ～ 1840 年，高斯與韋伯（Wilhelm Eduard Weber）一道建立了電磁學中的高斯單位制；首創了電磁鐵電報機。他還發表了地磁概論；繪出了世界上第一張地球磁場圖；定出了磁南極和磁北極的位置。

名人事典

高斯的巨大科學成就，來自他嚴謹、頑強的鑽研精神。據說，有一次，他正在研究一個深奧的問題。家裡人來告訴他，夫人病得愈來愈重了，可他仍繼續工作。家人又來催他：「夫人病很重，要求你立即回去。」高斯回答說：「我就來。」當家人再次通知他「夫人快斷氣了」的時候，他竟回答道：「叫他等一下，我一定來。」如此專注於科學研究，實在是令人吃驚。

歷史評說

高斯是德國 18 世紀末 19 世紀初偉大的數學家、天文學家和物理學家，被譽為歷史上最有才華的數學家之一，和阿基米德、牛頓並列，同享盛名。在數學上，高斯的貢獻遍及純粹數學和應用數學的各個領域，成為 19 世紀數學界的光輝旗手。正如德國數學家費利克斯・克萊因 (Felix Klein) 所說：「如果我們把 18 世紀的數學家想像為一系列的高山峻嶺，那麼最後一座使人肅然起敬的巔峰便是高斯 —— 那樣一個在廣大豐富的區域充滿了生命的新元素。」高斯被後人尊稱為「數學之王」。

1855 年 2 月 23 日，高斯在哥廷根他的寓所去世。他去世後，許多人在追溯他的經歷，評價他的業績，研究他的思想。人們想知道，是什麼原因使高斯從一個農民的兒子成長為科學史上的一代宗師。是天才，是勤奮，是機遇還是意志？要找單一的原因恐怕是片面的。作為一個人，高斯值得人們欣賞和敬仰的還有他的許多優秀的品格 —— 剛毅、刻苦、奮鬥不止。勇於和善於思考，這些都是他自幼在艱苦的環境下養成的品格，而奮鬥不止又是他取得偉大業績的第一因素。

科學家年譜

- 1801 年，發表《算術研究》
- 1809 年，發表《天體沿圓錐曲線繞日運動理論》
- 1827 年，發表《論曲面的一般研究》（*Disquisitiones generales circa superficies curvas*）
- 1839 年，發表《地磁概論》

「非歐幾何學」的創始人之一 ── 羅巴切夫斯基

「從歐幾里得的時代起，人們持續證明第五公式已有 2000 年了，一切精力都白費了，這使我不得不懷疑，在這個概念裡可能還沒有包括另一個真理……」

── 羅巴切夫斯基

人生傳略

尼古拉・伊萬諾維奇・羅巴切夫斯基（Nikolay Ivanovich Lobachevsky，西元 1792 ~ 1856 年）是俄國歷史上少有的數學大師，他因創立了非歐幾何學而聞名世界。羅巴切夫斯基出生於俄羅斯下諾夫哥巴德城。這裡也是俄國文壇巨匠 ── 高爾基（Maxim Gorky）的故鄉。羅巴切夫斯基 8 歲喪父，母親辛辛苦苦地照顧他和他的三個兄弟。儘管生活拮据，堅強的母親為了讓孩子們接受較好的教育，還是把他們送入了收費較高的喀山中學。羅巴切夫斯基沒有辜負母親的期望，中學畢業之後，他考入了喀山大學。喀山大學雖然建校才 4 年，但師資力量雄厚，擁有眾多著名教授，在教育上尤

其是數學上具有較高的水準。這使羅巴切夫斯基在中學時期就產生的對數學的興趣更加濃厚了，最終他選擇數學作為自己一生的事業。

主要思想及著作

　　那麼羅巴切夫斯基的非歐幾何學究竟是怎麼一回事呢？這又不得不回到本書已介紹過的幾何學宗師歐幾里得那裡去尋找答案了。自從西元前 4 世紀，古希臘數學家歐幾里得的《幾何原本》問世起，幾何學的第一個嚴密的理論體系，以歐幾里得幾何的名稱出現。這是數學史上的一件大事，歐幾里得以其豐富的內容、正確無誤的結論、精美而嚴密的結構，博得了全世界的讚譽。2,000 多年間，他被數學家們樹為楷模，被哲學家們譽為真理。人們對歐氏幾何的內容堅信不疑。那麼歐氏幾何果真不必懷疑嗎？當然不是，非歐幾里得幾何學（簡稱非歐幾何學）的產生就是數學家們對歐氏幾何第五公設懷疑的結果。這條公設是說，如果兩條直線被一條直線所截，其同側內角的和小於 180°，則這兩條直線向該側無限延長後必然相交。歷史上曾有人試圖用其他公設和命題來證明第五公設，也有人證明了它和「過已知直線外一點，只能做一條直線和已知直線平行」這條命題是等價的。然而人們在證明第五公設的時候所使用的論據都是以它成立為前提的，因而犯了循環論證的錯誤。

　　羅巴切夫斯基開始嘗試考證第五公設時，也像前人那樣遇到了失敗，然而他不怕挫折，另闢蹊徑。他將歐氏定理中所有的命題按是否依賴於第五公設劃分為兩個部分：凡不靠平行線公設得以證明的命題構成一組，即現在所謂的「絕對幾何」部分；必須要靠平行線公設證明的命題組成另一部分。經過如此整理後，羅巴切夫斯基發現，在絕對幾何中有一個命題 ——「在平面上，過直線外一點至少可以作一條直線與 aB 不相交」應有兩個結

論，一個是僅可作一條直線與 aB 不相交，另一個是不止作一條直線與 aB 不相交。若採用前者，那就是與歐氏幾何中的第五公設相等價的命題，顯然，要直接證明這個命題是不可能的。那麼能不能採取證明後一個結論，從而達到否定前一個結論，或者在否定後一個結論中達到證明前一個結論的效果呢？經過一段時間的研究，羅巴切夫斯基發現：他不僅無法否定過直線外一點可作多於一條的直線與該直線平行，而且倘若承認這個結論，那麼還可以得到一系列前後一貫的命題，它們之間構成了一個邏輯合理並與歐氏幾何彼此獨立的命題系統。羅巴切夫斯基的這個發現具有重要意義，它等於承認了在歐氏幾何學之外，還存在著一個與歐氏幾何相對立的幾何學。實際上也就等於宣布了歐氏幾何不是現實空間的唯一形式。1826 年 2 月，羅巴切夫斯基寫出了他的第一篇非歐幾何學論文 ——《幾何學原理簡述和平行線定理的嚴格證明》。儘管在當時並沒有引起別人的重視，但它的發表，代表著自歐幾里得創立幾何學以來，人們關於幾何學的觀念已經動搖。這種動搖導致了一場關於空間觀念的革命。隨後，羅巴切夫斯基又於 1829 年發表了《論幾何學原理》(*A Concise Outline of the Foundations of Geometry*) 一書，這是最早的非歐幾何學著作，奠定了非歐幾何學的基礎。

名人事典

　　也許有人會感到奇怪，歐氏幾何學怎麼會有問題呢？實際上，討論這個問題必須先了解空間的性質。假如我們把三維空間想像成一個立方體，在各個方向上都是平直的空間，那麼歐氏幾何學是正確無誤的。但是如果我們把三維空間想像成為一個球面空間，或雙曲面空間，那麼情況就會大不相同了。舉例來說，在歐幾里得空間上，三角形內角和為 180°；在球面上則大於 180°，而在雙曲面上就小於 180°。由此我們可以

看出三角形內角和為 180°這個定理是相對歐氏幾何而言的，因而具有相對性。實際上我們可以假設，當一個球面極大時，它的表面就接近於一個平面了。這正如地球是圓的，而我們都認為周圍的大地是平的一樣。所以可以把歐幾里得幾何空間看成是在無限小的範圍內的非歐幾何空間。這樣彼此矛盾的兩個幾何體系就因其中一個涵蓋了另一個而統一成為一個整體了。儘管這些工作並非全部是由羅巴切夫斯基完成的，但是非歐幾何學的發明人和奠基人無疑非他莫屬了。

歷史評說

　　羅巴切夫斯基發明的非歐幾何學雖然在技術上是簡單的，但是在思想上卻是最深刻的。羅氏幾何學的產生，開啟人們數學思想上的偉大變革。它不僅為幾何學開闢了一條無限廣闊的發展道路，而且為數學研究領域引發出許多重要的新分支。在羅氏幾何提出之後，數學家們開始更加嚴格地檢查歐幾里得的幾何公理系統，發現歐幾里得的公理並非不證自明的真理，另外，他還的確假設了大量前提而沒有特別地指出來。在看清了歐氏幾何學的全部缺陷之後，數學家中有人力圖把點、線、面等作為不定義的概念，再加上一些描述性術語，嚴格地推演出數學的整個結論。這便是所謂的公理化理論。非歐幾何學不僅極大地推動了數學的發展，而且成為理論物理，量子力學等現代學科的重要工具。愛因斯坦正是藉助於非歐幾何學才創立了相對論。

　　就像微積分的產生一樣，非歐幾何學是歷史的產物，是許多數學家共同努力的結果；也像微積分有它的基本完成者 —— 牛頓和萊布尼茲一樣，非歐幾何學的基本完成者除羅巴切夫斯基之外，還有德國著名數學家高斯與匈牙利人鮑耶（Bolyai János，西元 1802 ～ 1860 年）。就時間而言，高斯

研究非歐幾何學的時間還早於羅巴切夫斯基。但是高斯等人不敢背離人們的傳統觀念 —— 歐氏幾何是唯一正確的真理，同時也不敢向 19 世紀堅持這一觀念的康德哲學挑戰。所以真理之果最終被羅巴切夫斯基摘取了。

科學家年譜

- 1792 年 12 月 1 日，生於俄國下諾夫哥羅德
- 1802 ～ 1807 年，在喀山上中學
- 1807 ～ 1811 年，在喀山大學學習
- 1826 年 2 月，寫出第一篇非歐幾何論文做了報告但未發表
- 1827 ～ 1846 年，任喀山大學校長
- 1829 年，發表首篇非歐幾何論著《論幾何學原理》
- 1835 ～ 1840 年，再度發表《論幾何學》
- 1856 年 2 月 24 日卒於喀山

現代幾何公理體系的奠基者 —— 希爾伯特

「作為一位數學家，我們是站在精確研究的高山之巔。除了義不容辭地擔當起這個崇高的職責，我們別無選擇。」

—— 希爾伯特

人生傳略

大衛・希爾伯特（David Hilbert，西元 1862 ～ 1943 年）是 20 世紀上半葉德國乃至全世界最偉大的數學家，是現代數學的主要開拓者。在橫

跨兩個世紀的 60 年學術生涯之中，他的研究幾乎遍及了現代數學所有的前沿陣地，從而把他的思想深深地滲透進整個現代數學之中。

希爾伯特 1862 年出生於東普魯士的首府哥尼斯堡，這裡曾經誕生過 18 世紀著名哲學家伊曼努爾‧康德（Immanuel Kant，西元 1724 ～ 1804 年）。希爾伯特家族雖然不是書香門第，但經過幾代人的努力之後已經跨入了知識分子的行列，家庭中的許多成員在醫學、教育和法律界供職。希爾伯特的父親就是位法官，他作風端正、為人謙遜，這在品行上給了希爾伯特莫大的影響。而希爾伯特的母親瑪麗亞‧特利斯（Maria Therese Hilbert）更是一位奇女子。她不僅對哲學和天文學頗感興趣，而且還非常迷戀素數，孩提時代的希爾伯特無疑受到母親思想的薰陶，瑪麗亞把她對康德哲學的信仰和崇敬傳給她的孩子，並以康德那具有深刻哲理性的教誨去澆灌他的心田，當然還免不了讓她的孩子接受她對素數的興趣。可以這樣來說，是父親給予了希爾伯特一顆真誠的心，而母親則讓他擁有了一個聰明的頭腦。儘管父母把希爾伯特的入學時間推遲了兩年，但良好的學前教育已為他日後的學習打下了扎實的基礎。

1870 年，8 歲的希爾伯特開始就讀於腓特烈預科學校。巧合的是，著名哲學家康德就畢業於此。不過小時候的希爾伯特並不像康德那樣自小就嶄露頭角。在這所以文科為主的學校中，希爾伯特的天資一點也得不到發揮。他後來回憶說：「小時候我是個蠢蛋。」不過值得慶幸的是，若干年後他轉入了威廉預科學校。這是一所很注重數學教育的公立學校，希爾伯特在老師精心培養之下充分發揮出他的數學天賦。他的功課門門滿分，數學甚至還拿了一個「超等」。學校對他的評價是「熱愛數學，學習得法」。這些都為他升入數學家的聖地 —— 哥尼斯堡大學，並逐漸成為一顆數學明星奠定了良好的基礎。在德國，哥尼斯堡在數學上

的地位雖然不及柏林與哥廷根，但這裡曾出現過一大批卓越的數學家，哥德巴哈（Christian Goldbach）就是其中一位。在哥尼斯堡大學濃厚而自由的學術空氣之中，希爾伯特的數學思想有了長足的進步。尤其值得一提的是，他與另外兩位數學天才閔柯夫斯基（Hermann Minkowski）及赫維茨（Adolf Hurwitz）結下了深厚的友誼。他們每天下午「五點」準時相會於「蘋果樹下」，討論數學中的具體問題，交換心得並制定學習計劃。在 8 年中，他們日復一日的無數次的散步，漫遊了數學世界的每一個角落。這種互相交流又互相激勵的學習方式，給他們之中的每一位都帶來了成功。儘管希爾伯特後來的學術生涯的大部分時光是在哥廷根大學度過的，並且於 1943 年在那裡逝世，但哥尼斯堡為他的一生提供了溫暖的親情、真摯的友誼，當然還有甜蜜的愛情（他於 1892 年與喀娣‧耶羅〔Käthe Jerosch〕結婚），這一切對他人生的成功來說都是極為重要的。

主要思想及著作

在數學史上，能夠在幾個領域中都取得不斐成績的人並不鮮見，但是像希爾伯特那樣全面開花並碩果累累的人卻不多見。從「不變數理論」到代數數論，從幾何學基礎到函式方程式理論，從數學又到物理學，他馬不停蹄地從一個領域轉向另一個領域，令人不可思議的是，他居然在思維觸角延伸到的每一個地方，都做出令專家們也要刮目相看的成績。

在代數領域中，他首先挑戰了當時的「不變數之王」哥爾丹（Paul Albert Gordan）。1868 年，哥爾丹曾解決了二元型不變式有限基的存在性問題。這是一個難度非常大的問題。在此後的 20 年間，這個結果得到了推廣，但是距徹底解決問題還有很大距離。希爾伯特把解決問題的方法重新認識並加以改進，經過短時間的努力，他就已經把哥爾丹對二元型情

況的證明大大地發展了。這使人們驚嘆不已，「不變數之王」用了大半生努力證明的問題，竟然被希爾伯特在一兩個月的時間內，用不滿四頁紙就證明了。隨後，希爾伯特又宣布任意元代數形式的哥爾丹問題已經解決了。這更加令人們難以置信。前幾天還令人望塵莫及的世界難題，怎麼一下子就解決了？但事實的確如此。希爾伯特用嶄新的思路使人們從昏暗的迷茫中驚醒過來，就連最初反對過他的哥爾丹，也不得不寫信稱讚他的證明是「完全正確的」。

　　就在鮮花和榮譽撲面而來之時，希爾伯特卻一頭栽進了代數的數論領域。這個領域對他來說還是塊陌生的處女地。然而希爾伯特再次上演了他的「戲法」。他的第一篇有關數域的論文一經發表，立刻得到了專家的好評。雖然他在這方面還是個新手，但人們無可懷疑地認為他終將成為一個高手。兩年之後，他向數學界獻出了一個開創性的成果——《數論報告》（*Number Report*）。在《報告》中，希爾伯特以一種新的、統一的觀點，新的形式給以往的代數數論的知識進行了完整無缺的整理，歸納成一個體系，為仍在修建中的數論大廈奠定了基礎，成為這學科賴以發展的經典著作。人們稱讚他的《數論報告》是一件「令人振奮的藝術佳作」，是「數學寶庫中一件真正的珍品」。

　　然而，成績與讚美都不能阻擋希爾伯特前進的腳步。1898 年，他突然結束了在代數數論領域裡的工作，把研究的方向轉向幾何基礎，這再次令世人感到驚訝。後來的事實表明，希爾伯特的選擇並沒有錯。1899年，希爾伯特的又一部經典著作《幾何基礎》（*Foundations of Geometry*）完成了。人們都知道，歐幾里得幾何學的基礎是無須證明的公理，公理是靠經驗來啟示的，它的基礎是直觀。但在數學家們認識到歐幾里得幾何學的缺陷之後，希爾伯特已不再訴諸以經驗便為基礎的公理了。他從沒有矛盾的出發點開始，按照邏輯方法建立起新的幾何公理體系。這

樣，就把歐氏幾何學的基礎從直觀轉移到邏輯上來。《幾何基礎》一下子就成了最暢銷的書，它重新引發了人們對幾何基礎研究的熱潮。許多人採用希爾伯特的方法研究幾何問題，取得了許多重大的成就，這不僅有力地推動了幾何學的發展，而且也促進了 20 世紀數學公理化運動的形成，希爾伯特自己則成了數學基礎中現代化公理系統方法的奠基人。

歷史評說

希爾伯特在代數數論及幾何基礎問題上，所取得的成就使他成為同時代最偉大的數學家。他所取得的任何一項成果，放到小人物身上就可以使之名垂青史。然而他不是別人，他是希爾伯特。他和別人最大的區別，就在於他能不斷地變換自己思想的航標，並開創出一條又一條新的航線。不僅在數學領域裡他展示著驚人的才華，物理學領域也是他大放異彩的地方。他甚至比愛因斯坦早 5 天提出廣義相對論，只是形式上不如後者完備罷了。在 1900 年巴黎國際數學大會上，希爾伯特向數學家們提出了 23 個問題（即著名的「希爾伯特問題」），涉及到大多數主要的數學分支學科。這些問題提出後，吸引了大批第一流的數學家，他們「彷彿是一群老鼠，聽到希爾伯特這位吹笛子的人所吹出的甜美的笛聲，然後一個接一個地跟著他跳入了數學的深河。」「希爾伯特問題」極大地影響了 20 世紀數學發展的方向，到目前為止，這些問題中的大多數已得到了解決，有些仍然處於研究之中。希爾伯特去世時，德國《自然》（*Nature*）雜誌發表過這樣的觀點：世界上很難找到一位數學家，其工作不是以某種途徑導源於希爾伯特。希爾伯特的影響力由此可見一斑！

在數學史上，像希爾伯特那樣博大精深的人物雖然不多，但也並非僅他一人。但是像他那樣有遍及世界的眾多學生，且形成一批忠實追隨

者的卻絕無僅有。這種情況的產生固然有時代和學術方面的原因，但是更重要的卻是由於希爾伯特的個人原因所致。他的偉大才能和熱情、真誠的天性，引來了世界各地的崇拜者。為了讓才華橫溢的年輕學子早獲博士學位，他多方奔波，據理力爭；為了讓婦女取得講師資格，他大聲疾呼「大學講堂不是洗澡堂」；為了反對帝國沙文主義，他拒絕在德國政府為欺騙世界輿論而發表的《告文明世界宣言》（*To the Civilized World*）上簽字……他在一生中以其坦誠的胸懷博得了包括他對手在內的所有人的尊敬，這不僅使他人願意與他合作，而且也使希爾伯特能夠汲取他人的科學成果而避免爭議。他的成功如果說有一半歸功於他的天賦的話，那麼另一半則要歸功於指導了他一生的最高準則 —— 真誠。無論在學術上、數學上，還是在對待同事和朋友、榮譽和挫折上，他始終讓人們看到一顆跳動著的真誠的心。他的偉大人格同他的偉大成就一樣，共同銘記在人們的心中。

科學家年譜

- 1862 年 1 月 23 日，生於德國哥尼斯堡
- 1865 年 2 月 7 日，獲博士學位
- 1888 ～ 1893 年，從事不變數理論研究
- 1888 年，解決任意元代數形式有哥爾丹問題
- 1897 年，發表《數論報告》
- 1899 年，《幾何基礎》出版
- 1900 年 8 月 8 日，在第二屆國際數學家大會上作《數學問題》報告
- 1913 年，當選為柏林科學院院士
- 1943 年 2 月 14 日，卒於哥廷根

數理邏輯學大師 —— 羅素

「偉大的事業源於堅忍不拔的工作，以全副的精神去從事，不避艱苦。」

—— 羅素

人生傳略

伯特蘭‧羅素（Bertrand Russell，西元 1872 ～ 1970 年）是美國歷史上最著名的哲學家、思想家、社會活動家和數學家。他出生於英國南威爾士莫默思郡拉文斯夫特的一個貴族家庭。羅素的祖父約翰‧羅素在英國維多利亞女王（Queen Victoria）時期曾兩度出任首相。他的父親是英國國會的議員，後來雖然落選，但這並沒有改變羅素家庭的貴族地位。羅素出生不久，父母就相繼因病去世。小羅素在祖母的管教下長大。由於祖母極為嚴格的傳統家族式教育，所以羅素的童年雖然是無憂無慮的，但卻是孤獨的，他就像一隻被關在金籠子裡的小鳥一樣，唯一能使他忘掉這種孤獨感的辦法，就是沉浸在祖父的圖書館中博覽群書。在他 18 歲離開家去讀大學之前，他已經閱讀了古典的和現代的大量名著，為他後來從事哲學和數學研究打下了扎實的基礎。羅素後來的著作無論是文學還是哲學的，都是通俗易懂，文字特別清晰、流暢、生動的，是當時英國雅俗共賞的優秀作品，這與他少年時期大量地閱讀名著是很有關係的。

主要思想及著作

羅素早年就讀於英國牛津的劍橋大學，鑽研數學和哲學，他於 1895 年發表了第一篇論文，題目是《論幾何學基礎》（*An Essay on the Founda-*

tions of Geometry），因而取得了該校研究員的資格。1900 年是羅素學術思想的一個轉捩點。他在巴黎國際哲學會議上，認識了義大利數學家皮亞諾（Giuseppe Peano），皮亞諾在會後送給羅素一本符號邏輯方面的書。讀了這本書後讓羅素大受啟發，他找到了數學邏輯化的基本手段，從此時開始，他決定與另一位數學家懷特海（Alfred North Whitehead）合著《數學原理》（*Principia Mathematica*）。這是一項巨大的工程，由於作者的目標是全部數學的邏輯驗證。也就不可避免地碰到許多棘手的問題。其中最著名的就是 1901 年由他發現並以他自己的名字命名的「羅素悖論」。這個悖論的通俗化表現形式是所謂「理髮師悖論」：一位鄉村的理髮師宣稱，他幫而且只幫本村所有那些不自己理髮的人理髮。按照這個原則，他應該幫自己理髮，但如果他這樣做了，就又違背了前一個原則。羅素悖論的實質可以歸結為這樣一個問題：「一切不包含自身的集合構成的集合是否包含自身？」換一句話說就是，一個要定義的東西，是否能用包含這個東西在內的一類東西來定義。「羅素悖論」引起了所謂第三次數學危機（第一次是由於古希臘數學家畢達哥拉斯發現了無理數，第二次是由於英國物理學家、數學家牛頓創立了微積分）。它促使人們對數學基礎進行進一步的研究，從而推動人類認識的發展。不久，羅素提出了邏輯型別論，為解決悖論做出了富有成效的嘗試，儘管沒有完全成功卻為後人提供了重要啟示。

在與懷特海合著《數學原理》的那些年裡，羅素幾乎停止了一切活動，他每天工作十幾個小時，克服了許多障礙。經過 10 年的艱苦努力，終於完成了這部鉅著，這在數學的發展史上是一個重要的里程碑。正像羅素自己所說的那樣，他的黃金年華都傾注在這部鉅著上了。

名人事典

羅素不僅是一位數學家，他還是一位舉世矚目的哲學家。羅素的數學觀與哲學觀緊密地連繫在一起。他把數學基礎和數理邏輯看作是自己哲學的最重要的科學前提，並試圖把數學和數理邏輯當作最嚴格的科學方法，用來研究哲學，甚至他的分析方法也直接來自純粹數學和數理邏輯的某些內容。在他看來，數學能使哲學中的許多令人困惑之處被耐心而明晰的思維所澄清。

說來也巧得很，在羅素事業上遇到嚴重挫折時，有一個基金會聘請他當教授講授哲學史。這個期間使羅素有機會對西方的哲學發展歷史做系統的研究。他的每一次演講都由一個記錄員記錄，因此當課程結束時，一本《西方哲學史》(*A History of Western Philosophy*) 的草稿也就完成了。羅素的《西方哲學史》跳出了以往哲學史著作只是從哲學的狹隘領域去說明哲學發展的框架，而是把視線投向整個社會和人類歷史，從而使書中出現的每一位歷史上的哲學家顯示出活的靈魂。這部於羅素70歲時完成的大作，充分顯示了作者橫溢的才氣和充沛的精力。當然，這部書後來意想不到地暢銷也使羅素名聲大振，並且獲得了可觀的收入。許多人甚至以為羅素只是一位哲學家，而不知道他的本行是數學！

歷史評說

羅素以98歲的高齡謝世，他的長壽以及充沛的精力使他的學術影響比同時期的其他哲學家更加深入和廣泛。羅素一生留下的上百部著作和2,000多篇文章，不僅涉及哲學、數學和邏輯學，而且涉及文學、史學、倫理學、教育學、社會學和政治學。他的作品具有強烈的時代氣息，它們和羅素本人一樣，從一個側面反映了19世紀末至1970年代間的社會

變遷和人們的思想變化。羅素就像一本百科全書，讓人領略到他所經歷的一個世紀的滄桑變化。他給後人留下的是一筆極為珍貴的財富。

羅素一生對任何新鮮的事物都抱有興趣，他曾關注俄國「十月革命」。隨後的中國之行又使他對東方著迷。他曾先後去過杭州、南京、漢口、長沙等地，後又在北京舉行了五次正式的學術報告，對當時中國的思想界產生了積極的影響。回國後他發表文章熱情讚揚中國的傳統文化和中國人民的勤奮好學，並對中國的未來提出了許多美好的建議。羅素以他貴族的理性主義積極地反對歐洲列強對中國的侵略。這不能不說是他內心世界對世界和平，對道德良知的一種表現。他對中國的影響也許比起他對世界的影響是微不足道的，但這反映出西方世界的知識分子對東方中國的人文關懷。

科學家年譜

- 1872 年 5 月 18 日，生於英國南威爾士莫斯郡拉文斯克羅夫特
- 1890 年，入劍橋大學工學院
- 1894 年，獲倫理科學碩士學位
- 1900 年，參加巴黎國際哲學大會，後決定與懷特海合著《數學原理》
- 1909 年秋，完成《數學原理》
- 1910 年，《數學原理》出版
- 1911 年，《哲學問題》（*The Problems of Philosophy*）出版
- 1920 年，到中國講學並到各地旅行
- 1938 ～ 1944 年，在美國各地講學，發表《西方哲學史》
- 1950 年，獲諾貝爾文學獎
- 1963 年，「羅素和平基金會」成立
- 1970 年 2 月 2 日，卒於英國北威爾士

第二部分　天文學及經典力學

百科全書式的學者 ── 亞里斯多德

「我愛我師，但我更愛真理。」

── 亞里斯多德

人生傳略

　　亞里斯多德（Aristotle，西元前 384 ～前 322 年）是古希臘最負盛名的學者。西元前 384 年生於希臘北部的斯塔吉拉城，其父為馬其頓國王的御醫。雖然醫生是亞里斯多德家族的世襲職業，但是他最終沒有成為一名醫生。17 歲時，亞里斯多德遠遊雅典，入柏拉圖學園。他學習認真刻苦，善於動腦，不久就成為同輩中的佼佼者，被柏拉圖稱之為「學園中的菁英」。西元前 343 年，亞里斯多德應馬其頓國王腓力二世（Philip II of Macedon）之邀，成為年僅 13 歲的王子亞歷山大（Alexander the Great）的家庭教師，在宮中執教 3 年。後由於腓力二世遇刺身亡，亞歷山大繼位當政，於是亞里斯多德回到雅典在呂克昂運動場創辦了自己的學園，並創立了一個新的哲學學派。據傳，由於他常常帶領他的學生在學園的林蔭道上邊漫步邊講學，故他的學派在歷史上有「逍遙學派」之稱。西元前 323 年，亞歷山大死後，馬其頓政權被希臘人推翻。作為亞歷山大的老師，亞里斯多德受到了牽連，被迫逃到他母親的故鄉哈爾基斯。其間，他失去了苦心蒐集的標本和書籍，失去了全部書稿。次年，在極度失望的情況下，這位科學偉人與世長辭了。

主要思想及著作

亞里斯多德似乎對當時人們所能感受到的關於自然和人生的每一個問題都有興趣。他的著作頗豐，留傳下來的雖然僅為其全部作品的三分之一，但其涉及科學領域之廣令現代人感到驚奇。在自然科學方面，他的研究範圍包括機械學（運動學）、物理學、數學、氣象學、動植物學、醫學和心理學等學科。此外，他還在哲學、歷史學、政治學、倫理學、文學（詩學）、美學和邏輯學等方面有重要建樹，所以後人稱他為百科全書式的學者。亞里斯多德的主要著作有《形而上學》（*Metaphysica*）、《物理學》（*Physica*）、《工具論》（*Organon*）、《倫理學》（*The Nicomachean Ethics*）、《政治學》（*Politica*）等等。這些著作對後來的哲學和自然科學的發展都有很大影響。

亞里斯多德是第一位全面認真地研究物理現象的人。他很重視觀察，然後用推理的方法去解釋各種現象。這與以前那些只靠「空想」的學者來說，是一個很大的進步。例如他透過觀察日食，看到地球的黑影是圓的，就推斷地球是球狀的，這基本上與事實相符合。但是，亞里斯多德由於只憑觀察、推理，過分誇大形式邏輯的作用，而忽視實驗驗證這一重要手段，因此就難免產生許多錯誤的結論。例如，他認為力是維持速度的原因。他認為物體之所以會落向地面是由於地球是宇宙的中心，因此物質會自然向著地面運動，而且物體越重，下落速度越快，速度與重量成正比。過了 1900 年，這個錯誤才被伽利略所糾正。

中學物理的教科書，在講到「運動和力」時常常會把亞里斯多德的錯誤思想與牛頓的正確思想相比較，亞里斯多德似乎成了科學的罪人。實際上，亞里斯多德是他所在的那個時代最偉大的人物，就是他錯誤的思想中也閃爍著理性的光輝。伽利略曾以實事求是的態度看待亞里斯多

德，他指出：「我並不是說我們不應當傾聽亞里斯多德的話，相反地，我稱讚那些虛心閱讀和仔細研究他的人。我所反對的只是那些屈服於亞里斯多德的權威之下的傾向。」

名人事典

　　亞里斯多德也許不會想到，他的學說在以後的歷史進程中發生了驚人的變故。13 世紀的時候，科學家托馬斯‧阿奎那（Thomas Aquinas）巧妙地把亞里斯多德的思想融合到基督教的教義之中，用亞里斯多德哲學中僵死的東西來論證基督教義的合理性。由於中世紀宗教神學的優勢是絕對的，亞里斯多德的學說被捧到了一個僅次於上帝的地位。在漫長的中世紀中，歐洲科學界的主要任務便是收集、整理和研究亞里斯多德的著作。亞里斯多德的所有論點都被認為具有神聖的權威性，連包含於其中的錯誤論斷也不例外，這就成了歷史的災難。17 世紀，伽利略首先指出亞里斯多德的錯誤所在，卻招來眾議，然而近代科學革命最初就是以推翻亞里斯多德的物理學而告捷的。因此人們又從對亞里斯多德的盲目崇拜轉而對他採取不適當的輕蔑。實際上，亞里斯多德本人既不是盲從權威的信徒，也絕對不是滿口胡言的謬論家，他是一位真正不朽的偉大科學家。

　　亞里斯多德雖然已取得了輝煌的學術成就，但面對榮譽，他並不為之所動，他還告誡人們：「我沒有已預備好的根據，沒有可抄襲的模型，我是開始的初步，所以是很渺小的。我希望讀者諸君承受我已努力的，原諒我未能成就的。」他還風趣地說：「人們以為我最聰明，但是我自己知道，我什麼都不知道。」

歷史評說

　　亞里斯多德是古代知識的集大成者。在現代歐洲學術上的文藝復興之前，雖然有許多位科學家為人類認識的進步作出了可觀的成績，但是在亞里斯多德死後的數百年間，從來沒有一個人像他那樣對知識有過那樣系統地考察和全面地掌握。所以，他在科學史上占有很高的地位。他的著作合起來就構成了古代世界學術界的百科全書。此外，他還是歸納法的創始人之一，還是主張進行有組織有研究的第一人。亞里斯多德是人類發展史上的一座不朽豐碑。

　　亞里斯多德最偉大的歷史功績，與其說是科學知識的累積，不如說是研究方法的創新。他創立了形式邏輯及其三段論。這是一個偉大的發現。如果在小人物，單靠這個發現，就已經可以名垂青史了。在亞里斯多德早期的著作中，在他後來的工作中，特別是在他的生物學研究之中，已經突出了從觀察中獲取經驗材料的研究方法重要性。亞里斯多德的出現，象徵著古希臘的自然哲學的思辨已經開始讓位於對自然現象的經驗考察和科學分析。他因此也成為一位承上啟下的人物。由他開始的基於經驗事實基礎上觀察分析的研究方法，在隨之而來的亞歷山大時期得到了進一步發展，並影響西方科學的發展達千年之久。

力學之父 —— 阿基米德

> 「給我一個支點，我將能移動地球。」

—— 阿基米德

人生傳略

　　阿基米德（Archimedes，西元前 287～前 212 年）是古希臘著名數學家，同時他也是力學真正的創始人和近代實驗物理學的古代先驅。西元前 287 年出生於今義大利西西里島上的一個沿海城鎮敘拉古。他出身名門望族，其父是天文學家兼數學家，為人謙遜，知識淵博。阿基米德很小的時候在家中，便受到了父親在天文學和數學方面的良好教育。11 歲時即被送到埃及的亞歷山大里亞城學習。在這個當時世界的智慧之邦，他師從歐幾里得的弟子康農，系統地研究了《幾何原本》，並仔細地學習古希臘其他著名學者的數學知識，為日後成為偉大的數學家奠定了基礎。西元前 240 年，阿基米德由埃及回到了故鄉敘拉古，並擔任國王亥厄洛（Hiero）的顧問。他的科學理論和實踐基本上都是在這裡進行的。亞歷山大里亞城哺育了他，而敘拉古則是他智慧大放異彩的地方。

主要思想及著作

　　阿基米德的主要興趣是在純幾何方面，他對數學有著特殊濃厚的感情，這可能是因為受到父親和老師的影響吧。他以歐幾里得的幾何學成就為起點，繼續前進，作出了許多重大的貢獻。他確立了球體、柱體以及拋物線、弓形等表面積和體積的計算方法，他用內接和外切多邊形的方法測量圓周，逐漸增加多邊形的邊數使之逐漸與圓周相接近。用這個漸進的方

法，他得到圓周率的值 223/71 < π < 22/7。這是第一次有人在科學中提供了誤差的猜想和所得結果的精確度的確定。阿基米德自己最為得意的成就，是他找出了圓柱體的體積是它的內切球的體積的 1.5 倍。為此他曾請求，當他死後，在他的墓碑上刻上一個圓柱體和它的內切球的圓形。

在機械力學方面，阿基米德發現了槓桿原理，即當槓桿所受到的作用力和所克服的阻力在同一平面上時，作用力和力臂的乘積等於阻力和阻力臂的乘積。他按此原理製造了許多機械和機器，如行星儀、舉重滑車、提水機（又叫阿基米德螺旋提水器）、灌地機及軍用投射器等。

在對浮體進行的研究中，他還發現了阿基米德定律。這個以他的名字命名的科學定律指出：浮在液體中的物體所失去的重量等於它所排開的液體的重量；浮在液體表面上的物體所排開的液體的重量等於它自身的重量。

阿基米德的一生著述甚多，有《論浮體》（*On Floating Bodies*）、《論槓桿》（*On the Equilibrium of Planes*）、《論重心》、《論拋物線問題》（*Quadrature of the Parabola*）等等。其中大部分是關於數學和力學的。由於他在力學方面的突出貢獻，阿基米德被後人稱為「力學之父」。

名人事典

阿基米德為後人留下了許多展現其偉大智慧的故事，其中他辨別王冠真偽的故事至今仍為人們所津津樂道。

傳說 2200 年前，當時敘拉古的國王讓珠寶匠為他做一頂純金的王冠，王冠做成後，國王疑心其中摻了白銀，就叫阿基米德辨別真偽。在思考這個問題期間，阿基米德在沐浴的時候發現他的身體沉到水中的部分越多，溢出的水也越多，同時水對身體的托力（浮力）也越大。這一現象使他茅塞頓開。於是他高興地跑向王宮，連衣服都忘了穿。當著國王和大臣

的面，他先把一塊與王冠同等重量的純金放進一個裝滿水的容器之中，秤出溢位的水的重量；接著再對王冠重複了上面的過程，結果發現溢位的水比以前多。從而證明王冠之中摻了比純金輕（密度小）的金屬。

歷史評說

　　阿基米德是在古希臘最偉大的科學家。他的思想流傳至今。「阿基米德原理」、「阿基米德定律」、「阿基米德螺線」、「阿基米德三角形」……這些光輝的名詞，既是他為人類所作出的貢獻的見證，也是人們對他永遠的懷念。近代數學史家信爾對歷史上三位偉大的數學家：阿基米德、牛頓、高斯作出過公正的評價，他說：「……以他們的豐功偉業和所處的時代情景來對比，及他們影響當代和後世的深遠程度來比較，那麼我們首推的，應該是阿基米德。」

　　阿基米德所處的時代，社會並不重視科學研究的實際價值，甚至認為動手幹這些實際的工作會把哲學家的手弄髒，是降低身分的事。而阿基米德則一改雅典時代科學家們重理論輕實踐的學風，把科學理論與生產實踐及軍事需要結合起來，取得了多方面的成就。

　　阿基米德的工作涉及數學和力學的理論和運用，他的研究方法比任何別的希臘人的工作，都更加具有把數學和實驗研究相結合的真正現代精神。他先從經驗中得到靈感，然後提出假設條件，再根據邏輯推理用演繹的方法求得結果，最後用觀察或實驗的方法加以檢驗。這種研究方法是近代科學家們所普遍採用的方法。從這個意義上說，他已經超越了他那個時代。阿基米德是古代歷史中的第一位，也是最偉大的一位近代型物理學家。1700 多年後的文藝復興時期，達文西和伽利略等人都以阿基米德作為自己的楷模，其影響之大可見一斑。

古希臘天文學的集大成者 —— 托勒密

「不錯，托勒密的聰明與精細是超群的，經過 40 多年的觀察，他已經把這門科學完成到了幾乎包羅無遺的程度。」

—— 哥白尼

人生傳略

托勒密（Claudius Ptolemy，約西元 90 ～ 168 年），亦被譯為托勒玫。古希臘天文學理論的集大成者。他西元 90 年生於埃及的托勒麥斯城，父母都是希臘人。在很小的時候便被送到亞歷山大里亞城去求學。在那裡他有幸接觸到許多著名學者，並閱讀了不少書籍。還學會了天文觀測和實地測量（請注意不要把他與托勒密國王相混淆，兩人雖然同姓但並無任何連繫）。亞歷山大里亞城是這位青年成長的搖籃，而托勒密日後的成功也為亞歷山大增添了無限的光輝。

主要思想及著作

托勒密是古希臘天文學的集大成者，這本身就意味著他必然是吸收了前人的成就。早在西元前 4 世紀至西元前 3 世紀，在古希臘就有了兩種關於宇宙的不同看法：一種以歐多克索斯（Eudoxus of Cnidus）為代表，他認為天體都在以地球為中心的圓周上作勻速圓周運動，他用 27 個球層來解釋天體的運動。到了亞里斯多德，又增加到 56 個球層。另一種以阿里斯塔克斯（Aristarchus of Samos）為代表，認為地球每天在自轉，每年又沿圓周繞太陽一週，太陽和恆星都是不動的，而行星則以太陽為中心進行圓周運動。阿里斯塔克斯所提出的太陽中心說走在了時代的前面，

所以難以被當時的人們理解。直到 1800 年後，哥白尼論證了太陽中心說的正確，人們才又重新記起阿里斯塔克斯來。

而在當時，經過歐多克索斯和亞里斯多德，地心說已經相當成熟了，於是托勒密總結了前人的成果，使地心說成為一個體系，寫成了 13 卷鉅著《天文大全》（*Almagest*，還常被譯為《至大論》、《大彙編》、《大綜合》、《托勒密大造書》等等）。《天文大全》是古代天文學的百科全書，最終確立了地球中心說，在歐洲天文學界占據長達 1300 多年的統治地位，在哥白尼和克卜勒的時代之前，一直是標準的論著。這種與人的直觀經驗相吻合的天文學認為，地球不動處於宇宙的中心，太陽、月亮及水、金、火、木、土五大行星都在各自的軌道上圍繞地球旋轉，從地球向上，形成月亮天、水星天、金星天、太陽天、火星天、木星天、恆星天和最高天，地球中心說不僅能夠定量地解釋天象，而且能夠準確地預報行星運動的方向及日食和月食的情況。因而在相當長的歷史時期中，它一直是天象研究、曆法制定和航海探險的依據，其科學性的實用價值應給予充分地肯定。

名人事典

在托勒密時代，關於地心說和日心說的爭論並不激烈，但到了中世紀，人類已經累積了越來越多的天文觀測數據，並發現了更多的新的行星，托勒密給出的公式和宇宙模型越來越與實際的觀測不相符合，於是人們對天體運動認識的變化矛盾逐漸開始激化了。到底誰是中心，是地球還是太陽成為爭論的焦點。憑藉歷史賦予現代人的優越地位，我們當然可以認識到托勒密對自然界的猜測是錯誤的。然而歷史的進程從來都是曲折的，人們接近真理的道路也不是一條直線。托勒密的地球中心說

儘管有錯誤，但卻是人類認識自然過程中的必經階段。在當時的條件下，他所提出的行星體系學說是具有進步意義的。首先，它肯定大地是一個懸在空中，沒有任何支柱的球體，它比遠古時期人們認為天圓地方的思想有進步；其次，從恆星中區分出行星和日、月是離我們較近的一群天體，這也是把太陽系從眾星中識別出來的關鍵性一步。一個有規律的行星體系，這就是托勒密宇宙模型學說的核心和精華。

歷史評說

英國著名的科學史家 W・c 丹友爾說過：「地球中心說現在已經沒有人相信了，但是它對現象給予了量的解釋。在當年，這比以往的見解大大地前進了一步，一個錯誤的假說如果能成為進一步探討的嚮導，在當時也許會比一個至今無法驗證的，比較正確的假說，更有用處些。」的確，托勒密地球中心說的合理因素，如他以幾何論證追求宇宙簡單和諧的思路以及關於地球位置的一些概念，都為近代天文學所吸收和發展。同時托勒密很重視天文觀測，他根據實際測量，編出了包括 1,000 多顆恆星在內的星辰。他所寫的《地理學》（*Geography*）直到 14 世紀仍是地理學方面的權威著作。據說，他還對光的折射進行了分析，提出折射角與入射角成正比的結論。這雖然僅僅在角度較小的情況下才能成立，且也不十分精確，但仍被認為是「古代最驚人的實驗研究之一」。法國科學家拉普拉斯認為：「托勒密必然是一位淵博的學者，科學史上首屈一指的人物。」

科學的發展過程就像是一場人梯戰術的攻城戰一樣，後人是站在前人肩膀上繼續向上攀登的。我們不能因為後人取得了更高的成就，就否定前人的成就。因此我們不能在讚美哥白尼和布魯諾（Giordano Bruno）的同時，把托勒密看成是自覺地為宗教勢力服務，科學史上的罪人。對

任何一種科學理論的盲目讚揚或不加分析的全面拋棄，都是違背科學精神的。評價任何一位歷史上的科學家都不應，也不能離開當時的歷史條件去苛求古人。托勒密的地心說儘管是錯誤的，但永遠是天文學發展史上的一座里程碑。

近代實驗科學的思想先驅 —— 羅傑・培根

「誰要是把自己標榜為真理和知識領域裡的裁判官，他就會被神的笑聲所覆滅。」

—— 愛因斯坦

人生傳略

羅傑・培根（Roger Bacon，約西元 1220 ～ 1292 年）是英國 13 世紀著名科學家。出生的準確年月不詳，大約於 1220 年出生在英國伊爾徹斯特附近的索默塞特地區。父親在亨利三世（Henry III）時期在朝廷任職，家境富裕，因而他從小受到了良好的教育。培根非常聰明，7 歲開始接受正規教育，13 歲入牛津大學讀書，研究神學，後在那裡當教員。1236 年到巴黎大學邊教書邊學習。1241 年獲巴黎大學文學碩士學位，後來又獲神學博士學位。他對自然科學興趣濃厚，喜歡研讀原文著作，他博覽群書，博學多才，有「萬能博士」之美稱。

主要思想及著作

培根的科學成就是多方面的。在天文學方面，他認為地球是圓的，並在此基礎上提出了環球航行的大膽設想。成為後世地理大發現的先驅；

他還指出當時通行的《儒略曆》（*Julian calendar*）中規定的一年的長度比實際年長略微長一點兒，這樣每隔 100 年左右，春分、秋分這二分點就會早到一天。培根指出的這一曆法缺陷，直到 300 年後才得以糾正。

在物理學方面，他製作了放大鏡，並闡述光的反射定律和一般折射現象，為後人製作望遠鏡提供理論基礎。此外，他對彩虹作出科學解釋：虹是太陽光照射在雨滴上折射出來的，以此打破了長期籠罩在虹的成因這一問題上的神學氣氛。

培根很重視數學，認為數學研究的對像是數量之間的關係。數學是科學的理想形式，只有數學能發現和表達真理，其他任何科學的正確與否都取決於它能否以量的數學形式來表達。

培根還提出了對實驗科學的態度。他最早提出「實驗科學」這一名詞，並賦予它正確而豐富的內涵：有一種科學比其他科學都完善，要證明別的科學能否成立，就需要它，那就是實驗科學。

名人事典

在巴黎求學期間，培根參加了的方濟各會。方濟各會對待異教徒、對待科學不比別的宗教組織寬容，而且它以嚴格的手段來約束自己的會員。培根回到牛津大學後，在教學中他勇於向傳統挑戰，傳授科學和教育而不是宗教。他的做法激怒了方濟各會的首領、法國的波溫那圖，培根被粗魯的僧侶軟禁長達 10 年之久。在這 10 年中，他們不許他看書，不許他寫作，也不許他與一般人來往，但方濟各會卻無法禁錮培根的思想。教宗克萊孟四世（Clemens PP. IV）十分賞識培根的思想，鼓勵他將自己的思想寫下來。在教宗克萊孟的保護下，經過一年半的艱苦寫作，培根完成了他的鉅著《大著作》（*Opus Majus*）。後又寫出《小著作》（*Opus*

Minus）和《第三著作》（*Opus Tertium*），這是一部全面論述他學術見解的皇皇鉅著，是他多年思考的結晶。他的思想及科學成就主要集中在此。

培根一生命運途多舛。1268 年，教宗克萊孟四世去世，新教宗尼古拉斯四世（Pope Nicholas IV）是培根的死敵。失去了保護人的培根的處境急轉直下，尼古拉斯四世把他重新交給修道院嚴加看管。從此，培根開始了他那暗無天日的晚年生活直到 1292 年去世。

歷史評說

培根的一生充滿了悲劇色彩。他是一位虔誠的教士，但卻受到了教會的無情迫害。他費盡心血寫出了具有極大學術價值的著作，但卻受到了教會的譴責和禁錮，而無法發揮其應有的作用。但羅傑·培根是一位偉大的科學思想家，是實驗科學時代的真正先鋒。馬克思在評價中世紀的思想家時曾說：「唯一特殊的例外，13 世紀在學問方面比較傾向自由的是羅傑·培根。」的確，他是 13 世紀最偉大的思想家，索默塞特、牛津與英國因為有了他而更感自豪。

在英國科學史上有兩位大名鼎鼎的培根。一位是生活在 13 世紀，被人們視為近代實驗科學先驅的羅傑·培根，另一位是生活在文藝復興成熟期，以提出「知識就是力量」而名聞遐邇的法蘭西斯·培根（Francis Bacon）。他們的學術見解非常相似，但兩人的命運卻大不相同。法蘭西斯·培根是王室的寵臣，官運亨通，而羅傑·培根卻長期受到監視，甚至被投入監牢，死後連著作也受到牽連而久久無人問津。在對後世的影響上，羅傑默默無聞，而法蘭西斯卻家喻戶曉。但在給予實驗科學以崇高地位方面，羅傑早於法蘭西斯 3 個半世紀，更值得一提的是，在羅傑的工作中，具體科學的成分較大，比起法蘭西斯要高明一些。

科學家年譜

- 1220 年，出生
- 1266 年，著《大著作》、《小著作》、《第三著作》
- 1268 年，著《自然與數學綱要》（*Communia Naturalium and Mathematica*）
- 1272 年，著《哲學研究綱要》（*Compendium of the Study of Philosophy*）
- 1279 年，著《神學概要》（*Compendium Studii Philosophiae and Theologiae*）
- 約 1292 年，逝世

「日心說」的創立者 —— 哥白尼

「人的天職是勇於探索真理。」

—— 哥白尼

人生傳略

哥白尼（Nicolaus Copernicus，西元 1473 ～ 1543 年）是波蘭乃至世界歷史上最負盛名的天文學家，他因創立了「太陽中心說」（簡稱「日心說」）而不朽於世。哥白尼出生於波蘭維斯瓦河畔的托倫城，其父親是商人並當過托倫城的市政官。哥白尼從小便受到了良好的教育。10 歲那年，父親不幸去世，哥白尼從此由其舅父盧卡斯・瓦茲洛德（Lucas Watzenrode）撫養。瓦茲洛德曾是弗倫堡大教堂的牧師，後升為瓦爾米亞教

區的大主教。他學識淵博，深受人文主義影響，是哥白尼的啟蒙老師之一。1491 年，哥白尼進入當時以數學和天文學聞名歐洲的波蘭克拉科夫大學學習。在該校校長勃魯澤夫斯基（Albert Brudzewski）的影響下，哥白尼對天文學產生了濃厚的興趣，並養成了用天文儀器觀察天象的習慣。1496 ～ 1506 年，哥白尼兩度留學義大利，他先後讀過三所大學並均取得了優異的成績。尤其重要的是，此間他結識了對托勒密的地心說表示懷疑的義大利天文學家、文藝復興運動的領導人之一 —— 諾瓦拉（Domenico Maria Novara da Ferrara）。在諾瓦拉的鼓勵之下，哥白尼立志研究天文學並最終獲得了成功。

主要思想及著作

在歐洲漫長的中世紀，基督教在政治、哲學和科學上均占有絕對的權威地位。由於托勒密的地心說思想符合人們的感受與基督教的教義。所以在文藝復興之前的近 1000 年的時間裡，一直被認為是正確的，也是不容置疑的天文學。但是到了 15 和 16 世紀，由於航海業的發展，需要精確測定船隻的座標，因而大大地推動了對天象的觀測。隨著天文觀測數據累積的不斷增多，托勒密的「地心說」已經越來越不能自圓其說了。受古希臘先哲們地球運動思想的影響和啟發，哥白尼開始收集數據並開始撰寫《天體運行論》（*On the Revolutions of the Celestial Spheres*）。經過數十年的艱辛努力，哥白尼於 1533 年完成了劃時代的天文鉅著《天體運行論》。

哥白尼在《天體運行論》中明確宣布，地球不是宇宙的中心，它和別的行星一樣，是一顆邊自轉邊公轉的普通行星，天體從遠到近的順序如下：「最遠的是恆星天球，包羅一切，本身是不動的。它是其他天體運動

位置必須參考的背景……在行星之中土星位置最遠，30 年轉一周；其次是木星，12 年轉動一周；然後是火星，2 年轉動一周；第四是 1 年轉動一周的地球和它的衛星月亮；金星居第五位，9 個月轉動一周；第六是水星，80 天轉動一周。而太陽居於群星的中央。在這個輝煌無比的廟堂之中，這個發光體能夠普照一切，難道還能把它（太陽）放在另一個比這更好的位置上嗎？……因此，太陽就坐在皇帝寶座上，管理著圍繞著它的群星們。」哥白尼接著指出，托勒密宇宙體系之所以複雜，在於他把地球的三種運動（自轉、公轉、和地軸的旋轉）都強加給每一個天體；這便使宇宙體系人為的複雜化了。而如果把地球看成是自身也在運動並圍繞太陽運動的行星之後，人們觀測到的行星飄乎不定的現象也就可以理解了，並且宇宙模型也變得更加和諧和簡單了。

名人事典

哥白尼從一開始就非常清楚地認識到，如果他發表了關於太陽系結構的新觀點，必然會引起來自保守學派和基督教會兩方面的反對，所以他年復一年地不斷地修訂手稿，而對是否發表一直猶豫不決。如果以哥白尼 1507 年撰寫第一篇天文學論文算起，到 1543 年他的《天體運行論》出版，前後經歷整整 36 個年頭。哥白尼曾說：「在漫長的歲月之中，我曾經遲疑不決。」因為他十分清楚，他的新學說不僅是推翻了流行了千年之久的托勒密的地心說，而且將直接撼動封建神權統治的理論基礎──《聖經》，並導致許多與《聖經》相牴觸的思想和論斷。「如果地球不是宇宙的中心，無數古人相信的事物將成為一紙宣言。誰還會相信伊甸的樂園、讚美詩的歌頌、宗教的故事呢？」（歌德語）值得一提的是，哥白尼本人也是一位頗為著名教堂的牧師，作為一名神職人員，哥白尼在科學

與信仰的衝突之中，經歷了長期而又痛苦的選擇。這就是為什麼哥白尼直到逝世前不久才同意發表《天體運行論》的原因。據說，當《天體運行論》的第一批樣書送到哥白尼的病榻前時，他已雙目失明、奄奄一息。彌留之際，他用顫巍巍的雙手撫摸著他的著作，一小時後便與世長辭了。這一天是 1543 年 5 月 24 日。

歷史評說

哥白尼留下的傳世名作《天體運行論》正式確立了太陽中心說，這在自然科學的發展史上具有劃時代的深遠意義。其意義不僅僅是對 1,000 多年來托勒密地球中心說的否定，還在於它直接導致了整個自然科學從宗教的束縛中解放出來。恩格斯（Friedrich Engels）曾高度評價了《天體運行論》這部科學著作，稱它為「自然科學的獨立宣言」，「從此自然科學便開始從神學中解放出來……科學的發展從此便大踏步地前進了。」正因為如此，人們習慣上把《天體運行論》正式發表的 1543 年作為近代科學開始的里程碑。這對任何一位科學家而言都是最高的褒獎。

哥白尼 26 歲就已經是義大利羅馬大學的天文學教授了。他是位非常有才能的人，一生中上過五所大學，有資格當教師、律師、醫生和牧師，而終以在天文學上的巨大成就而不朽。儘管他一生中不曾割斷與教會千絲萬縷的關係，並曾寄希望於教宗的理解和庇護，但這在當時的歷史環境中已經是最大膽、最明智與最現實的選擇了，只有這樣，哥白尼才得以用他不朽的著作來向自然方面的教會權威挑戰，才最終從神學家的手中奪回了天空。到 18 世紀，哥白尼的太陽中心說已經得到了普遍的承認。1822 年，教宗庇護七世（Pius PP. VII）不得不解除了對哥白尼著作長達 300 年的禁令，並承認自己的無能與無知。

科學家年譜

- 1473 年 2 月 19 日，生於波蘭托倫城
- 1483 年，父親去世，由舅父路卡斯・瓦滋洛德撫養
- 1491 年，入克拉科夫大學學習教會法和醫學，結識勃魯澤夫斯基，學會觀測天象
- 1496 年，留學義大利，在波倫亞、帕多瓦大學、斐拉拉大學學習醫學和法律
- 1515 年，以手抄本形式散發關於天體運行的論文。計劃撰寫天文學著作《天體運行論》
- 1533 年，《天體運行論》（6 卷）完稿
- 1542 年，69 歲為即將出版的著作寫了一篇給教宗保祿三世（Paulus PP. III）的獻詞，說明新理論產生的條件及其實質，並尋求教宗庇護
- 1543 年 5 月 24 日，《天體運行論》終於出版，哥白尼因患腦溢血在弗倫堡去世，終年 70 歲

近代實驗科學的奠基人 —— 伽利略

「追求科學需要特殊的勇敢。」

—— 伽利略

人生傳略

　　伽利略（Galileo Galilei，西元 1564 ～ 1642 年）是義大利偉大的天文學家、哲學家、數學家和物理學家。1564 年出生於義大利的比薩城。其祖輩為貴族，他的父親是有名的音樂演奏者、作曲家和數學家。但到了

伽利略時，家道中落，所以父親希望他能成為一位商人或醫生，因為那時這兩個職業是最賺錢的。但伽利略似乎對機械和哲學更感興趣。在大學裡他雖然攻讀的是醫學，但他日後所取得的成就卻與醫學毫不相干。

伽利略從小就長於觀察和思考。他 18 歲那年去教堂參加禮拜，碰巧教堂中的大吊燈被修理工觸動而左右搖擺不定。這引起了他的興趣，經過觀察他發現：在懸繩一樣長的情況下，不管吊燈擺動的弧線長短，吊燈來回擺動所用的時間是一樣的。這與亞里斯多德「擺幅短需時少」的說法是相反的。回到住所後，他經過反覆實驗，終於證明擺動的週期與擺的長度的平方根成正比，而與擺錘的重量無關。這就是著名的「擺的等時性原理」。他利用這個發現，發明了用來測量病人脈搏的儀器，後來荷蘭科學家惠更斯根據這個原理製成了掛擺的時鐘。可以說，少年時期養成的觀察和思考的習慣，為伽利略後來的成功奠定了重要的基礎。

主要思想及著作

1608 年，當一位叫漢斯（Hans Lippershey）的荷蘭商人把兩組透鏡合在一起對準教堂尖頂上的風標時，發現風標被放大，於是他被認為是第一位發明望遠鏡的人。但是第一位把望遠鏡當作一種科學儀器用於觀測天空的卻是伽利略。伽利略的這一舉動象徵著天文學研究由古代的肉眼觀測進入到望遠鏡觀測的時代。經過不斷的改進，他的望遠鏡可以把距離拉近 30 倍，形狀放大可達 1,000 倍。藉助望遠鏡，伽利略看到了人們從未看到過的激動人心的場面：月亮的表面是凹凸不平的，而不像亞里斯多德所說的天體都是平滑光亮的；銀河也是由千萬顆星組成的；最重要的一點是，他發現了木星有四顆衛星圍繞著它旋轉，這表明地球以外存在著不以地球為中心的天體……這些發現轟動了整個學術界，人們

說：「哥倫布發現了新大陸，而伽利略發現了新的宇宙。」伽利略的發現對哥白尼的日心說是一個有力的支持，而對教會而言則是重大的打擊。羅馬教廷開始警告他，並將他軟禁起來。但是伽利略以堅定的態度回答了教廷。1632 年，他寫的《關於兩種世界體系的對話》（*Dialogue Concerning the Two Chief World Systems*）在當時的荷蘭出版。在書中，伽利略以三位學者對話的形式表明了他支持哥白尼的觀點。立即受到了廣大讀者的熱烈歡迎，影響極大。這再次頂撞了正統的宗教的尊嚴。幾個月後，伽利略又被招到羅馬教廷受審，當時他已 69 歲了。在經受了多次審問與折磨之後，他不得不宣誓日後不再宣揚「錯誤的地動說」。但在審判退席時，他仍自言自語道：「可是，地球的確還在轉動著……」。伽利略是位不幸的科學家，他的偉大著作給他帶來的是審判和終身監禁。之後由於長期觀測，用眼過度，再加上年老體衰，他雙目失明，在孤獨中死去，在伽利略之後，義大利的科學再也沒有突出的光彩了。

名人事典

　　伽利略對現代科學最大的貢獻就是在力學方面的發現 —— 落體定律。他的這個發現第一步是用實驗推翻了亞里斯多德的權威理論。著名的比薩斜塔實驗證明了比重相同的大小物體在空氣中以相同的速度下落。他進一步設想，在沒有空氣阻力的真空中，所有物體均以同一速度自由下落，這在現在看來是非常正確的。伽利略還用邏輯推理反駁了亞里斯多德。他曾這樣假設：把輕重不同的兩個物體捆在一起，它們將如何運動呢？顯然根據亞里斯多德的結論，這兩個物體中重量比較重的一個更重了，那麼它應當以更快的速度下落；而同樣根據亞里斯多德的結論，那個較輕的物體會減慢那個較重物體的運動速度。這顯然是自相矛

盾的。雖然在伽利略之前曾有人提出有關落體運動的一般見解，但只有伽利略用他的實驗得出了令人信服的規律，因而取得了發現自由落體定律的殊榮。

歷史評說

　　伽利略的偉大發現超越了所有前人，奠定了現代力學的基礎。除了擺的原理和落體定律外，他還透過斜面實驗發現了 $s = 1/2gt^2$ 的自由落體定律，並最早正確地提出了力是運動產生和改變的原因，在沒有外力的作用下，物體將保持原來的靜止或勻速運動狀態。這實際上是對慣性定律的最初表述。此外他還發現了運動疊加原理。這些原理的發現都遵循著這樣一條路線：一般觀察—假說—數學分析、推論—實驗驗證……伽利略總結自己的這種方法時說過，這是第一次為新的方法開啟大門，這種將帶來大量奇妙成果的新方法，在未來的年代裡會得到許多人的重視。伽利略的一生是偉大的，正是因為他開闢了實驗的道路改變了人們的思維方法，才引導人們走進了近代科學的殿堂，他在科學史上將永遠是一位不朽的人物。法國科學家特魯薩爾特曾經說過：「在科學領域裡我們都是伽利略的學生。」

　　伽利略的實驗，有的雖然只是想像中的實驗，但它們是建立在可靠的事實基礎上的，把實驗事實和抽象思維結合起來，這正是伽利略的卓越之處。把研究的事物加以理想化就可以突出事物的主要特徵，化繁為簡，易於認識其規律性。的確，伽利略總結出來的自然科學的研究方法，是他留給後人寶貴的精神財富。

科學家年譜

- 1564 年 2 月 15 日，生於義大利的比薩城
- 1581 年，17 歲入比薩大學學醫
- 1581 年，旁聽數學家利奇的講座，引起極大的興趣
- 1581 年，19 歲在教堂觀察吊燈的擺動，研究擺動定律，發明「脈搏計」。
- 1587 年初，遊羅馬，廣交賢貴
- 1589 年，被聘為比薩大學數學教授
- 1591 年，進行斜面實驗，得出落體定律，撰寫《論重力》（*On Motion*）一文。由於從事反對亞里斯多德教條的學術活動，受到大學教授們的排擠，離開比薩大學
- 1609 年，45 歲製成望遠鏡，開創天文觀測的新時代。用望遠鏡觀測月球，證明月光是陽光的反光。發現木星有四顆衛星。1613 年伽利略以神學家不宜干涉純科學為由，捍衛自己的學說
- 1616 年，52 歲，宗教法庭第一次傳訊伽利略，宣布哥白尼學說為異端，並認為伽利略的思想有違《聖經》
- 1630 年，66 歲，鉅著《關於兩種世界體系的對話》出版，立即遭到禁止發行。同時被第二次傳訊到羅馬教廷。後被判處終身監禁，監外執行
- 1634 年，70 歲時女兒去世，孤獨一人
- 1637 年，雙目失明，諸病纏身
- 1639 年，維維安尼和托里切利來到伽利略身邊，照料伽利略晚年的生活
- 1642 年 1 月 8 日，逝世於佛羅倫斯郊外的阿切特裡村，終年 78 歲

天空的立法者 —— 克卜勒

「失敗是向新的燦爛的幻想之路上的起步。」

—— 克卜勒

人物傳記

　　克卜勒（Johannes Kepler，西元 1571 ～ 1630 年）是德國偉大的天文學家和物理學家。他 1571 出生於德國威爾的一個貧窮的家庭中，從小先天不足，體質虛弱。不過他的智力似乎很發達，從小就機敏過人。小學、國中時克卜勒的學習成績，一直名列前茅。由於家境貧寒，他被迫輟學。幸而有位公爵慷慨相助，才使他得以免費進入著名的圖賓根大學學習神學和數學，並接觸到哥白尼的日心說。這對他日後的成功有很大的影響。

　　1596 年，克卜勒發表了他的著作《神祕的宇宙》（*Mysterium Cosmographicum*）。在書中他明確主張哥白尼的日心說體系，同時也表現了他非凡的想像力和數學能力，但這本書現在看來可以說是毫無價值的，因為書中結論的偶然性色彩太濃厚了。這本書真正重要的意義在於，它引起了當時另一位傑出的天文學家的注意。這個人便是丹麥的宮廷天文學家兼弗恩島天文臺臺長第谷（Tycho Brahe）。第谷敏銳的意識到克卜勒是一位很有發展前途的年輕天文學家，於是邀請克卜勒做他的助手。與第谷的合作使克卜勒有機會接觸到透過實際觀測得來的數據，放棄了以前的神祕主義幻想。他從第谷留給他的火星數據開始研究，在當時兵荒馬亂、生活沒有保障的情況下，用了整整 10 年的時間，終於找到了行星運動的三大定律。

主要思想及著作

用克卜勒三個定律計算的行星軌道，不僅與第谷的觀測十分符合，而且與近代的觀測也符合得很好。九大行星（包括克卜勒之後發現的）就是按照這三個定律圍繞太陽旋轉的，所以他被譽為「天空的立法者」。在當時不論是地心說還是日心說，都認為行星做勻速圓周運動，但克卜勒發現火星並非在做勻速圓周運動，經過 4 年的觀察和冥思苦索，他發現火星的軌道是橢圓形的，於是得出克卜勒第一定律（軌道定律）：火星沿橢圓軌道繞太陽運行，太陽處於兩焦點之一的位置上。接著克卜勒又發現火星的運行速度是不均勻的，當它離太陽較近時運行較快，離太陽較遠時運行較慢，但是從任何一點開始，向經（太陽中心到行星中心的連線）在相等的時間內掃過的面積是相等的，這就是克卜勒第二定律（面積定律）。克卜勒的研究得到了當時人們的承認，但是他並不因此而滿足，他繼續探索各行星軌道之間的幾何關係。經過長期繁複的計算和無數次失敗，最後創立了行星運動的第三定律（週期定律）：行星繞太陽公轉運動的週期的平方與它們橢圓軌道的半長軸的立方成正比。這一結果表述在 1619 年出版的《宇宙和諧論》（*The Harmony of the World*）中。

名人事典

克卜勒在第谷的推薦下接受了捷克「皇家數學家」的頭銜，那一年他年僅 30 歲。遺憾的是他和第谷合作僅幾個月後，第谷就不幸因病去世了。臨終前，第谷把自己畢生的心血 —— 天文觀測數據贈給克卜勒，希望他能完成自己的夙願 —— 編製成魯道夫星表（為了紀念天文事業的贊助者魯道夫國王而命名）。1612 年，魯道夫二世（Emperor Rudolf II）被迫退位，繼任的國王對天文學不感興趣，辭退了克卜勒。從此克卜勒失

去了生活來源，全家在戰火與瘟疫中過著半飢半飽的生活。雖然身處這樣的逆境，但克卜勒仍念念不忘第谷的臨終囑託 —— 出版天文表。幾經周折、東挪西借，克卜勒終於湊齊了出版費用。1627 年，這本精確的、深受航海家歡迎的《魯道夫天文表》（*Rudolphine Tables*）終於出版了。它是有史以來最精確的一份天文表，被天文學家們使用了 100 年左右，直到現代望遠鏡能觀測到更加準確的數據之後才被淘汰。而一代偉大的天文學家、物理學家克卜勒卻因勞累與貧困，病倒在旅途中的一個小客棧裡，第二天便悄悄地離開了這個世界。

名人事典

　　第谷和克卜勒的合作是為世人所稱道的，但最初兩人之間曾有一段不快的經歷，主要是由克卜勒的妻子引起的。第谷出身貴族，繼承了他伯父的一大筆遺產，在觀測、研究星空方面得到國王的支持和賞識，建成了當時世界上最大最先進的天文臺。他另一個幸福之處，是有一個溫柔、善良的妻子。而克卜勒的境遇就差遠了。克卜勒比第谷小 25 歲，從小就得為自己的溫飽奮鬥，以後一直受著貧窮的困擾。更不幸的是，他的妻子除了好吃以外，並不理解他的事業。

　　1600 年，第谷邀請克卜勒擔任他的助手，使他擺脫困境。後來，在克卜勒病倒的時候，又是第谷派人送錢給他，幫他及時就醫，早日康復。但是，克卜勒的妻子見到丈夫整夜在觀天，又老在紙上寫些她根本不懂的數，很是煩惱。她把一切都歸罪於第谷，認為這老頭兒對她丈夫的熱情純粹是一種欺騙。克卜勒禁不住妻子的挑唆，忍痛丟下了沒有解決的火星問題，帶著老婆孩子走了，還寫信指責第谷。這次出走，幾乎斷送了克卜勒一生的事業。幸而第谷有開闊的胸懷，也知道克卜勒的妻

子是怎樣一個人，明白這中間的誤會，他寫信一一做了解釋。克卜勒讀著老科學家寫的信，才明白自己誤聽讒言，十分慚愧。他馬上提筆寫信給第谷道歉，坦誠地承認了錯誤。第谷見信後立即回覆，要克卜勒趕快回來，二人於是重歸於好，再度合作。

歷史評說

　　除天文學外，克卜勒對光學也有卓越的貢獻，他可以說是近代光學的一位奠基者，他在光學領域的作用跟伽利略在力學方面的作用相仿。克卜勒還從光學角度研究人的視覺。他糾正了前人關於視覺的種種錯誤觀點，開創和發展了研究視覺理論的正確道路。例如柏拉圖和歐幾里得都曾錯誤地認為，視覺是由眼睛發射出光才形成的。而克卜勒則認為，人之所以看得見物體，是因為物體上的光透過眼睛的水晶體，把縮小的影像投到了視網膜上的緣故，落在視網膜之前就是近視眼；如果落在視網膜之後就會形成遠視眼。這無疑是非常正確的見解。當然，與克卜勒在天文學方面的巨大貢獻相比，這些成就就顯得無足輕重了。他提出的行星三定律以極為簡明的結論，代替了龐大而複雜的哥白尼體系，使計算行星軌道和位置的工作大大簡化了，並成為牛頓發現萬有引力定律的基礎。他打破了行星只能按照正圓做勻速運動的傳統觀念，這在天體力學中無疑是一次意義巨大的革命。

　　克卜勒的一生，除了得到第谷的短期資助外，幾乎都是生活在逆境之中，如果說第谷的後面有國王，伽利略的後面有公爵，牛頓的後面有政府，那麼克卜勒的後面有的只是疾病和貧困。然而，對於困境，克卜勒的回答是堅持不懈地奮鬥，直至為科學獻身。克卜勒的偉大貢獻同他的科學精神一道鐫刻於天文學發展歷史的豐碑之上。

科學家年譜

- 1571 年 12 月 27 日，生於德國威爾
- 1588 年，免費進入圖賓根大學
- 1600 年，與第谷見面並成為其助手
- 1609 年，出版《新天文學》，書中介紹了他的第一和第二定律
- 1619 年，出版《宇宙和諧論》一書，書中發表了他的第三定律
- 1621 年，被迫辭去「皇家天文學家」的職位
- 1627 年，出版《魯道夫天文表》
- 1630 年 11 月 15 日，死於旅途中，終年 59 歲

流體動力學的創立者 —— 托里切利

「頑強的毅力可以克服任何障礙。」

—— 達文西

人物傳略

　　托里切利（Evangelista Torricelli，西元 1608 ～ 1647 年）是義大利著名物理學家和數學家，他 1608 年出生於義大利北部拉文那省的法恩扎。由於生在貴族家庭，托里切利從小就受到了良好的教育。20 歲時去羅馬學習，師從著名的數學家及水利學家卡斯德利（Benedetto Castelli）。卡斯德利是伽利略的學生，他對托里切利的影響甚大。正是由於他的引薦，才使托里切利見到了當時處於軟禁之中的伽利略，並成為伽利略的關門弟子。

主要思想及著作

伽利略的許多門徒把他們的研究拓展到液體和氣體學領域，而在這個領域中，執牛耳者則是他們中的佼佼者 —— 托里切利。托里切利對發展力學所作的最重要貢獻，就是創立了著名的液體從容器細孔流出的理論。當時，托里切利的老師卡斯德利認為，水流的速度跟孔到水面的距離成正比。卡斯德利當時是水力學的權威，他的見解又得到了伽利略的贊同，難道還值得懷疑嗎？為了搞清楚老師講的道理，托里切利還是認真地做了實驗，進行了仔細的測量。結果發現，從器壁小孔流出的水的速度不是跟孔到水面的距離成正比，從而糾正了卡斯德利著作中的一個嚴重的錯誤。後來，托里切利又透過實驗得出結論：從細孔向上噴射出來的水流的軌跡是拋物線形狀。托里切利的上述發現，為流體力學成為力學的一個獨立的分支奠定了基礎。

名人事典

托里切利一生中最為人們熟悉的貢獻，要算他利用水銀柱測得大氣壓力的實驗了。當時的礦工們都知道這樣一個事實，即抽水機不能把水抽到 10 公尺以上的地方，他們因而求教於大科學家伽利略。伽利略一生中儘管有許多正確的發明和發現，然而在這個問題上他卻變得非常保守。他沿襲了亞里斯多德的觀點，認為那是因為「自然界害怕真理」的緣故。那麼為什麼實際上水只能抽到離水面 10 公尺左右呢？伽利略對此的解釋是，自然界對真空的厭惡是有一定限度的。但是這個限度究竟有多大他沒有辦法去回答。

作為伽利略的學生，托里切利不迷信自己的老師。他要用實驗驗證一下自己的觀點。他設想空氣也許是有一定重量的，並認為 10 公尺高的

水柱重量，產生的壓力恰好應當與空氣厚度重量產生的壓力相平衡。而此前亞里斯多德曾認為空氣是沒有重量的，是只能上升而不會下降的。這個觀點在中世紀受到了教會的推崇，並且也符合人們的感受。因此托里切利的觀點無疑是對舊學說的一大挑戰。為驗證自己的觀點，他用各式各樣的液體做實驗，結果發現液柱的高度與液體的密度有關，密度越大液柱越低。最後他選用水銀做液體。他把水銀注滿在一根 1.2 公尺長的玻璃管中，然後用手指堵住開口的一端，把玻璃管倒立於水銀槽中，鬆開手指後，他發現水銀沒有從玻璃管中全部流出，而剩下了約為 76 公分左右的水銀柱。托里切利正確地分析了這一現象，認為：這是因為玻璃管上部形成了真空，而水銀柱外面的空氣對液柱的壓力與液柱本身的重量相平衡造成的。這是人類最早採用人工的方法取得的真空，在當時曾經轟動一時，直到今天人們還把它叫做托里切利真空。

歷史評說

　　托里切利的一生儘管短暫（他去世時年僅 39 歲），然而他卻在許多領域作出了傑出的貢獻。托里切利根據管中水銀柱的高度會因天氣的陰晴、地面的高度及氣溫的不同而有所變化的原理，發明了氣壓計，為以後的大氣壓研究提供了準確的測量儀器。

　　他在數學方面的造詣也很深。他曾測定了拋物線弓形內的面積，拋物面內的面積以及解決了其他十分複雜的幾何難題。這些問題一般來說只有到後來的牛頓和萊布尼茲發明了微積分才能解決。他所創立的液體動力學有力地補充了由伽利略所建立的固體動力學，並對亞里斯多德的力學給予了致命的打擊。為了紀念他的真空實驗，人們把一毫米汞柱產生的壓力稱為 —— 托里切利。

如果我們沒有學過國中物理，那麼我們也許不會知道空氣也是有重量的，而且是有很大重量的。只是因為人體內外的氣壓平衡了，所以我們感受不到有那麼大的重量壓在我們身上。又因為空氣是向各個方向運動的，所以我們也沒有看到周圍的東西被空氣壓扁。這些都說明：直覺告訴人們的東西不一定是正確的。科學家們的使命之一，就是用實驗去檢驗人們的直覺，從而肯定正確的，否定錯誤的。正因為如此，人類才不會僅僅停留在感知的階段，而最終成為有理性的強者。

科學家年譜

- 1608 年 10 月 15 日，生於義大利法恩扎
- 1628 年，去羅馬學習，師從卡斯德利
- 1641 年 10 月，與伽利略會面，後來成為伽利略的關門弟子
- 1644 年，做了著名的「托里切利實驗」，證明了大氣壓的存在，同時確定其值為 76 公分水銀柱所產生的壓力
- 1642 年，最先發明水銀氣壓計，用它發現了大氣壓力隨空氣溫度的變化而變化的規律
- 1642 ～ 1646 年，解決了弓形面積計算等問題
- 1647 年 10 月 25 日，卒於佛羅倫斯，終年 39 歲

液體力學的先驅 —— 帕斯卡

「研究真理可以有三個目的：當我們探索時，就要發現真理；當我們找到時，就要證明真理；當我們審查時，就要把它與謬失誤分別開來。」

—— 帕斯卡

人生傳略

　　布萊茲・帕斯卡（Blaise Pascal，西元 1623 ～ 1662 年）是 17 世紀法國著名的數學家、物理學家、思想家和散文作家。他於 1623 年出生於法國奧弗涅省的克萊蒙費朗。父親是該省的議員，擁有 60 萬法郎的資產，而母親是名門之女，所以帕斯卡從小就受到了極好的教育。少年天才帕斯卡一直都是科學史上被稱讚的對象。11 歲那年，帕斯卡對盤子發聲現象產生了興趣，他發現用刀敲擊後發出聲音的瓷盤，當用手按住盤子時聲音就戛然而止了。於是他就去問大人，但是未獲得圓滿的解釋，於是他自己去尋找原因，結果得出了聲學上的振動理論，寫出了一篇關於聲響的短文。這是科學史上少有的出自 11 歲孩童之手的科學論文，也是帕斯卡天才的佐證，更是他追求真理的結晶。

　　在父親的影響下，帕斯卡從小就對數學感興趣，並立志成為一位數學家。他 16 歲時就開始隨父親參加巴黎數學家與物理學家小組的學術活動。這個小組後來改組成為巴黎科學院。在這裡他認識了許多數學家並得到了許多有意義的啟發。17 歲時他將自己的研究成果寫成《論圓錐曲線》（*Essay on conics*）一文後發表。在這篇文章中，他提出了射影幾何學的一個重要定理，即圓錐曲線內接六邊形，其三對邊之交點共線。這個定理後來被稱為帕斯卡定理。當時的大數學家笛卡兒見到他的論文之後十分震驚，難以相信這竟然是小帕斯卡的作品，認為極有可能是他父親的代筆。直到大家聽了他進一步的論述，才完全信服。《論圓錐曲線》的發表，使帕斯卡取代了他父親的地位，成為法國數學界的著名人物。

主要思想及著作

帕斯卡一生中最大的數學成就是圍繞「帕斯卡三角形」所展開的。37 歲時他發表了《論算術三角形》(*Treatise on the arithmetical triangle*) 一文，提出了二項式係數的三角形排列方法，後來被稱為「帕斯卡三角形」。如下圖所示：

(a + B) 0 = 1

(a + B) 1 = 1a + 1B

(a + B) 2 = 1a2 + 2aB + 1B2

(a + B) 3 = 1a3 + 3a2B + 3aB2 + 1B

(a + B) 4 = 1a4 + 4a3B + 6a2B2 + 4aB3 + 1B4

1

1　1

1　2　1

1　3　3　1

1　4　6　4　1

雖然帕斯卡三角形不是帕斯卡首創的，在他之前最早由中國的賈憲 (11 世紀) 提出來。但是真正把這個三角形看成是二項展開式係數的並不多，也沒有人像帕斯卡那樣從三角陣中揭示出有關整數的一系列性質，及其與組合數學的密切關係，當然更沒有由此而觸發機率論的產生和微積分的雛形，而這一切帕斯卡卻都做到了。

名人事典

帕斯卡在物理學中取得最著名的成就，是他提出了關於液體壓力的「帕斯卡定律」。他在《液體平衡的論述》(*Account of the great experiment on equilibrium in liquids*）一文中這樣敘述道：「一個灌滿水的容器，但不是全部密閉的，它上面有兩個開口，其中一個開口的大小是另一個開口大小的 100 倍。每個開口中配有緊密的活塞。當一個人壓在小活塞上的時候，小活塞上產生的力能平衡 100 個人壓大活塞的力，能超過 99 個人的力。」「這兩個開口之間無論保持怎樣的比例，當施加在兩個活塞上的力平衡時，力和開口的大小成比例。」「因此，充滿水的容器遵循新的力學原理，它也是一架新型機器，只要你需要。就能把力擴大到任何程度。一個人靠這種方法能舉起任何負荷。」現在，帕斯卡定律一般表述為：「加在密閉液體任何一部分的壓力，必然按照其原來的大小由液體向各個方向上傳遞。以此為理論基礎，帕斯卡還發明了針筒，製造出水壓機。不過這一發現，就帕斯卡一生的成就而言只是冰山之一角罷了。根據他的定律，人們現已製成各種液壓機、液壓升降機、液壓千斤頂、真空泵和空氣壓縮機等等。這些機器被廣泛地應用於機械、造船、塑膠、電子等工業和交通運輸之中。

　　帕斯卡作為機率論的發明者之一，他與費馬和惠更斯共同被載入史冊。關於他發現機率論還有這樣一段有趣的經歷：帕斯卡的朋友中有個叫梅雷的賭徒，向他提出了一個問題，即，如果甲乙兩人同擲一枚硬幣，若規定是正面朝上，甲得一點；反面朝上，乙得一點；先積滿 s 點者贏得全部賭注。假定現在甲、乙各自已得 a（a < s），B（B < s）點，但由於突發原因使賭局立即停止，問，那麼應該怎樣分配賭注才算公平合理呢？帕斯卡的回答是，假設 s = 3，a = 2，B = 1，那麼按條件甲已經得到兩點，而乙只得到了 1 點。如果再擲一次硬幣，則甲或者大獲全勝或與乙平手而平分賭金。這兩種情況發生的機會是均等的，所以甲應得賭金的 3/4 而乙只能得到賭金的 1/4。帕斯卡把這個問題的解決方案

寄給了當時的大數學家費馬，並與費馬和惠更斯共同探討了有關機率論和組合論的問題，這些問題成為後來數學發展的一個重要分支 —— 數理統計的基礎。

歷史評說

　　帕斯卡的一生同托里切利的一生極為相似，兩人均成名較早，但卻又都英年早逝，而且都只活了 39 歲。他們倆的成績也同樣斐然。帕斯卡在有限的生命之中，在數學和物理學方面作出了重要貢獻。他的數學研究涉及當時數學的所有新領域，成為這些領域的重要開拓者。值得一提的是他還是位偉大的思想家和文學家。他寫的《致外省人的信》(*Lettres provinciales*) 和《思想錄》(*Thoughts*) 是法國散文史上的不朽之作，在該國文學史上具有重要的地位。他的許多名句常為後人所傳誦，而且逐漸成為法國諺語。帕斯卡的言論到 18 世紀成為法國大革命時期資產階級的思想武器，影響了一大批哲學家和思想家，其中包括伏爾泰 (Voltaire) 和盧梭 (Jean-Jacques Rousseau)。

　　在科學研究上，帕斯卡是一位純粹的經驗主義者，他認為「經驗是真理的導師」，是尋求普遍原則的出發點。帕斯卡的科學方法論是以實驗定性和歸納為主的，而對於在科學方面使用數學和演繹法則採取了不信任的態度。這就使他一方面成為遞迴推理原理的發明人；另一方面又使他不能在物理學的研究中有效地運用數學 —— 儘管他有能力這樣做。由此我們可以清楚地看到，哲學思想對一位科學家的影響是多麼巨大。但這並不是說帕斯卡是錯誤的，實際上他代表的是另一種科學的研究方法，即定性—歸納法。隨著科學的發展，這種方法越來越得到了人們的重視。

科學家年譜

- 1623 年 6 月 19 日，生於法國奧涅省克萊蒙費朗
- 1631 年，隨父親移居巴黎
- 1634 年，寫出《論聲音》，論述振動物體的聲音問題，年僅 11 歲
- 1635 年，獨自發現幾何原理，開始接受數學教育
- 1639 年，《論圓錐曲線》完成，提出帕斯卡定理；遷居洛昂
- 1645 年，製成第一臺手搖加法計算器
- 1647 年，重做「托里切利實驗」，出版《真空新實驗》（*New experiments with the vacuum*）
- 1654 年，《論算術三角形》完成；撰寫《液體平衡的論述》，提出帕斯卡定律；開始沉迷於宗教
- 1656 年 1 月 27 日，以蒙達爾脫的化名發表第一篇《致外省人的信》
- 1662 年 8 月 19 日，卒於巴黎，葬於聖愛基納教堂

彈性定律的發現者 —— 虎克

「如果說波以耳是皇家學會幕後的靈魂，那麼虎克就是皇家學會的雙腿和雙手。」

—— 英國皇家學會

人生傳略

　　虎克（Robert Hooke，西元 1635 ～ 1703 年）是與牛頓同時代的傑出物理學家。他出生於英國懷特島的一個小鎮裡。父親是個牧師。儘管虎克從小體弱多病，但他喜歡動手動腦並對機械產生了濃厚的興趣。在小

學和中學裡，虎克是一位各科成績都非常出色的孩子。1653 年，虎克進入牛津基督教會學院學習。在這裡，著名化學家、物理學家波以耳成為了他的老師。波以耳對虎克的探索精神和靈巧的雙手印象深刻。兩年之後，波以耳請虎克當他的實驗室助手，在波以耳的指導下，虎克走上了科學研究的道路。

主要思想及著作

1660 年英國皇家學會成立，1663 年虎克就成為會員，由於成績突出，被人們稱為「皇家學會的臺柱子」。虎克一生所涉及研究領域很多，取得的成績也非一般人能比。他全部著作中最重要的著作是 1665 年發表的《顯微照相》（*Micrographia*）一書。他對顯微鏡進行了改進，最終他成為了最先把顯微鏡用於生物研究的人。他把蜜蜂的刺、蒼蠅的腳、鳥的羽毛、魚的鱗片等放到顯微鏡下仔細地觀察比較。「細胞」一詞就是他在觀察軟木樹皮時發明的。細胞的發現引起了人們研究細胞的興趣。現已知道，一切生物都是由無數個細胞構成的。虎克對細胞學的發展作出了極為重大的貢獻。

名人事典

1660 年，虎克用彈簧做了許多實驗，他先把彈簧的一端懸掛起來，在另一端掛上重物，測量彈簧伸長的長度，最後他得出了重物重量的大小與彈簧的伸長成正比的結論。後來他又用手錶的遊絲做了類似的實驗，得到了類似的實驗結果。於是虎克明確地提出了「在彈性限度以內，彈簧的彈力與彈簧的伸長（或壓縮）的長度成正比」的定律，其數學表示式為 $F = -kx$，（F 代表彈簧所受的外力，x 代表彈簧伸長或縮短的長度，而 k 則是彈簧的彈性係數，負號代表方向相反）。1676 年，虎克

正式發表了這一重大科學研究成果。現在虎克定律仍然原封不動地寫在物理學的教科書之中。

虎克與牛頓處同一時代，兩人又都是英國皇家學會的成員，因而兩人在科學理論上的連繫是很密切的，但同時也因兩人的不同見解而引發了許多論戰。這其中最為著名的，就是他們各自的支持者之間持續了 200 年之久的光「波動說」與「微粒說」的爭論。虎克是一個機械論者，因而他堅持光也是一種機械運動。他把光的傳播與水波相比較，提出了光的波動學說。他還研究過光的干涉現象，觀察到肥皂水形成的薄膜和雲母片的厚度有關。這更使他相信光是一種波。而當時尚未出名的牛頓則持微粒說，科學見解上的分歧竟使他們兩人的關係變得很緊張。虎克對於科學問題非常嚴肅認真，在爭論中又表現得特別「頑固」，這一點尤其令牛頓頭疼。而且虎克在當時已是一位很有名望的科學家了。因此據說牛頓不願意在虎克面前發表自己的觀點，而是等到虎克於 1703 年去世後才發表了他的《光學》一書。而光的波粒二象性直到 20 世紀初才被揭示，至此，爭論才告一段落。

歷史評說

虎克不僅在力學、光學、天文學、地質學、植物學方面取得了傑出的成就，而且還發明了許多重要的實驗儀器，成為傑出的物理學家，地位僅次於牛頓。他的研究範圍十分廣闊，取得的成就令世人吃驚。毫不誇張地講，17 世紀每一項重要儀器的發明，幾乎都有他的貢獻。他協助波以耳改進了真空泵，完成了氣體的波以耳定律實驗，並為波以耳製造了實驗所需的幾乎所有儀器，以至於虎克離開波以耳後，波以耳再難取得太出色的成就。他提出用彈簧代替單擺的設想，與惠更斯在同一時期對鐘錶的結構做出了重大的改進。此外，在建築、化石、氣象等方面虎

克也有建樹，他是一位不多見的具有科學家頭腦的發明家。

　　虎克在科學儀器的發明和創造方面成果輝煌、無與倫比。這正如中國的一句成語所說「工欲善其事，必先利其器」。他的發明創造為他自己和其他科學家進行科學實驗，提供了有利的支持。虎克是如此重要，以致他的儀器成為當時許多科學家必備的工具。然而之所以虎克不及牛頓偉大，關鍵在於他缺乏一種對科學而言至關重要的工具 —— 數學。虎克是法拉第之前最偉大的實驗物理學家，並且也像法拉第一樣，缺少牛頓和馬克士威所具有的那種數學才能。因而他未能像牛頓和馬克士威那樣完成科學體系的建立。儘管如此，還是讓我們記住虎克 —— 這位偉大的英國物理學家的名字吧！

科學家年譜

- 1635 年 7 月 18 日，生於英格蘭南部威特島的弗雷施瓦特
- 1653 年，入牛津大學學習
- 1658 年，提出對鐘錶結論做出重大改進
- 1665 年，發表《顯微照相》一書，開始應用顯微鏡於生物研究
- 約 1665 年，提出光的波動學說
- 1676 年，出版《論刀具切割》一書，書中發表了以他的名字命名的彈性定律
- 1679 年，提出行星受到太陽的吸引力跟它到太陽的距離的平方成正比的關係
- 1688 年，提出地質地貌變化的思想
- 1677 年，被任命為皇家學會的祕書
- 1702 年，逝世於格雷薩姆學院

經典物理學大師 —— 牛頓

「……我似乎只是像一個海岸上玩耍的孩子，以時常找到一個比通常更光滑的卵形石子或更加美麗的貝殼而自娛，而廣大的真理海洋仍然沒有發現。」

—— 牛頓

人物傳略

伽利略逝世的那一年，即 1642 年，牛頓（Isaac Newton，西元 1642 ～ 1727 年）出生在英國林肯郡格蘭瑟姆鎮的沃爾索普村，這對人類來講是件幸運的事，但剛出生的小牛頓卻是不幸的。牛頓的父親，這位擁有 120 畝土地的農場主，在小牛頓出生前幾個月不幸去世。母親懷抱著這個體重只有 3 磅重（約 1,300 克）的嬰兒，不禁憂傷萬分。3 年後，他的母親和一位牧師結了婚，搬到別的地方，把牛頓交給他的外祖母撫養。這個孤苦伶仃的遺腹子，就在外祖母的撫養下成長起來。

牛頓少時，並沒有顯示出超出常人的資質。他體質並不健壯，而且在學校中的學習成績並不突出。不過，在動手能力和觀察能力上，牛頓比別的孩子優秀。他喜歡機械設計，手製的風車、日晷，精巧有趣，常得到大人們的讚許。12 歲時，牛頓進入格蘭瑟姆文法學校，表現平平，學習成績一般。不過，年少時廣泛的興趣、愛好加之勇於探索的精神，為後來他成為偉大的科學家打下了良好的基礎。

在舅父威廉·艾斯庫（William Ayscough）的支持下，1661 年，19 歲的牛頓進入劍橋大學三一學院。

在三一學院，牛頓師從著名數學家艾薩克·巴羅。此間他閱讀了大量自然科學經典著作，其中包括歐幾里得的《幾何原本》、哥白尼的日心

說論文、伽利略的《對話》、笛卡兒的《幾何學》、《屈光學》以及奧特雷德（William Oughtred）、斯庫登等人的數學著作。大量的閱讀使牛頓開拓了思路，豐富了知識。巴羅教授發現牛頓是個人才，具有非凡的才能，推薦他當研究生，巴羅以長者、老師的身分為牛頓指出了攀登科學高峰的方向。1664 年，經過考核，牛頓成為巴羅的助手。從此，牛頓開始了他的科學研究。第二年，牛頓獲得劍橋大學學士學位。

　　同年秋天，倫敦發生了可怕的鼠疫，學校關門，牛頓避居鄉里。他在故鄉的 18 個月是他一生中才華初露、思潮噴湧，科學思想萌芽的重要時期。他把主要精力集中於科學研究，系統地整理了大學裡學習過的功課，潛心研究了克卜勒、笛卡兒、阿基米德和伽利略等前輩的主要論著，還進行了許多科學試驗。充滿創造激情的牛頓在不到兩年的時間裡，集中思考了他後來享譽世界的幾乎所有的科學問題和重大發現，特別是他一生中的幾項主要貢獻：萬有引力定律、經典力學、流數術（微積分）和光學等基本上都萌發於這兩年。當然，這些理論的最終確立，是在以後牛頓繼續研究的基礎上完成的。不過，這在科學史上也是奇特的現象。

　　鼠疫平息後，牛頓重返劍橋。艾薩克·巴羅以辭職為牛頓提供了獲得大學最高教職的機會 —— 據說這是 39 歲的巴羅推崇牛頓數學才能的一種方式。於是，27 歲的牛頓接替艾薩克·巴羅擔任起數學教授，並開始在大學授課。這一職位無論在當時還是今天都是只有學術水準最高的學者才可以擔任的。牛頓任職 26 年，此間儘管他講課過於艱深，沒有得到學生的歡迎，但他卻成功地解決了許多疑難問題。

　　1693 年，牛頓神經系統疾病日見嚴重，在朋友的勸說之下，他離開了劍橋大學。1695 年，他健康狀況略有好轉，在一位貴族後裔的幫助下，謀得造幣廠督辦、廠長的職務。他曾參與英國的幣制改革，因功受封爵士。由於他卓著的科學聲譽，1703 年起牛頓擔任皇家學會會長，直

至逝世。晚年的牛頓致力於化學和宗教的研究，幾無建樹。他雖然在科學上成就顯赫，但晚年生活孤寂，只有一個外甥女與他作伴，1727 年 3 月 20 日牛頓因病與世長辭，享年 85 歲，被葬於倫敦西敏寺。

近年來對儲存了 250 年的牛頓的 4 束頭髮進行化驗發現，他的頭髮中含有過量的鉛汞和銻，連繫到牛頓的實驗筆記中 108 處關於他嘗過各種物質味道的記載，說明牛頓最後死於慢性金屬中毒。

主要思想及著作

牛頓的科學活動幾乎遍及了 17 世紀自然科學和哲學的所有領域，但是在他眾多的成就中，尤以天文學、力學、光學和數學最引人矚目。牛頓在數學發展歷史上有十分突出的成就，他的數學研究幾乎都是那個時代數學前沿的問題，他所寫的《論無窮級數分析法》（*On analysis by infinite series*）和另外兩篇論文《論級數和微分法》、《求曲邊形的面積》一起共同構成牛頓對微積分的主要貢獻。

同時，牛頓還研究了光學，並在此基礎上製作了一架反射式望遠鏡。在他成為皇家學會會員之後，他發表了第一篇光學論文《關於光和色的新理論》，不想卻引起了他與皇家學會創始人之一、大科學家虎克的爭吵。牛頓光的粒子性學說與虎克光的波動性學說相衝突，由此引發了一場大論戰。這場論戰持續了 300 年，直到 20 世紀初才以光的波粒二象性作為結論而告一段落。牛頓在光學方面取得了許多巨大的成就，有人說僅憑這些貢獻，牛頓就能稱得上一位偉大的科學家了。

但是真正使牛頓成為物理學大師的，是他的《自然哲學的數學原理》（*Philosophiæ Naturalis Principia Mathematica*，以下簡稱《原理》）一書。這部書是牛頓完成近代科學的革命和奠定經典力學體系劃時代的鉅著，也是自然科學史上一座不朽的豐碑。它對近代乃至現代科學和自然哲學

的發展，起了無與倫比的影響。《原理》分三篇，第一篇提出了質量、動量、慣性、力及向心力、絕對時間、絕對空間的定義，闡述了著名的運動三定律和引力定律；第二篇論述物體在有阻力的介質中運動；第三篇討論行星、衛星、彗星的運動及海洋潮汐之因由。《原理》把地球上物體的運動和天體的運動統一到一個基本的力學體系中，促成了自然科學的第一次理論大綜合。《原理》一書的出版，象徵經典力學體系的建立。人類對自然界的認識到牛頓這裡，終於成為一個結構嚴謹、邏輯嚴密的科學體系了。現代科學是在它的基礎之上不斷發展產生的。牛頓的偉大發現像永不乾涸的泉水那樣滋潤著人類。至今，小到建樓架橋，大到太空梭的設計仍然應用著牛頓所提供的力學概念和方法。

名人事典

　　牛頓的一生，在別人看來，是鬧了許多笑話的。一次他邊讀書邊煮雞蛋，待他揭開鍋想吃雞蛋時，鍋裡竟是一隻懷錶。還有一次，他請一位朋友吃飯，菜已擺在桌上，可是牛頓突然想到一個問題獨自進了內室，很久還不出來，朋友等得不耐煩了，就自己動手把那份雞吃掉了，骨頭留在盤子裡，不告而別。隔了一會兒，牛頓走了出來，看到盤子裡的骨頭，自言自語地說：「我還以為自己沒吃飯呢？原來已經吃過了。」傳說在《自然哲學的數學原理》出版後的一天，牛頓強迫自己到劍橋大學附近一個幽靜的旅館裡去休息一下，但他怎麼也靜不下來。他看見婦人洗衣盆裡的肥皂泡在陽光下呈現出美麗的色彩，思考著這究竟是什麼樣的光學原理。於是就用麥桿吹起肥皂泡來，一本正經地一個接一個地吹著。店主看了，頗為惋惜地說：「一個快50歲的挺體面的先生，竟瘋成這樣子，整天在吹肥皂泡。」

歷史評說

　　經典物理學要說是從牛頓開始的，大概不會有人提出異議的。因為他是第一位提出了一套物理定律，使得物體運動可以用數學精確地計算的人。雖然牛頓的理論後來被證明只是在某些範圍內部分地正確，但他仍不愧為一位偉大的物理學家。他的一生在科學上的貢獻是非常巨大的，恩格斯對牛頓力學的歷史淵源和牛頓具體的科學貢獻，做過這樣的評價：「牛頓由於發現了萬有引力定律而創立了科學的天文學，由於進行了光的分解而創立了科學的光學，由於建立了二項式定理和無限理論而創立了科學的數學，由於認識了力的本性而創立了科學的力學。」這一評價恰當地指出了牛頓在自然科學領域裡作出的奠基性貢獻。

　　牛頓在自然科學領域內做了奠基性的貢獻。這主要是因為他繼承了英國唯物主義的始祖培根重視歸納法的傳統，主張科學研究要透過實驗發現現象，然後運用歸納法總結為定律，再用數學推理建立理論體系。《自然哲學的數學原理》一書正是這樣寫成的，這無疑是一種重要的科學方法，對後來的科學發展起了很大的促進作用。牛頓作為一位哲人，他的哲學思想基本上屬於自發的唯物主義，由於他否定哲學的指導作用，虔誠地相信上帝，特別是到了晚年，埋頭於寫以神學為題材的著作，在唯心主義的道路上越走越遠，使他未能取得更多的成就。但是無論如何，牛頓都是人類歷史上最偉大的物理學家之一，他非凡的思維能力和創造力為人類進步探索出一條道路，他所創造的概念，即使在今天仍然指導著我們的學習與生活。

科學家年譜

- 1642 年 12 月 25 日，生於英國林肯郡格蘭瑟姆鎮的沃爾索普村，父早逝

- 1661 年 6 月 15 日，入劍橋大學三一學院，師從艾薩克·巴羅
- 1665 ～ 1666 年，歐洲瘟疫流行，致使大學關閉，牛頓避居鄉里。思考和形成了使他獲得科學聲譽的科學理論
- 1669 年，寫成《論級數和微分法》
- 1672 年，被選為皇家學會會員
- 1684 年，牛頓向哈雷出示手稿《論運動》（《原理》前身）
- 1687 年，《原理》出版
- 1689 年，代表劍橋，被選為國會議員
- 1704 年，《光學》（*Opticks*）出版
- 1705 年，英王安妮（Queen Anne）封牛頓為爵士
- 1707 年，《數學通論》（*Arithmetica Universalis*）出版
- 1711 年，《用無窮多項方程的分析》
- 1727 年 3 月 20 日，卒於倫敦附近的肯辛頓，葬於西敏寺

科學的預言家 —— 哈雷

「我堅決預言，這顆彗星在 1758 年還要回來的……」

—— 哈雷

人生傳略

　　愛德蒙·哈雷（Edmond Halley，西元 1656 ～ 1742 年）英國天文學家、數學家、17 世紀著名學者。1656 年 11 月 8 日生於倫敦一個很富有的商人家庭。因家境富有，哈雷曾在倫敦著名的聖保羅學校學習。他從小熱愛天文學、數學及物理學。上中學時，哈雷就曾測出倫敦磁針的磁差。

1673 年，哈雷進入牛津大學學習，在牛津大學學習期間，他提出了測定行星軌道單元的新方法。1703 年被聘為牛津大學幾何學教授。1720 年擔任格林威治天文臺臺長，在這個重要的位置上他做出了巨大的貢獻。

名人字典

1676 年，年輕的哈雷離開牛津，來到聖海倫娜島擔負南天星表的編製任務。當時英國格林威治天文臺臺長佛蘭斯蒂德 (John Flamsteed) 正率領天文學家從事此天星表的編製工作。經過 3 年努力，哈雷在 1679 年出版了第一個南天星表，因而贏得聲譽，佛蘭斯蒂德稱他為「南方的第谷」。1678 年哈雷被選入皇家學會會員。

主要思想及著作

哈雷對天文學的最大貢獻就是對彗星的研究。他在觀測 1680 年的大彗星之後，又對 24 顆彗星的軌道做了計算。他注意到 1456 年、1531 年、1607 年及 1682 年彗星運行軌道的相似性。哈雷首次利用牛頓的萬有引力定律推算出一顆彗星的軌道，並預測該彗星約以 76 年為一週期繞太陽運轉。這顆彗星確實於 1758 年，哈雷去世 16 年之後再次出現。人們還發現了恆星的自行現象和月球運動的長期加速度，並提出了以觀測金星凌日來測定太陽視差的建議。

名人事典

1684 年，哈雷在劍橋大學結識了艾薩克·牛頓，由於科學上的共同語言，兩人成了好朋友。他們共同以萬有引力定律對彗星進行研究。由

於牛頓當時十分繁忙，哈雷獨自承擔了這項工作。他在查閱了許多外國歷史數據（其中包括中國古代對彗星觀測的記載）之後，對 24 顆彗星的軌道做了計算。他首先發現 1682 年出現的大彗星軌道與 1607 年、1531 年出現的彗星軌道相似，出現的相鄰年代之差均為 75 年至 76 年。他認為這是同一顆彗星的週期性再現，並預言 1758 年此彗星將循原軌道再次出現。不幸的是，牛頓於 1727 年，哈雷於 1742 年分別逝世，他們無法親眼目睹和證實自己的研究成果。這顆彗星沒有辜負兩位偉大科學家的厚望，於 1758 年 12 月 25 日聖誕之夜如期而至。哈雷的預言得到證實使天文界為之振奮。人們為了紀念這位科學家的預言，將該彗星定名為「哈雷彗星」。此時，長眠九泉之下達 16 年的哈雷可以瞑目了。

歷史評說

哈雷準確預言彗星的運動週期，為人們觀察和研究彗星提供了前提保障。哈雷的名字將如天上的星星與日月同輝，與天地共存。

科學家對彗星的觀察和研究，為了解原始太陽星雲如何演變成今天的太陽、行星和太陽系提供了極為重要的訊息。觀察和研究彗星的化學性質和物理結構，有助於揭開地球上生命起源的奧祕。研究彗星尾部的性質和形成過程，可以了解太陽、風和星際磁場的情況。彗星回歸一次，在太陽附近即損失質量，因此研究其結構形態、質量損失和運動變化的情況，有助於對天體間相互作用及預測彗星演化的研究。哈雷彗星之所以著名，不在於它的亮度、體積、質量等，而在於它有穩定的週期，人們可以從容地對它進行充分的研究。對彗星回歸觀測的研究將成為一項當代世界重大的科技研究成果。

科學家年譜

1679 年，出版第一個南天星表

1758 年（哈雷逝世 16 年之後），預言彗星實現

第三部分　熱學家

熱引擎理論的先驅 —— 卡諾

「自然力不管怎樣組合，也不可能得到無限的力量。」

—— 亥姆霍茲

人生傳略

　　薩迪・卡諾（Nicolas Léonard Sadi Carnot，西元 1796 ～ 1832 年）是法國著名物理學家。他於 1796 年 6 月 1 日出生在巴黎。其父拉扎爾・卡諾（Lazare Carnot）是法國有名的將軍和政治活動家，曾發表過策略方面的論文，並且在數學、物理學方面也有很高的造詣。卡諾自幼受父親的薰陶。特別是在 1807 年之後，由於拉扎爾・卡諾退出了政界、軍界，他有了更多的時間和精力去培養自己的愛子。因此，薩迪・卡諾的進步是非常快的。1812 年，16 歲的卡諾考入法國著名的巴黎理工學校。這所學校要求十分嚴格，它既重視基礎理論的教學，又注意培養學生解決實際問題的能力。當時，該校是 19 世紀法國高等教育和科學研究的中心，像拉普拉斯、拉格朗日、卜瓦松（Siméon Poisson）、柯西、給呂薩克、菲施爾和安培等許多著名科學家都在這裡學習和工作過。卡諾在這裡打下了良好的基礎。畢業之後，他又先後到巴黎大學、法蘭西學院、礦業學院和巴黎國立工藝博物館攻讀物理學、數學和政治經濟學。這樣，他的理論基礎隨著閱歷的增加而日益雄厚。

　　當時，法國已經普遍開始使用蒸汽機了，但是法國國內生產的蒸汽機在效能上遠不如英國製造的好。卡諾因此決定研究蒸汽機，以便改進，他不像其他人那樣著眼於機械細節上的改良，而是從理論上對理想的熱引擎工作原理進行研究，這就具有更大的普遍性，1824 年，他將多

年的研究成果寫成《關於熱動力及熱動力機的看法》一書，提出了關於理想熱引擎的工作原理和工作方法等許多正確的思想。不幸的是，1832 年 6 月他得了猩紅熱，接著又患腦膜炎，最後死於併發的流行性霍亂，年僅 36 歲。正當他風華正茂，將為科學事業作出更大貢獻的關鍵時刻，疾病過早地奪去了他年輕的生命。

主要思想及著作

卡諾生前唯一的著作就是他於 1824 年寫的《關於熱動力及熱動力機的看法》（*Reflections on the Motive Power of Fire and on Machines Fitted to Develop that Power*）一書。在書中，他詳細地論述了蒸汽機的重要性，研究了改進熱引擎的熱動力極限，指出了提高熱引擎效率的方向。他敘述了一種理想的熱引擎循環，用現代的術語來說，就是包括等溫膨脹、絕熱膨脹、等溫壓縮、絕熱壓縮四個階段的熱引擎。他還介紹了一種基本的熱力概念，即可逆性概念。他指出，對一定的溫差和一定的熱質來說，沒有任何一個熱引擎循環的效率能大於理想熱引擎的效率。他以詳細而精闢的論證，再一次宣布了製造永動機是完全不可能的。他的這一論證，26 年後由德國著名物理學家克勞修斯和克耳文推廣為熱力學第二定律。

名人事典

英年早逝的卡諾沒有來得及為後人留下更多的著作。更加令人無限遺憾的是，根據當時處理霍亂死者的通常做法，下葬時，要把死者生前所有的檔案及個人用品全部埋葬掉。因此，卡諾去世前幾年的研究成果未能保存下來。但是從卡諾 1824 年至 1826 年間的筆記本中，僅保留的

一張殘頁中發現，他那時就已經開始否定錯誤的熱質說了，並且已經開始了解在 1840 年才由焦耳和冷次分別發表的熱功當量。在殘頁中，他是這樣寫的：「熱只是一種動力或者是已經改變形式的運動。熱是物體微粒之間的運動，凡是消耗動力的地方同時也產生熱，其數量正好和所消耗的動力成正比。反過來，凡是消耗熱量的地方總是產生動力。」（這些材料是他的弟弟在 1878 年公布的）。由此不難看出，如果不是他過早地去世的話，發明熱功當量和能量守恆定律的也許就不是焦耳、冷次而是卡諾了。所以，他的早逝該是人類多麼重大的損失啊！

歷史評說

　　卡諾對熱力循環的研究結果中已顯示出一個新的定律 —— 熱力學第二定律的萌芽。這一定律後來被德國物理學家克耳文和克勞修斯（西元 1822 ～ 1888 年）分別獨立地以不同方式表達出來。不僅如此，卡諾在他的著作中還指出，最好的熱引擎工作物質，是在一定的溫度變化範圍內膨脹程度最大的物質。也就是說，作為熱引擎工作物質，氣體比固體和液體更有前途，具有更大的優點，他看到了氣體作為熱引擎工作物質的潛在優點，這就預示著後來乃至今天普遍使用的內燃機的發展。此外，他還預見到可以透過壓縮使內燃機點火。這些思想在當時來說都是非常了不起的。

　　卡諾的生命是短暫的，但是他為後人留下的寶貴思想卻是豐富的。他之所以能正確地預示熱學原理，與他肯於動腦、勤於鑽研是分不開的。當別人還在表面問題上修修補補時，他已經深入到事物的內部去研究問題了。今天，當我們坐在以內燃機為動力的各種交通工具中時，也許我們不會想到在 180 年前的法國，曾有位叫卡諾的青年為之付出了心血。但是在科學發展的歷史上，卡諾永遠都是值得人們懷念的偉大的物理學家。

科學家年譜

- 1796 年，誕生於巴黎
- 1812 年，考入法國著名的巴黎理工學校
- 1816 ～ 1820 年，在軍中服役
- 1824 年，發表《關於熱動力以及熱動力機的看法》一書，提出「卡諾原理」和「卡諾循環」的思想
- 1832 年 6 月，因患流行性霍亂去逝世

能量守恆定律的先驅 —— 邁爾

「倘若我停著不動，我便『生鏽』。」

—— 德國諺語

人生傳略

　　羅伯特·邁爾（Julius von Mayer，西元 1814 ～ 1878 年）的名字對於大多數人來說是陌生的，但是作為一位偉大的物理學家，他的功績完全可與焦耳相提並論，因為他是第一位提出能量守恆定律的人。邁爾出生於德國的海爾本隆。他的父親是一位藥劑師。少年時代的邁爾，經常跟著父親去看製作各種藥品的實驗，最後終於在父親的鼓勵之下，走上了學醫的道路。他後來到著名的圖賓根大學學醫，1838 年獲得學位。同年，25 歲的邁爾正式在漢堡開業行醫。1840 年，由於一次機會，邁爾在一艘海輪上，當了幾個月的隨船醫生。這段在船上的生活雖然很短，卻開闊了邁爾的視野，刺激了他的科學聯想，並成為他在物理學上作出成就，並從醫學的途徑得出能量守恆定律結論的起點。

名人事典

1840 年 2 月 22 日，他作為隨船醫生向爪窪島的巴達維亞（現今的加爾各答）出航了。三個月後，到達目的地的船員中間流行著很嚴重的肺炎。他進行了當時一種常用的，從患者手腕的靜脈中抽血的放血療法。邁爾發現，理應變黑的靜脈血卻異常的紅，他考慮了其中的道理，「像閃電似地」出現了以下想法：「動物的體溫是血液和氧氣結合（燃燒）的結果。要保持一定的體溫，像在熱帶地方，因為氣溫高，少量的燃燒就夠了，所以在靜脈裡就剩下了許多未使用的氧，血色就顯得紅了。」在熱帶居住的人靜脈血就紅的想法當然不是正確的，但邁爾從這裡想到了食取同樣的營養物在熱帶成為體溫的部分就少，成為筋骨的機械功能就多，而在寒冷的地方情況則相反。結果，就想到了熱和機械的功能是同樣的力的兩種形態而已。邁爾從動物體的研究中得到啟發，而去探索熱和機械功能的連繫了。

主要思想及著作

回國之後，邁爾在行醫之餘，繼續研究著這個問題，並且把他所得到的結果，寫了一篇短文，寄給《德國物理學》（*German Physics*）雜誌，但沒有被採用。後來，直到 1842 年 5 月才在一份化學雜誌上刊登出來。在邁爾的這篇短文中，他把「『無』不能生『有』」和「『有』不能變『無』」的命題應用到落體運動和熱的問題上。文中關於熱的機械當量的敘述還算是正確的。他提出了「熱功當量」這個概念，列舉了 25 種能量相互轉化的形式，並給出了一個「熱功當量」的數值：1 卡＝ 3.58 焦耳。當時，邁爾並沒有講明他是怎樣獲得這個數值的。直到 1845 年，他才講到這個數值是從理想氣體的兩種比熱，即定壓比熱和定容比熱之差出發，計算出來的。他還運用了理想氣體的能量和它的體積無關的假想。這個假想早在 1807

年，由給呂薩克所作的測量中得到了證實。1845 年，邁爾又發表了第二篇論文，他闡述了有關能量轉化的相互關係。他指出，機械效能的消耗可以產生熱的、磁的、電的、化學的效應，他考慮到了電和生物學的過程。邁爾的新觀點，已經超出了當時物理學界的範疇，邁爾進一步把能量守恆定律應用於非生物界、生物界和宇宙，成了發現未來世界的前提了。他於 1845 年發表的《生物界的運動和物質代謝的連繫》（*The Organic Movement in Connection with the Metabolism*）和 1848 年發表的《對天體力學的貢獻》（*Contributions to Celestial Dynamics*）等論文，象徵邁爾已經認為宇宙之中廣泛地存在著能量守恆的規律。

名人事典

邁爾的成功相當程度上，要歸功於他善於抓住靈感並且對任何不可思議的事物都抱有興趣。有一次，邁爾在海德堡與另一位學者約利相遇。約利略帶嘲諷地對邁爾說：「如果你的理論正確的話，水就能靠晃動而被加熱。」聽到此話，邁爾並未爭辯，而是默默地走開了。幾個星期之後，他跑到約利那裡喊道：「正是那樣！正是那樣！」只有在經過很多的說明以後，約利才明白邁爾說的意思。原來邁爾已動手做了實驗，水經過晃動後，溫度真的升高了。邁爾就是這樣一位對未經驗證的假設從不輕易否定的科學家。

歷史評說

邁爾的有些想法雖然在今天看來是錯誤的，但邁爾把熱功當量當作槓桿，透過全宇宙來弄清能量守恆定律的思想是大膽的，它給後人提出了許多新的課題，極大地推動了熱學及其他學科的發展。同時邁爾受到

了當時德國哲學的影響，他把所有的自然現象都視為同一根源的力影響而形成的。他對形而上學的思辨「討厭到了噁心的程度」。他的守恆定律「不是在桌子上研究出來的」，而是在實際的觀察中得出來的。令人非常遺憾的是，邁爾包含有正確思想的論文，在當時卻並未引起人們應有的重視，而邁爾本人也由於人們對他思想的忽視、優先權的爭論以及孩子的夭亡，受到了極大的刺激，在不幸中度過了他的後半生。

　　不管人們對邁爾的研究採取怎樣的態度，無論如何都應該承認：物理學的任務是要發現普遍的自然現象和規律，而某種物理量的不變性是這一規律性最簡單的形式，所以對於守恆的量的尋求不僅是合理的，而且也是極為重要的研究方向。當然，只有實驗才能真正確定一個被當作守恆的量，是否實際上是不變的。就像是電量守恆一樣，能量守恆也是一個經驗定理。當邁爾計算熱的機械功當量時，他實際上走的仍然是一條經驗的道路。至於物理學的其他領域，這個定律在那裡還只是一個綱領，它的完成還需要許多人作出共同的努力。

科學家年譜

- 1814 年 11 月 25 日，生於德國的海爾布隆
- 1838 年，畢業於圖賓根大學，獲醫學學位
- 1840 年，作為隨船醫生遠遊，途中為船員們治病時，產生能量守恆的樸素想法
- 1842 年，提出「熱功當量」的值為：1 卡 = 3.58 焦耳
- 1845 年，發表《生物界的運動和物質代謝的連繫》把能量守恆的想法推廣到整個自然界。
- 1848 年，發表了《對天體力學的貢獻》把能量守恆定律應用到整個宇宙
- 1878 年 3 月 20 日，逝世

熱功當量的測定者 ── 焦耳

「勞動永遠是人類生活和文化的基礎。」

── 馬卡連柯（Anton Makarenko）

人生傳略

詹姆士・普雷史考特・焦耳（James Prescott Joule，西元 1818 ～ 1889 年）是英國著名物理學家。1818 年 12 月 24 日出生於英國蘭開郡的索爾福德。父親是當地一家大啤酒廠的廠主。他沒有上過學，從小隨父母學會了釀酒，同時努力自學了化學和物理，他除了在酒廠釀酒外，把時間都用在學習和實驗上。後來經人介紹，結識了當時的化學家道耳頓，於是他就拜道耳頓為師，虛心求教，收益很大。

主要思想及著作

1840 年，焦耳多次透過電導體發熱的實驗，發現通電導體所產生的熱量跟電流強度的平方、導體的電阻及通電時間成正比。這個規律就是焦耳定律。根據實驗結果，焦耳寫出了《電流析熱》（*On the Heat evolved by Metallic Conductors of Electricity, and in the Cells of a Battery during Electrolysis*）第一篇科學論文，發表在 1841 年 10 月的《哲學雜誌》（*Philosophical Magazine*）上。在這一發現的基礎上，焦耳繼續探討各種運動形式之間，能的數量和轉換的關係，歷經 40 年，經過 400 多次實驗得出熱功當量數值為 423.8 公斤米 / 千卡，為湯姆森後來發現能量守恆和轉化定律提供了前提。

名人事典

經過大量實驗，1843 年焦耳第一次測得熱功當量：1 千卡熱相當於 460 公斤米的功。他實驗報告的結論是：自然界的力量（能量）是不能毀滅的，消耗了多少機械力（能），總可以得到相當的熱量。這一結論證明了熱是能量形式。但這一實驗成果卻遭到一些科學家的反對，英國皇家學會拒絕接受他的論文。然而焦耳毫不氣餒，堅持不懈 40 年如一日，歷經 400 多次實驗，於 1849 年，用摩擦使水生熱的方法，得到比較準確的熱功當量數值 423.8 公斤米 / 千卡，比現在公認的值 427 公斤米 / 千卡約小 0.7%，在當時的條件下這是極為精確的！不過，他的所作所為對當時的人而言是不可思議的，焦耳所做的一切直到 1850 年才為人們所接受。

焦耳小時候身體不好，脊柱受過傷，這使他難以像其他健康孩子那樣玩耍、生活。但焦耳聰明伶俐，從小就養成了讀書的習慣。由於身體羸弱，不能到學校學習，但他靠自學掌握了別人從學校得來的知識。

歷史評說

19 世紀的自然科學有三大重要發現，其中之一就是能量守恆原理的發現。能量守恆之所以能被科學界廣泛承認，最重要的在於熱功當量的測定。正是焦耳的這一測定，為能量守恆原理提供了確鑿的劃時代性質的實驗證據。熱功當量的精確測定，代表「熱質說」徹底被摧毀，熱的運動說取得了完全的勝利，從此熱學進入迅速發展的新時期。

焦耳的 40 年如一日，奮戰逆境，克服重重困難，在科學的事業上奉獻了畢生的精力。尤其值得欽佩的是，焦耳是一位沒有受過專業訓練、自學成才的物理學家，是一位在科學道路上多次受到冷遇和譏諷，而又不屈不撓地進行研究的物理學家，他孜孜不倦地為科學而獻身的崇高精

神，應該永遠受到人們尊敬。為了紀念他，現在的人們用「J」—— 焦耳名字的第一個大寫字母來表示熱功當量。

科學家年譜

- 1842 年，發表《電流析熱》
- 1843 年，發表《論電磁的熱效應和熱的機械值》(*On the Calorific Ef-fects of Magneto-Electricity, and on the Mechanical Value of Heat*)
- 1867 年，發表《由電熱的熱效應測定熱功當量》、《熱功當量的新測定》

十九世紀德國科學巨星 —— 亥姆霍茲

「我欣賞把自己比作山間的漫遊者，他不諳山路，緩慢吃力地攀登，不時要止步轉身，因為前面已是絕境。突然，或是由於念頭一閃，或是由於幸運，他發現一條新的通向前方的蹊徑。等到他最後登上頂峰時，他羞愧地發現，如果當初他具有找到正確道路的智慧，本有一條陽關大道可以直達頂巔。」

—— 亥姆霍茲

人生傳略

赫爾曼‧馮‧亥姆霍茲 (Hermann von Helmholtz，西元 1821 ～ 1894 年) 是德國物理學家、生理學家。1821 年 8 月 31 日生於普魯士的波茨坦。父親是一位興趣廣泛的中學教師，母親是漢諾威一位軍官的女兒。亥姆霍茲在青年時代就顯示出數學方面的才能，但因為家庭貧困，他不能以

純科學研究作為他的職業，於是在 1838 年進入柏林弗雷德里克‧威廉皇家醫學院學習。1842 年他以一篇題為《無脊椎動物神經系統的結構》（*De fabrica systematis nervosi evertebratorum*）的論文獲得醫學博士學位。畢業後，到普魯士軍隊中當外科醫生。1849 年擔任哥尼斯堡大學生理學教授。後又在波恩大學、海德爾貝格大學任解剖學及生理學教授。1860 年被選為倫敦皇家學會會員。不久又被聘為柏林大學教授。1873 年獲倫敦皇家學會的科普利獎章。1888 年被委任為柏林物理技術研究所所長，直到去世。

主要思想及著作

　　亥姆霍茲雖然從事醫學工作，但是在科學的許多領域都有重要建樹。1847 年，他發表了關於能量守恆和轉化定律的重要論著《論力的守恆》（*On the Conservation of Force*）一文，令人信服地論述了能量守恆定律，成為能量守恆學說的創立者之一。他在生理光學、聲學等方面也都有重要著作，如《生理光學手冊》（*Treatise on Physiological Optics*）。他從光學的角度研究了眼睛的結構，發展了色視覺理論。他還發明了校正視力的驗光鏡。他在《音樂理論的生理基礎》（*On the Sensations of Tone as a Physiological Basis for the Theory of Music*）一書中，研究了聽覺機制，解釋了音樂對聽覺機能的作用。

　　在流體動力學中，他提出了渦動的概念；在熱力學方面，他首先把熱力學原理應用於化學方面；在電學方面，他發展了電學理論，並研究了電在導體中的運動。1871 年，他宣布電磁感應的傳播是 314,000Km/s，1881 年他從法拉第電解定律推出「電可能是粒子」的結論，極大地推動了電學理論的發展。

名人事典

在柏林的弗里德里希—威廉皇家學院，亥姆霍茲由於勤奮好學，成為醫學院的高材生。在老師繆勒（Johannes Peter Müller）的指導下，亥姆霍茲透過大量的動物實驗和研究，於 1842 年 11 月發表了他的博士論文《無脊椎動物神經系統的結構》。本文受到繆勒的讚譽。論文中提出的關於神經細胞的中樞特性和神經纖維發源於神經單細胞的觀點，被生物學家看作是病理學和神經生理學的組織基礎。這個發現對微觀解剖學的發展造成了推動作用。同年，亥姆霍茲獲得醫學博士學位。

幼年的亥姆霍茲體弱多病，因此他只能待在家裡躺在床上看畫冊，玩積木遊戲，但這並沒有影響他的智力發展。父母精心的早期教育，使他在上學時表現出超常的幾何知識。也許是由於幼時多病所致，亥姆霍茲的記憶力很不好，單字、語法、成語的記憶、散文的背誦對他是一種折磨。但對他感興趣的物理，卻能傾注極大的熱情，並且表現出豐富的想像力和較強的自學能力。他經常在老師看不見的桌子下面研究望遠鏡所涉及的光學問題，或學習一些光學原理。透過物理和化學的實驗操作，同時受父母與同事科學討論的影響，他下定決心投身於自然科學事業，並最終獲得了成功。

歷史評說

亥姆霍茲身為醫生，在生理學上碩果累累。令人欽佩的是，他在發現能量守恆定律和物理學方面均有建樹，而且在獻身科學事業的同時，他還為祖國培養和造就了一大批物理學家，以他卓著的成就和高尚的品格贏得了人們的尊敬和永遠的紀念。

　　1899 年 6 月 6 日，在柏林大學，德意志皇后、王儲和亨利王子代表皇帝威廉二世（Wilhelm II），與柏林科學界、藝術界名流一起，為新落成的一座紀念館舉行隆重的揭幕儀式。這座命名為「亥姆霍茲」的紀念館，是德意志帝國皇帝撥款並親自選定在柏林大學主樓前建造的。作為 19 世紀傑出的德國科學巨星，亥姆霍茲獲得該項殊榮是當之無愧的。

科學家年譜

- 1836 年，寫成《論自由落體定律》
- 1842 年，寫成《無脊椎動物神經系統的結構》
- 1847 年，寫成《論力的守恆》
- 1856 ～ 1866 年，寫成並出版《生理光學》
- 1865 年，出版《聲學》
- 1859 年，寫成《空氣在開孔管中運動互論》
- 1868 年，發表《論電流在物質導體中的分布定律及其在生物電實驗中的應用》
- 1870 年，發表《電動力學理論》
- 1877 年，發表《論描述渦漩運動的體動力學方程之積分》
- 1882 年，發表《化學過程的熱力學》
- 1886 年，發表《論最小作用量原理的物理意義》
- 1892 年，發表《電動力學中的最小作用量原理》

熱力學的奠基人 —— 克勞修斯

「熱不可能獨立地、沒有補償地從低溫物體傳向高溫物體；在一個孤立系統內，熱總是從高溫物體傳向低溫物體的，而不是相反。」

—— 克勞修斯表述的「熱力學第二定律」

人生傳略

克勞修斯（Rudolph Clausius，西元 1822 ～ 1888 年）是德國著名的物理學家。作為熱力學第二定律的創立者之一，他的名字與熱力學緊密相連。克勞修斯生於普魯士的克斯林。少年時期他便顯示出聰明的天資和鑽研的精神。中學畢業之後，他先後就讀於著名的哈雷大學和著名的柏林大學。1850 年，他因為品學兼優而被柏林大學聘為教授。這對於一位年僅 28 歲的青年來說是一項殊榮。因為在當時的歐洲，尤其是在德國柏林，聘教授是非常難的。也是在這一年，人們對熱引擎過程，特別是「卡諾循環」進行了精心研究，得出了熱力學第二定律的「克勞修斯陳述」。這與克耳文陳述的熱力學第二定律「不可能製成一種循環動作的熱引擎，即只從熱源吸取熱量，使之完全全變為有用功，而其他物體則不發生任何變化」等價的，它們是熱力學的重要理論基礎。同時，他還推演出氣體的壓力、體積、溫度和氣體普通常數之間的關係，修正原來的凡得瓦方程式。他推導的關係式被稱為「克勞修斯方程式」。

從 1855 年後期始，他被聘為蘇黎世大學的正教授。在這所大學他任教長達 20 年。這期間，除了給大學生們講課之外，克勞修斯積極地進行了各個方面的科學探索。他先後研究了氣體動力學、電化學、分子運動理論，取得了一系列的成就。克勞修斯不僅在科學研究方面取得了重大

的成績，而且在數學上也取得了良好的成績。他先後在 5 所大學執教長達 30 餘年。到 1888 年他去世時，他已桃李滿天下，他的許多學生後來都成為了知名的學者，有的甚至已是舉世聞名的物理學家了。

主要思想及著作

　　欲了解克勞修斯的不朽業績，我們必須先談永動機。很早以前，就有人希望得到一種機器，無需給它任何能量，就會永不休止地工作。但是儘管有許多人畢生從事這種永動機的研製，耗盡了自己的財產，結果都是以失敗告終。1775 年，法國科學院宣布不再審理任何有關永動機的設計方案。但 18 世紀工業革命的興起，蒸汽機的魅力，對動力的渴求，這一切又誘使一些人重新燃起了製造永動機的狂熱，但是得到的結果仍然是一次又一次的失敗。錯誤和挫折似乎在告訴人們：自然界可能存在一條普遍的規律，它決定著，無論透過什麼樣的辦法，都不可能不提供能量而實現永不休止的運動。

　　19 世紀中期，建立了能量守恆與轉化定律。這一定律也就是熱力學第一定律，或者說熱力學第一定律是能量守恆和轉化定律在熱力學上的表現。熱力學第一定律指明，熱是物質運動的一種形式，並表明：外界傳遞給一個物質系統的熱量，等於對該系統所做的功和系統內能增加的總和。也就是說，想製造一種不消耗任何能量就能永遠做功的機器（稱為第一種永動機）是不可能的。

　　但是，一些人在研製不用能源的永動機的同時，特別是在證明了這種永動機不可能實現以後，還試圖從單一熱源吸取能量去製造永遠做功的機器，這種機器不違背能量守恆定律，只需要使熱源（如海洋）降溫而利用其能量推動機器不斷運轉。然而，試製這類永動機（稱為第二類永

動機）的嘗試也屢遭失敗。

　　成功地從理論上說明製造第二類永動機是不可能的，發現並確立熱力學第二定律的正是克勞修斯。根據他提出的定律，人們清楚地認識到，效率為100％的熱引擎是不可能被製造出來的。因為熱引擎不可能把高溫熱源中吸收的熱量全部轉化為有用功，而總要把一部分熱量傳給低溫物體。顯然，在工業革命過程中，由於人們征服了自然力，曾有人對自然界產生了過分的奢望和幻想，但克勞修斯卻用科學的事實告誡和限制了這些奢望和幻想。

名人事典

　　克勞修斯在自己的晚年，不恰當地把熱力學定律引用到整個宇宙，認為整個宇宙的溫度最後必將達到均衡而不再有熱量的傳遞，從而成為所謂的熱寂狀態，這就是克勞修斯首先提出來的「熱寂說」。

　　實際上「熱寂說」是錯誤的。首先，他從實質上否定了物質運動不滅性在質上的意義。我們知道，能量轉化和守恆定律不僅在量上而且在質上有力地說明了物質運動的不滅性，即各種運動形式的相互轉化，包括熱量傳遞，是永遠也不能消滅的。其次，「熱寂說」在方法論上也是錯誤的。熱力學第二定律僅適用於熱力學中的封閉系統，而克勞修斯把沒有邊界存在的整個宇宙與封閉系統等同起來，顯然是錯誤的。「熱寂說」提出來後當即遭到恩格斯的有力批判。恩格斯指出：「放射到太空中去的熱一定有可能透過某種途徑轉變為另一種運動形式，在這種運動形式中，它能夠重新集結和活動起來。」

歷史評說

　　克勞修斯雖然在晚年錯誤地提出了「熱寂說」，但在他一生的大部分時間裡，在科學、教育上做了大量有益的工作。他不僅提出了奠定了熱力學理論基礎的熱力學第二定律，而且是他最先提出熵的概念，進一步發展了熱力學理論。熵概念的提出，使熱力學第二定律公式化了，其運用的範圍也更加廣泛。除了熱學，克勞修斯在分子運動以及電解和固體電介質理論方面也作出過重大貢獻。鑒於他所取得的傑出成就，1865 年他被選為法國科學院院士，兩年後又被選為英國倫敦皇家學會會長。這些榮譽充分說明了世人對他功績的肯定。

　　克勞修斯的成功，除了與他的勤奮有關，更多要歸功於他那理性的頭腦。在剛剛發明蒸汽機的年代，人們都認為這下徹底征服自然了，因為蒸汽機讓人們看到了聞所未聞的巨大力量，許多人傾家蕩產去尋找這樣一種永遠工作而又不需能量的東西，甚至有不少科學家也加入到尋找永動機製作的行列之中。克勞修斯卻沒有被這股熱潮衝暈頭腦，他相信科學實驗會給出公正的裁判。果然，無數次的實驗均證明，這種永動機僅僅是一種美好的理想，而在現實生活中它是根本就不存在的。他的發現不僅讓人從狂熱的浪潮中清醒過來，而且還深刻地教育了人們：科學終將取代盲目的幻想，只有理性的頭腦才能冷靜地揭示出自然的奧妙。隨著人類知識的不斷累積、智慧的不斷進步，現在已經沒有人去苦苦地尋找永動機了。

科學家年譜

- 1822 年，生於普魯士的克斯林
- 1850 年，被聘為柏林大學教授，同年精心研究卡諾的循環理論，提出熱力學第二定律

- 1854 年，提出「熵」的概念，發展了熱學理論
- 1855 ～ 1867 年，被聘為蘇黎世大學教授，同時研究氣體動力學理論及建立固體的電介質理論
- 1858 年，推演出氣體分子平均自由程公式，指出分子平均自由程與分子的大小和擴散係數之間的關係，為氣體分子運動論建立基礎
- 1865 年，被選為法國科學院院士
- 1867 年，任教於維爾茨堡大學教授
- 1868 年，被選為英國倫敦皇家學會會長
- 1869 年，任波恩大學教授
- 1870 年，最先提出「均功理論」及「宇宙熱寂說」
- 1888 年，逝世，終年 66 歲

絕對溫標的創立者 —— 威廉‧湯姆森

「當然，在失敗中必然有一些悲傷；但是在對科學的追求中，本身包含的必要努力帶來很多愉快的鬥爭，這就使科學家避免了苦悶，而且或許還會使他在日常工作中相當歡樂。」

—— 克耳文

人生傳略

第一代克耳文勳爵威廉‧湯姆森（William Thomson, 1st Baron Kelvin，克耳文是他的封號，西元 1824 ～ 1907 年）是英國著名物理學家。1824 年 6 月 26 日，生於英國貝爾法斯特城的一個教授家庭裡。父親是皇家學院的數學教授，生性溫和，治學嚴謹。他 6 歲時母親去世，父親

對他進行了系統的教育。湯姆森從啟蒙到中學的教育均由父親自編教材在家中完成。8 歲時，直接到父親所在大學正式當了兩年旁聽生。10 歲時正式進入格拉斯哥大學預科學習，是當時世界上最小的大學生。他對數學、物理和天文很感興趣。15 歲獲學校物理獎；16 歲又獲天文學獎。同一年因一篇出色的論文《地球的圖形》(*Essay on the figure of the Earth*) 榮獲大學金質獎章。1841 年轉入劍橋大學學習，4 年後以優異的成績畢業。並獲該校學士學位和史密斯獎章。22 歲當上格拉斯哥大學物理教授。1851 年當選為倫敦皇家學會會員；1877 年被選為法國科學院院士；1890 年至 1895 年擔任倫敦皇家學會會長；1892 年被封為克耳文勳爵。

主要思想及著作

在電磁經學研究方面，克耳文在 1851 年根據實驗數據推算出卜瓦松電磁性理論的結果。1853 年發表《萊頓瓶的振盪放電》一文，給出振盪的頻率，成為電振盪理論的開端。此外他還十分注意理論連繫實際，親手製成許多電學儀器和裝置，還改進航海羅盤。在他的推動下，電學的標準單位歐姆、安培得以確立。

在熱學研究方面，克耳文於 1848 年根據卡諾熱循環理論創立了絕對溫標，即把 $-273°$ 的溫度作為零度的溫標。在熱力學理論的建立上，他把熱力學第一定律和第二定律具體應用到熱學、電學和彈性力學等方面，為熱力學的發展起了很大的促進作用。他與焦耳合作，發現了著名的湯姆森—焦耳效應。

在電訊工程方面，克耳文忘我地投身到第一條大西洋電纜的建設中。他親自乘船參加沉放電纜的工作。前後經歷 3 次沉放失敗後，花了整整 10 年的工夫，終於在 1866 年 6 月第 4 次沉放成功完成電纜鋪設工

作，建立了全球性的遠距離通訊。在這項偉大的工程實踐中，克耳文解決了訊號延遲的問題，改進了銅導線的品質，發明了鏡式電流計的虹吸式記錄儀等。

名人事典

克耳文大學畢業後首先研究了電磁場理論。法拉第關於電力線和磁力線的思想對克耳文的影響很大。他曾用數學方法對電磁力的性質做了有益的探討，試圖用數學公式把電力和磁力統一起來。實際上，他已經走到了電磁理論的邊緣，只要再邁進一步，就能發現真理。遺憾的是，克耳文就在這裡卻步了。因此，建立電磁理論的桂冠就只好讓給馬克士威了。但克耳文的貢獻也不可否認：一是他做了開拓性的工作；二是把自己的思想毫無保留地告訴了馬克士威。

1896 年，格拉斯哥大學生隆重集會，紀念克耳文榮任該校教授 50 週年，來賓達 2,000 多人，包括世界各地的著名科學家。在紀念儀式上，與會者用最真摯的語言讚揚他的功績。但這位 72 歲的勳爵在答謝詞中卻說：「有兩個字最能代表我 50 年內科學進步上的奮鬥，就是『失敗』兩字。」他的話使聽眾大為吃驚，但從中又能體會出克耳文真是一位在科學上不知滿足的人，一位十分謙虛的人！

歷史評說

克耳文這位偉大的物理學家，一生發表了 600 多篇學術論文，獲得 70 種發明專利，受到 250 多所學校和團體的敬仰。他是電磁學理論的開拓先鋒和熱力學理論的奠基人之一。他發明了絕對溫標，領導建造了世界上第一條大西洋海底電纜。他的一生為物理學的發展作出了卓越的貢獻。

　　克耳文的一生在基礎理論和應用科學兩方面的貢獻都是很大的。然而，由於他一生所做的工作太多太雜，因而未能在某一領域取得特別重大的成果。因此有的傳記家說他「博而不專」。英國著名傳記作家克勞塞曾這樣評論過他：「克耳文因為對科學思想缺少健全的直覺，所以不能在科學上完成更偉大的功績。他能夠翻過科學上崇山峻嶺的一般障礙，可是一到達山巔，就不能想像雲霧以外的情景了。他只知道附近的一些，他在科學上沒有遠大的洞察力。他不能察覺的電磁波屬性已經蘊含在自己的研究裡了。」這也可以理解為對克耳文的另一種聲音的評價。

科學家年譜

- 1840 年，寫成《地球的圓形》
- 1853 年，發表《萊頓瓶的振盪放電》
- 1848 年，創立絕對溫標
- 1866 年，負責完成全球性的遠距離通訊電纜鋪設工作

第四部分　電學家

第一個揭開雷電之謎的人 —— 富蘭克林

「你熱愛生命嗎？那麼別浪費時間，因為時間是組成生命的材料。」

—— 富蘭克林

人生傳略

班傑明・富蘭克林（Benjamin Franklin，西元 1706 ～ 1790 年）是美國啟蒙運動的開創者、實業家、科學家、文學家、外交家和獨立革命的領導人之一。1706 年 1 月 17 日出生在美國麻省波士頓一個製造蠟燭的手工工人家庭中。他的祖輩是英格蘭人，為逃避宗教迫害移民北美。富蘭克林是他父親 17 個孩子中的第 15 個。富蘭克林自幼聰慧好學，由於家境貧寒，只讀了兩年小學的富蘭克林被迫輟學當學徒，雖然從此再也沒有進過正規學校，但卻靠著驚人的勤奮，不僅掌握了多國語言，還曾獲耶魯大學、劍橋大學和哈佛大學的名譽學位，成為英國皇家學會第一批外國會員和法國科學院的院士。

名人事典

17 歲的富蘭克林，一次在船上遇到一場大暴雨，巨大的閃電和霹靂巨響懾住了年輕的富蘭克林。他感覺這是一種神祕的力量，可它的根源在哪裡呢？是上帝嗎？他不信，但其中原因他也說不清。這一想法長久地留在他的思想中：一定要解開雷電之謎。這一次意外的事件，啟發了思維敏捷的富蘭克林，他斷定：雷電是一種放電現象，它和在實驗室裡產生的電本質上是一樣的。為了證實自己的設想，他決心用事實說話。於是，富蘭克林和他的兒子冒著生命危險，做了著名的「費城實驗」。這

一震撼世界的實驗，非常清楚地證實了閃電就是一種放電現象，只是其規模更大更有聲勢罷了。這類實驗危險性極大，1753 年俄國科學家里奇曼（Georg Wilhelm Richmann）就是在此類實驗中獻身的。普列斯特高度評價富蘭克林的「費城實驗」為「自艾薩克‧牛頓以來最偉大的發現。」

主要思想及著作

富蘭克林是近代電氣研究的先驅者。在看到斯賓士（Archibald Spencer）利用玻璃管與萊頓瓶所作的簡單靜電實驗後，他進行了各種新的大膽的電氣實驗。他最早提出電荷守恆的概念，並首先使用數學上的正負概念來表示兩種電荷的性質。他還說明了電的來源和在物體中存在的現象，以及某些電解質的特性。他還發明了避雷針。

富蘭克林最著名的科學實驗是一次震動世界的、用風箏吸取雷電的試驗。冒著生命危險的富蘭克林用實驗證明了靜電和動電的相同性質，並寫出《論閃電與電氣之相同》（*On the similarity between lightning and electricity*）一文，在電學史上有著十分重要的意義。

除了電學，富蘭克林對光學、化學、植物學、海洋學均有貢獻。富蘭克林是最注重處世技巧和品德修養的世界名人。他認為「沒有一樣東西能像道德那樣使人發財致富」。1784 年他提出很有特色的「十三種德行」。現將名目及涵義擷取如下，以饗讀者。

1. 節制。食不過飽；飲酒不醉。
2. 沉默寡言。言必與人與己有益；避免無益的聊天。
3. 生活秩序。每樣東西應有一定安放的地方；每件日常事務當有一定的時間。
4. 決心。當做必做；決心要做的事應堅持不懈。

5. 儉樸。用錢必須與人或與己有益，切戒浪費。

6. 勤勉。不浪費時間；每時每刻做些有用的事，戒掉一切不必要的行動。

7. 誠懇。不欺騙人；思想要純潔公正；說話也應如此。

8. 公正。不做不利於人的事，不要忘記履行對人有益而又是你應盡的義務。

9. 中庸適度。避免極端；人若給你應得處罰，你當容忍之。

10. 清潔。身體、衣服和住所力求清潔。

11. 鎮靜。勿因小事或普通的不可避免的事故而驚慌失措。

12. 貞節。除了為了健康或生育後代起見，不常進行房事；切戒房事過度，傷害身體或損害你自己或他人的安寧與名譽。

13. 謙虛。仿效耶穌和蘇格拉底。

歷史評說

　　富蘭克林一生致力於科學研究，特別是電學研究，發表了大量的科學著作，作為一位傑出的物理學家，他將永遠載入科學史冊。

　　富蘭克林不僅是位優秀的科學家，而且還是一位傑出的社會活動家、政治家。在美國獨立運動中始終勇敢地站在鬥爭的前列，他曾參加美國獨立宣言和美國憲法的起草工作，晚年又為爭取黑奴解放獻出最後的精力。他為文化教育事業也做了大量工作。1731 年在費城建立北美第一個公共圖書館；1743 年組建美國哲學會；1751 年襄助創辦賓夕法尼亞大學。這就是令人景仰的富蘭克林。

科學家年譜

▪ 1731 年，在費城建立北美第一個公共圖書館

- 1732 年，出版《窮理查年鑑》（*Poor Richard's Almanack*）
- 1750 年，出版《電的實驗與觀察》（*Experiments and Observations on Electricity*）、《關於導電物質性質與效應的見解和推測》
- 1751 年，出版《在費城所進行的關於電的實驗與觀察》（*Experiments and observations on electricity : made at Philadelphia in America*），創辦賓夕法尼亞大學
- 1752 年，成功地實現從風箏鐵桿上引出電火花的實驗即「費城實驗」
- 1776 年，參與美國《獨立宣言》（*The Declaration of Independence*）的起草工作
- 1778 年，代表北美政府與法國政府簽訂《美法友好商務條約》（*Treaty of Amity and Commerce*）和《美法同盟條約》（*Treaty of Alliance*）
- 1787 年，參與制定《美國憲法》（*Constitution of the United States*）
- 1790 年，因患肌膜炎去世

實驗電學的先驅 —— 卡文迪許

> 我認為科學家的時間應當最少的用在生活上，最多地用在科學上。
>
> —— 卡文迪許

人生傳略

亨利‧卡文迪許（Henry Cavendish，西元 1731 ～ 1810 年）是英國物理學家、化學家。1731 年 10 月 10 日生於法國尼斯的一個貴族家庭，父親是英國公爵的後裔，2 歲時，母親去世。自幼失去母愛的卡文迪許養成了異常膽怯和不愛交際的習性。1742 年在倫敦附近的哈克尼學校讀書。

1749 年考入劍橋大學，未及畢業，於 1753 年到巴黎留學，主要研究物理學和數學。後來回到倫敦，在父親的實驗室當助手，做了大量的電學、化學研究工作。1760 年被選為倫敦皇家學會會員。1803 年被選為法國科學院 18 名外國院士之一。

主要思想及著作

在物理學方面有較大的貢獻，1798 年他透過扭秤實驗推算出地球密度是 $5.48g/cm^3$。與近代測得的數值 $5.518g/cm^3$，誤差僅為 14％左右。在電學方面，他發現了電容率，揭示了靜電荷是束縛在導電表面上的這一事實。他還首先提出了電勢的概念，對靜電理論的發現起了重要的作用。他還進行了關於魚雷的研究，即透過自己製造的人工魚，來模仿魚的電學性狀。

在化學方面，卡文迪許也取得了很大的成就。他研究了氫的性質。1766 年發表的《三篇文章：包含對人工空氣的實驗》（*Three Papers: Containing Experiments on Factitious Air*）一文中指出，氫是作為一種獨特的物質存在的，並實驗證明氫能夠燃燒。他研究了二氧化碳的性質，指出腐爛和發酵產生的氣體，與大理石受酸作用而產生的氣體相同。他研究了水的組成。證明水是氫和氧的化合物，這一發現開關了化學史上的一個新紀元。他分析了倫敦的地下水，指出水中可能存在鈣質。他還研究了空氣的組成，發現了空氣中氮占 4/5，氧占 1/5，還發現了硝酸。

卡文迪許對熱學理論也有研究。透過對硫磺、碳、玻璃等的試驗，他得出結論：各種物質熱到一定溫度時，所需的熱量各不相同，這一結論成為後來比熱定律發現的依據。

名人事典

　　卡文迪許對物理學研究很感興趣。牛頓的《自然哲學的數學原理》一書對卡文迪許影響很大。他基本上贊成牛頓的觀點，但在某些問題上也堅持自己的觀點。1798 年，卡文迪許透過扭秤實驗驗證了牛頓的萬有引力定律，同時確定了萬有引力常數和地球的平均密度。開始了他為之獻身的科學研究生涯。

　　在學術上取得巨大成就的卡文迪許，性情十分怪僻，除了必要的科學工作會議外，極少外出，成年累月地在實驗室裡不停地工作。他在 40 歲時繼承了大筆遺產，可終日不修邊幅，專心從事研究工作。正如法國科學家比奧所說：「卡文迪許在一切學者中最富有，在一切富翁中最有學問。」但他仍過著儉樸的生活，將錢大部分花在購置科學儀器和圖書上了。令人驚異的是，卡文迪許始終沒有想過要戀愛、結婚。他終身獨身，甚至特別不願看到異性的面孔。他與家中女僕的交流方式也只用紙條而不見面。因此在別人問起她們主人是什麼模樣時，竟然都呆若木雞，一無所知。在卡文迪許的腦海中，只有科學，而沒有金錢和女人。

歷史評說

　　卡文迪許是英國最傑出的物理學家和化學家。他一生興趣廣泛，富於創造，為物理學的發展作出了卓越的貢獻。他因學識廣博，推理清晰，科學才智罕見而備受崇敬。他在英國科學界的地位是牛頓以後最高的，因為他所具有的數學和實驗才能可與牛頓相媲美；在智力方面，可以說 18 世紀的英國科學界無人可與他相匹敵。為了紀念他，著名的劍橋大學卡文迪許實驗室就是以他的名字命名的。

　　這位慣於過孤獨生活的科學家，最後也是孤獨地離開人世的。1810

年 2 月 24 日，這位 79 歲的老人感到臨近死亡了，就吩咐身邊一位護理的僕人離開房間，而且不到規定的時間不得擅自回來，當僕人回來時，卡文迪許已經與世長辭了。當年曾和他一起從事過研究工作的化學家戴維，在回憶卡文迪許時曾寫道：「他對於科學上的一切問題，都有明晰而高深的見地，並且在討論時所發表的意見異常精闢，……他的名字將來會比現在更受人尊敬。在日常生活裡，或在人們經常的討論中，這位偉大科學家的名字也許不會被提到，但在科學史上，他的光輝將與天地共存。」這是對卡文迪許光輝一生的最恰當的評價。

科學家年譜

- 1731 年，出生在法國尼斯
- 1766 年，發表《三篇文章：包含對人工空氣的實驗》
- 1798 年，透過扭秤實驗，驗證牛頓的萬有引力定律，並確定萬有引力常數和地球的平均密度
- 1810 年，逝世

電學理論的開創者 —— 庫侖

「人的本質就在於運動，安謐寧靜就是死亡。」

—— 帕斯卡

人生傳略

夏爾·庫侖（Charles Augustin de Coulomb，西元 1736 ～ 1806 年）是法國工程師和物理學家，1736 年 6 月 14 日生於法國盎古萊姆城。他自幼

聰明好學，受到過良好的學校教育，在班裡學習成績始終名列前茅。中學畢業後，進入美西也爾工程學校讀書，這是一所新型的講授基礎理論知識和應用知識的學校，庫侖在這裡打下了良好的基礎。離開學校後，庫侖進入皇家軍事工程隊負責建築軍事要塞工作，在西印度群島的巴提尼克、埃克斯島、瑟堡等地先後服役 9 年，當上了皇家軍事工程隊的工程師，同時進行科學研究。1776 年，庫侖因病離開西印度群島回到法國巴黎。法國大革命時期，他辭去一切職務，到布盧瓦致力於科學研究。法皇執政統治時期，他回到巴黎，成為新建的研究所研究員。1784 年，庫侖被任命為水利委員會監督官；後來，又擔任地圖委員會的監督官。1802 年，庫侖被拿破崙（Napoléon Bonaparte）委任為教育委員會委員；1805 年，他升任監察主任。1806 年 8 月 23 日在巴黎逝世。

　　庫侖在軍隊中從事多年的軍事建築工作，使他獲得了許多有關的材料。他在 1773 年，發表了有關材料強度的論文，提出了計算物體上應力和應變情況的分布方法，這種方法成了結構工程的理論基礎。1774 年鑒於庫侖在科學研究中取得了重大的突破，他當選為法國科學院院士。1777 年，庫侖開始研究靜電和磁力問題。1779 年，他發表了《簡單力學理論》（*Théorie des machines simples*）分析摩擦力，提出有關潤滑劑的科學理論。

主要思想及著作

　　庫侖在物理學上作出了許多重要貢獻。1773 年，他發表有關材料強度的論文，提出使用各種物體經受應力和應變直到它們的折斷點，然後根據這些數據就能計算出物體上應力和應變的分布情況，這種方法至今仍在使用，是結構工程學的理論基礎。

　　1777 年法國科學院懸賞，徵求改良航海指南針中的磁針問題。庫侖當時正開始研究靜電和磁力問題。庫侖認為磁針支架在軸上，必然會帶來摩擦，要改良磁針的工作，必須從這一根本問題著手，他提出用細頭髮或絲線懸掛磁針。他又發現線扭轉時的扭力和針轉過的角度成比例關係，從而可以利用這種裝置計算靜電力或磁力的大小。這導致他發明扭秤，從而能以極高的精度測出非常小的力。

　　1779 年，他分析摩擦力，還提出有關潤滑劑的科學理論。他還設計出水下作業法，類似現代的沉箱。1785 ～ 1789 年，庫侖用扭秤測量靜電力和磁力，得出有名的庫侖定律：在真空中兩個點電荷間的作用力，跟它們的電量的乘積成正比，跟它們之間距離的平方成反比，作用力的方向在它們的連線上。這就是靜電學中的「庫侖定律」。庫侖致力於導體上電荷分布的研究，證明導體的全部電荷都集中在表面上。

名人事典

　　庫侖定律是電學中第一個被發現的定量定律，在電磁學的發展史中占有極為重要的地位。這個定律的發現，有著一個奇特的歷史過程。富蘭克林最早觀察到，放在金屬杯中的軟木小球完全不受金屬杯上電荷的影響，但他不明白這一現象的意義。後來他把這個現象寫信告訴他在德國的朋友普列斯特列，希望他予以驗證。普列斯特列重做了該實驗，證明了空心的帶電導體對於空腔內部的電荷沒有電力的作用。他將此與萬有引力相連繫，猜測電力作用也可能是平方反比的關係。可惜，他沒有繼續做深入的研究。1769 年英國愛丁堡大學的約翰·羅比遜（John Robison）首次用實驗確定：兩個同種電荷的斥力與它們間的距離的 2.06 次方成反比；兩個異種電荷的吸引力與它們間距離的平方反比要小一些。由此推斷，兩個電荷間

的電力應與它們之間距離的平方成反比。1772 年卡文迪許做實驗得出，電力反比於距離的 2 次方。後來馬克士威得到電力反比於距離的 2 次方。庫侖透過大量實驗，利用他的扭秤來測量電荷之間的電力，以高度精湛的實驗技術和技巧，對電荷間的作用力做了一系列的研究，連續在皇家科學院備忘錄中發表一系列關於電學的論文。他獨立地發現電荷僅僅分布在導體表面，透過分析後指出，這只能是電力與距離的平方成反比的結果。

歷史評說

庫侖是 18 世紀最偉大的物理學家之一，靜電學和磁學中的庫侖定律為電磁學的發展、電磁場理論的建立開拓了道路。他的傑出貢獻是永遠不會磨滅的，他高尚的道德品格和從事科學研究的嚴謹態度更是令人欽佩。為了紀念他，除用他的名字命名靜電學和磁學中的兩個定律外，人們還把電量的單位定為「庫侖」，簡稱「庫」。

庫侖發現的庫侖定律在電學研究上具有決定性意義。它是電學發展史上的第一個定量規律，有了這個定律，電學的研究從此由定性階段進入定量階段。電學計算可以像數學計算那樣依靠可靠的公式得到精確的結果。與此同時，庫侖定律在電學與力學之間架起了一座堅實的橋梁，電磁力學翻開了新的一頁。正因為庫侖較同時代的其他學者更具有敏銳的洞察力，他才發現了非常不易觀察的電荷之間力的作用。他似乎告訴我們，科學家並非超人，他們所依靠的有時不過是仔細觀察和反覆實驗罷了。

科學家年譜

- 1779 年，出版《簡單力學理論》
- 1784 年，發表關於金屬絲和扭轉彈性的論文

- 1785 ～ 1789 年，出版《電氣與磁性》（*l'Électricité et le Magnétisme*）
- 1785 年，設計製作精度很高的扭秤

電池的發明者 —— 伏特

「浩瀚海洋，源於細小河流；偉大成功，來自艱苦努力。」

—— 新格言

人生傳略

亞歷山卓‧伏特（Alessandro Volta，西元 1745 ～ 1827 年）是義大利著名的物理學家。他生於義大利科莫的一個貴族家庭，雖然生活極為優渥，但是他並沒有像其他紈褲子弟那樣整日遊手好閒、碌碌無為。從小時候起，他就熱愛大自然，非常喜歡閱讀自然科學方面的書籍，並且熱衷於觀察各種奇妙而有趣的現象。良好的家庭教育加上伏特本人的努力，使他進步非常快。中學畢業之後，他順利考入家鄉的皇家大學攻讀自然科學。24 歲時他發表了自己的第一篇有關自然科學的學術論文，精闢的論述與耐人尋味的見解使他很快就嶄露頭角，引起了當時科學界的注意。

從 1779 年起，他開始擔任帕維爾大學的物理學教授，前後共 25 年。在此期間，他深入地研究了物理學、化學等方面的許多問題。由於成果卓著，他先後成為法國科學學會會員和倫敦皇家學會會員，並於 1794 年榮獲科普利獎章。1801 年他因發明了伏特電池，而受到拿破崙的召見並獲得法國科學院的一枚金質勳章。遺憾的是，伏特本人並未意識到他發明的電池會對科學，尤其是電學的發展產生多麼大的影響，因此沒有做進一步的研究。1819 年他退休後回到故鄉，於 1827 年 3 月 5 日逝世，終年 82 歲。

主要思想及著作

　　1794 年伏特用各種不同的金屬搭配，進行了一系列的實驗，確定了一個金屬接觸的序列：鋁、鋅、錫、鎘、鉛、銻、鉍、汞、鐵、銅、銀、金、鉑、鈀。這就是有名的伏特序列。伏特指出，只要按這個序列將前面的金屬與緊接著的下一個金屬搭配起來，接觸在一起，前者就帶正電，後者就帶負電。他在給一家物理學雜誌總編輯的信中寫道：「用不同的導體，特別是金屬接觸在一起，包括黃鐵礦、其他礦石以及炭等，我們就稱之為乾導體或第一類導體，再與第二類導體或溼導體接觸，就會擾動電液，引起電流。」就是說，伏特不僅發現了不同金屬接觸時會產生電流，而且還發現當不同金屬沉入某些導電液時，也會產生電流。

　　開始時，他用幾隻小碗，碗中盛有鹽水，把幾對銅片和鋅片浸入鹽水之中，再用導線將銅片和鋅片連線（串聯）起來，就有電流產生。伏特把這種裝置叫作「杯冕」，這是世界上第一個伏特電池。後來，伏特用稀酸代替鹽水、用浸過鹽水或稀酸液的圓形厚紙片代替盛鹽水或稀酸液的小碗，製成了著名的「伏特電堆」。1800 年 6 月 26 日，伏特用 17 枚銀幣，17 塊鋅片和用鹽水浸泡過的馬糞紙組成的電池，在英國的一次會議上，面對當時許多大科學家進行表演，神奇的效果使參加會議者讚不絕口。伏特的名字從此名揚四海。

名人事典

　　關於伏特發明電池的過程，還得從義大利解剖學教授伽伐尼（Luigi Galvani，西元 1737 ～ 1798 年）解剖青蛙時的偶然情況說起。

　　1780 年 11 月的一天，伽伐尼把一隻解剖好的青蛙放在桌子上，他的助手無意中讓起電機旁的一把解剖刀的刀尖，碰上了青蛙腿上露出的

神經，蛙腿突然發生了痙攣，同時，起電機跳出一個火花。伽伐尼對這個現象很感興趣，他不僅重複了這個實驗，而且以嚴謹的科學態度對此深入的分析和研究。伽伐尼是個知識淵博的人，最初，他把蛙腿的痙攣歸因於起電機的放電。後來他連繫到富蘭克林的風箏實驗從而想到，來自大氣的電和起電機的電會有同樣的效果嗎？於是他用一把鐵鉤將蛙腿掛在庭院的鐵架上進行實驗，經過長期的觀察發現，不但在雷雨天，就是晴天，蛙腿也會發生痙攣。於是，他認為這是雷雨天時，大氣中的電跑到青蛙體內儲存起來，晴天又放出來的緣故。為了驗證這一結論，他又在密閉的屋內進行實驗。他把蛙腿穿上銅鉤，放到鐵盤上，這時他發現當銅鉤一碰到鐵盤時，蛙腿就發生了痙攣。後來他在 1792 年發表的《論肌肉運動中的電力》（*De viribus electricitatis in motu musculari commentarius*）一文中，詳細地記述了他的實驗並得出結論說，動物體存在著「動物電」，金屬只起著傳導的作用。伽伐尼的發現公布之後，驚動了當時歐洲的學術界。伏特對此大為讚賞，他稱這一發現「在物理學和化學史上，是足以稱得上劃時代的偉大發現之一」。不僅如此，伏特還重複了伽伐尼的實驗。起先他曾贊同過伽伐尼的觀點，但後來他對伽伐尼的結論提出了懷疑。

伏特在做了一系列的實驗之後，認為電的來源不是動物的肌肉，而是兩種金屬的接觸。當兩種金屬接觸後，就產生「電」，從而刺激神經產生痙攣、影響視覺和味覺。伏特還認為，肌肉只是起了傳導的作用，而兩種不同的金屬的接觸才是產生電流的根本原因。因此伽伐尼所發現的電流，不應稱為「動物電」而應叫「金屬電」或「接觸電」。就這樣，伏特成功地修改了伽伐尼電學中的錯誤，為後來「伏特電堆」的發明做好了準備。

歷史評說

　　伏特發明的「電堆」（亦即「電池」）是 19 世紀的重大發明之一。它為電學的實驗和發展提供了比較強而且穩定的電流，為電學的研究從靜電領域進入動電領域創造了條件，從而使人類對電現象的認識進入了一個完全預想不到的境地。不久，兩位英國人尼科爾森（William Nicholson）和卡萊色爾（Anthony Carlisle）在伏特電池的啟發下，用兩根金屬絲浸在水裡通電，發現水分解為氫和氧，從而證實了卡文迪許關於水的組成的預言。這實際上是電化學的開始：用電使物質發生轉化。依靠伏特電流產生的是夠大的電流，丹麥物理學家奧斯特於 1820 年發現了電的磁效應，而這又導致了英國物理學家法拉第於 1831 年發現電磁感應定律，從而奠定了電磁學的基礎。同時，使法拉第完成了發電機和電動機的兩項重大發明。人類開始了向電氣化的邁進。

　　有人認為，伏特發明電池純粹是偶然的，是他運氣好才一不留神就成了名。實際上這些人的觀點是膚淺的，甚至是完全錯誤的。偶然的機會可能會給人們帶來啟示，然而要深入了解現象的本質，還得靠刻苦鑽研，正確分析。正是因為伏特沒有一味地停留在伽伐尼的實驗結果上，而是進行了深入的研究，才使「伏特電堆」這個開創了電學研究新局面的成果得以問世。不僅如此，伏特在發明了電池以後，接著又發明了驗電器、儲電器和起電盤，這些發明在電學上都造成了很大的作用。人們為了紀念他，把電動勢、電位差和電壓的單位定為「伏特」，簡稱「伏」。直到今天，電池在工業生產、科學研究乃至日常生活中都起著極為重要的作用。

科學家年譜

- 1745 年 2 月 18 日，出生於義大利北部倫巴底的科莫
- 1774 ～ 1779 年，任科莫大學物理學教授發明起電盤
- 1782 年，成為法國科學會成員
- 1791 年，成為倫敦皇家學會會員
- 1794 年，提出「伏特序列」思想，認識到不同的金屬互相接觸會產生電流
- 1795 年，製成「伏特電堆」，這一成果於 1800 年 3 月 20 日在寄給英國倫敦學會會長的信中向外界宣布
- 1801 年，因發明電池受到拿破崙的召見
- 1827 年 3 月 5 日，逝世

電動力學的開創者 —— 安培

「以牛頓著作標誌著科學史的時代，不僅是人類探明自然界種種偉大現象產生原因的極其重要的時代，也是人類智慧在研究這些現象的科學領域內，為自己開拓新途徑的時代。」

—— 安培

人生傳略

安培（André-Marie Ampère，西元 1775 ～ 1836 年）是法國物理學家、數學家，1775 年 1 月 20 日生於法國里昂的一個貴族家庭，父親是個富有的商人。幼年的安培在父親的教導下學習數學。唸中學時，他就貪婪地閱讀了各種出版品。他尤其喜歡數學和幾何學。在父親的圖書室裡，

有關數學方面的書籍很快就不能滿足他的需求。於是,安培便經常出入於里昂圖書館,瀏覽了全部數學書籍。1799 年,安培在結婚之後開始研究數學。1801 年受聘於勃格城中心學校任物理教師。1805 年被聘為巴黎工業大學教授。1814 年被選為法國科學院院士。此後受聘擔任巴黎諾爾馬大學教授。1827 年當選為倫敦皇家學會會員,同時擔任柏林、斯德哥爾摩科學院院士。1836 年 10 月 6 日病逝於馬賽,終年 61 歲。

主要思想及著作

安培曾對玄學和心理學發生興趣,寫成《學問研究導論》一書。他還出版了一系列有關機率論、變分法在壓力學方面的應用及數學分析有關問題的著作和論文。

他最大的貢獻在物理學方面。1822 年提出著名的安培定律:兩根帶電導體之間的力的大小,與導線中電流的乘積成正比,與導線的長度成正比,但與導線間的乘積成反比。安培在一系列實驗的基礎上,把電磁力簡化為電流之間的吸引力和排斥力,以高超的數學技巧,總結出電流之間作用力的計算公式,這是電動力學發展的新局面。晚年他又提出了協調各門科學的設想,寫出了《人類認識自然分類的分析說明》(*Essai sur la philosophie des sciences, ou, Exposition analytique d'une classification naturelle de toutes les connaissances humaines*),於 1834 年和 1843 年出版。

名人事典

1820 年夏,是安培一生中不平凡的時期。9 月 11 日這天,他在科學學會的每週例會上聽到報告,幾個月以前丹麥物理學家奧斯特在哥本哈根發現一根通電導線會對磁針發生影響。安培極感興趣,他在奧斯特實

驗的基礎上，深入研究，僅僅花了一個多星期，就有了成果。1822 年，安培在科學院學術會議上宣讀了他著名的安培定律。

有一次，安培步行在巴黎的塞納河畔，到一所學校去講課。他邊走邊想問題，無意中從地上撿起一塊光滑的鵝卵石，在手中玩了一會兒就將石頭裝進衣袋裡。離開河邊的時候，他又從衣袋裡取出那塊東西順手扔進了塞納河。跨進校門時，安培習慣地掏出懷錶看時間，不料掏出來的竟是一塊鵝卵石。不用說，那塊懷錶已被他當作石頭扔進河裡了。

歷史評說

安培在他的一生中，只有很短暫的時期從事物理工作，可是他卻以獨特的、透澈的分析，論述了帶電導線的磁效應。馬克士威對安培的工作予以讚譽：「安培藉以建立電流之間機械作用定律的實驗研究，是科學上最輝煌的成就之一。」「整個理論和實驗研究看來似乎是從這位電學中的牛頓」頭腦中跳出來的，並且已經成熟地完全裝備完了，它在形式上是完整的，在準確性方面是無懈可擊的，並且彙總成為一個必將永遠是電動力學的基本公式的關係式，由此可以推演一切現象。我們稱安培為電動力學的創始人和奠基人，他是當之無愧的。後人把電流強度的單位定為「安培」，以紀念他在電學的發展中所建立的豐功偉業。

安培一生在科學上，特別是為物理學的發展作出了重大貢獻。除了在青少年時代刻苦學習，廣泛閱讀，打下了牢固的基礎外，還與他始終兢兢業業、鍥而不捨地努力工作是分不開的。安培的注意力非常集中，他常常因為聚精會神地思索而忘記周圍發生的一切。一天傍晚，他在街頭散步，忽然想起道難題，需要進行運算。他抬頭看到前面正好有一塊黑板。算著算著，黑板竟移動起來，而且越走越快，他終於跟不上了。

這時，他發現周圍的行人都朝他大笑，向前一看，那塊黑板原來是一輛黑色馬車車廂的背面，這種聚精會神、忘我思索的精神也是他事業取得成功的重要緣由！

科學家年譜

- 1802 年，發表《機率論的應用》（*Considérations sur la théorie mathématique du jeu*）
- 1822 年，出版《電動力觀察文集》（*Recueil d'observations électro-dynamiques*）
- 1827 年，出版《電動力現象的原理概論》（*Théorie des phénomènes électro-dynamiques, uniquement déduite de l'expérience*）
- 1834、1843 年出版《人類知識自然分類的分析說明》

電流磁效應的發現者 —— 奧斯特

「知識好像岩石下面的泉水，越掘得深泉水越清。」

—— 丹麥諺語

人生傳略

　　奧斯特（Hans Christian Ørsted，西元 1777 ～ 1851 年）是丹麥物理學家、化學家。1777 年 8 月 14 日生於丹麥蘭格朗的魯德克喬賓。父親是個藥劑師，他因此對物理、化學產生了濃厚興趣。讀小學和中學時，他的成績總是名列前茅。1794 年，年僅 17 歲的奧斯特考入哥本哈根大學攻讀醫學和自然科學。1799 年畢業並獲博士學位。同年受聘擔任哥本哈

根醫學院的化學助教。1801 ～ 1804 年，他先後去德國、荷蘭、法國繼續學習深造。1806 年被聘為哥本哈根大學物理、化學教授。1821 年被選為倫敦皇家學會會員，1823 年被選為法國科學院院士。1824 年創立丹麥科學知識振興學會，積極普及科學知識。1829 年擔任哥本哈根理工學院院長。1851 年 3 月 9 日逝世於哥本哈根，終年 74 歲。

主要思想及著作

　　奧斯特在科學上的主要貢獻，是發現了電流引起的磁效應。他將導線的一端和伏特電池正極連線，導線沿南北方向平行地放在小磁針的上方；當導線另一端連到負極時，磁針立即指向東西方向。把玻璃極、木片、石塊等非磁性物體插在導線和磁針之間，甚至把小磁針浸在盛水的銅盆子裡，磁針照樣偏轉，從而得出了以上的結論。此外，奧斯特還於 1822 年最早測出水的壓縮係數。1825 年首次分離出金屬鋁。他對庫侖的扭秤進行了某些重要的改進。同時他還是一位多產作家。1850 年發表的《自然界的精華》（*The Soul in Nature*）廣受歡迎。

名人事典

　　1820 年 4 月，奧斯特在一次講座中演示實驗時發現：當他把伏特電池和鉑絲相連時，靠近鉑絲的小磁針突然擺動了一下。這一現象使他興奮異常。在此後的 3 個月中，他對此現象進行了深入細緻的研究，得出這樣一種結論：在通電導體的周圍，產生一種「電流衝擊」。這種衝擊只能作用在磁性粒子上，對非磁性物體是可以穿過的。磁性物質或磁性粒子受到這種衝擊時，阻礙它穿過，於是就把它帶動，發生了偏轉。這就成功地解釋了通電鉑絲附近磁針發生偏轉的現象，他還認為「電流衝擊」

是沿著以導線為軸線的螺旋線方向傳播，螺紋方向與軸線方向又保持垂直。從而解釋通電導線沿南北方向磁針偏轉，沿東西方向磁針不偏轉的現象。奧斯特對電流磁效應的這一解釋，雖然並不完全正確，但他證明了電可以轉化為磁，這就為以後法拉第發現電磁感應定律、馬克士威建立統一的電磁場論奠定了基礎。因此，這一發現意義十分重大。

歷史評說

　　奧斯特的發現，揭示了長期以來認為不同性質的電現象與磁現象之間的連繫，電磁學立即進入了一個嶄新的發展時期。法拉第後來在評價這一發現時說，它猛然開啟了一個科學領域的大門，那裡過去是一片漆黑，如今充滿了光明。人們為了紀念他，1934 年起用奧斯特的名字命名了磁場強度的單位。

　　奧斯特是一位以謙虛謹慎的態度追求真理的探索者。地質學家和化學家 J・G・佛克哈默曾是奧斯特的抄寫員，他在奧斯特逝世一週年的紀念會上說：「奧斯特在探索這兩種巨大自然力之間的關係。他過去的著作都證明了這一點，我一直在 1818 年到 1819 年每天跟隨在他左右，可以用自己的經歷說明，發現至今仍然很神祕的（電和磁）連繫的想法一直縈繞在他的心中」。奧斯特自己曾說過「他唯一追求的是從研究中得到滿足」。也正是這種孜孜以求的精神，才使奧斯特獲得了巨大的成功。

科學家年譜

- 1811 年，《對新發現的化學自然定律的看法》（*View of the Chemical Laws of Nature Gained Through Recent Discoveries*）
- 1812 年，《對化學和電力的同一性》

- 1820 年，《關於磁針上電流碰撞的實驗》（*Experiments on the Effect of a Current of Electricity on the Magnetic Needle*）
- 1850 年，《自然界的精華》

i＝U/R 的發現者──歐姆

「我只相信一條：靈感是在勞動的時候產生的。」

── 奧斯特洛夫斯基（Nikolai Ostrovsky）

人生傳略

　　歐姆（Georg Simon Ohm，西元 1787 ～ 1854 年）是德國物理學家。1787 年 3 月 16 日生於德國巴伐利亞州的埃爾蘭根。父親是個技術熟練的鎖匠，愛好哲學和數學。歐姆從小就在父親的教育下學習數學並接受有關機械技能的訓練，對他後來的發展起了一定的作用。1805 年進入愛爾蘭大學求學，由於經濟困難而中途輟學，去外地當家庭教師。1811 年重回埃爾蘭根大學取得博士學位，在母校教了 3 個學期的數學，因收入微薄而去班堡中等學校教書。1817 年被聘為科隆耶穌中學的數學、物理教師。1833 年被聘為紐倫堡工藝學校物理教授。1841 年獲倫敦皇家學會勳章。1849 年任慕尼黑大學物理教授。1854 年 7 月 6 日在曼納希逝世，終年 67 歲。

主要思想及著作

　　1825 年歐姆發表了有關伽伐尼電路的論文，但其中的公式是錯誤的。第二年他改正了這個錯誤，得出有名的歐姆定律。他在導言中寫道：這一定律的新形式，不僅完全與實驗符合，而且包含著範圍廣泛的各種現

象的統一解釋。1827 年出版了著名的著作《伽伐尼電路的數學論述》（*The Galvanic circuit investigated mathematically*），文中列出了公式 I＝U/R，並明確指出：在伽伐尼電路中電流的大小與總電壓成正比，與電路的總電阻成反比。歐姆定律及其公式的發現給電學的計算帶來了極大的方便。

名人事典

I＝U/R 是歐姆定律的數學表示式，這是物理電學中的一個最重要、最普通的定律。這一數學表示式如此簡單、明瞭。然而，在 1826 年首次提出這個表示式的歐姆卻歷盡了種種艱辛，經受了一個又一個波折。科學學會不重視，有些人對他公開指責，第一流科學家未能解決的難題不會如此簡單。經過許多不眠之夜和艱難的處境，直到 1831 年波根多夫（Johann Christian Poggendorff）在實驗中證實了歐姆研究的正確性，歐姆才開始被人們所接受。

歐姆從小就養成了讀書認真，喜歡獨立思考的好習慣。他尤其喜歡刨根問底地提問題。有一次，他看一本書時，發現有一段內容和其他書有出入，就去問父親，父親也未能說清為什麼，他就又查了好多書，並細心思索，最後終於把自己問題搞清楚了。

歷史評說

歐姆發現了以他名字命名的歐姆定律，在電學研究中具有重要的意義。它給電的計算帶來了很大的方便，為了紀念歐姆，人們將電阻單位定為歐姆，簡稱「歐」。人們是不會忘記他的卓著貢獻的。

I＝U/R 這個定律在我們今天看來是如此簡單，然而它的發現過程卻並非如一般人想像的那麼簡單。歐姆為此曾花了多年心血，付出了十

分艱鉅的勞動。在歐姆那個時代，電流強度、電壓、電阻等概念都還不大清楚，特別是電阻的概念還沒有正式提出，當然也就根本談不上對它們進行精確測量了；況且歐姆本人在他的研究過程中，也幾乎沒有機會跟他那個時代的偉大物理學家進行接觸，他的這一發現是完全獨立進行的。歐姆不愧是一個「天才的研究者」。

科學家年譜

- 1825 年，發表《涉及金屬傳導接觸電的定律的初步表示》
- 1826 年，《涉及金屬傳導接觸電的定律及伏特裝置和施威格倍加器的理論的初步方案》
- 1827 年，出版《用數學推導伽伐尼電路》

電學大師 —— 法拉第

「我不能說我不珍惜榮譽，並且我承認它很有價值，不過我從來不曾為了追求這些榮譽而工作。」

—— 法拉第

人生傳略

　　麥可・法拉第（Michael Faraday，西元 1791 ～ 1867 年）是英國物理學家、化學家。1791 年 9 月 22 日，出生於英國倫敦郊區薩裡郡紐英頓鎮的一個鐵匠家庭。父親是鐵匠，母親識字不多，法拉第從小生長在貧苦的家庭中。9 歲時，父親去世，他開始了學徒生涯。13 歲到書店當圖書裝訂工。他利用能接觸到各類書籍的方便條件，在業餘時間刻苦學習。

愛好電學的他把有關電氣方面的論述收集起來，進行系統研究。正是憑藉著這種頑強的求學精神，法拉第最終成為一代電學大師。

主要思想及著作

雖然在化學領域法拉第取得了不少成果，但與他在電磁學領域所作的貢獻比較起來，則後者更為顯著。在近代自然科學發展史上，法拉第以電磁學的光輝成就著稱於世。

根據奧斯特關於金屬線通電使附近磁針轉動的發現，法拉第經過反覆研究和實驗，於 1831 年突破磁感應生電的重大關鍵，從而確定了電磁感應的基本定律，成為劃時代的偉大發現，為電磁學奠定了基礎。根據這一原理，他創造了電磁學史上的第一臺感應電機 ── 今天發電機的始祖。

法拉第研究電流透過溶液時產生的化學變化，提出了法拉第電解定律，即電解過程中分離出來的物質量總是和通過的電流量成正比。這一定律為發展電結構理論開闢了道路，也為應用電化學奠定了基礎。

1845 年 9 月 13 日，法拉第發現一束平面偏振光通過磁場時會發生旋轉，這種現象被稱為「法拉第效應」。第二年他又提出光的電磁場概念。這些研究成果揭示出光、電和磁之間存在著密切的關係。接著他又把物質分為順磁體和抗磁體兩大類，並用實驗加以證明。所有這些成果，均彙集在《電學試驗研究》（*Experimental Researches in Electricity*）中。

名人事典

1812 年，22 歲的法拉第有機會聽了倫敦皇家學會會長戴維的一次化學講座。事後他把聽講記錄寄給報告人，得到戴維的稱讚。在戴維的介紹下，法拉第成為戴維在皇家學院實驗室的一名助手。進入皇家學院，

可以說是法拉第一生中最重要的轉捩點。1813 年，他隨戴維先後到法、意、德、比等地訪問和講學，得到很好的學習機會。回國後，法拉第發揮出驚人的才幹，不斷取得成果。1816 年在戴維的指導下，法拉第撰寫並發表了第一篇論文《托斯卡納苛性石灰之分析》。這是他邁出的第一步，並表明他已掌握了科學研究的基本方法，從此開始了他的科學研究生涯。

　　1813 年戴維在歐洲蜜月旅行。由於戴維的新娘嬌慣成性，很難伺候，她的僕人都不願隨從。只有剛被戴維錄用一年的實驗室助手法拉第被選為這次旅行的隨行者。他既要負責掌管兩箱裝有各種實驗儀器的箱子，又要做各種伺候夫人的差事。只有晚上他才有空做實驗和讀書。他集助手、管家、僕人三種職務於一身，卻毫無怨言。他所想的是怎樣才能有豐富的知識，當好科學家的助手，他覺得能隨時向戴維請教就已心滿意足了。

歷史評說

　　在改變我們這個世界的偉大科學家中，我們不能忘記一個偉大的名字。正是由於他的不懈探索和發現，才使人類能夠跨入廣泛應用電力的時代，改變了我們世界的面貌，使世界從此豐富多彩起來。這就是發現了「電磁感應」原理的「電學大師」 —— 法拉第。「我不知道是否會有一位科學家，能夠像法拉第那樣，遺留下許多令人愜意的成就，當作贈與後輩的遺產而不自滿……他為人異常質樸，愛慕真理異常熱烈；對於各項成就，滿懷敬意；別人有所發現，力表欽羨；自己有所得，卻十分謙遜；不依賴別人，一往無前的美德。所有這些融合起來，就使這位偉大的物理學家的高尚人格，添上一種罕有的魔力。」這是和法拉第同時代的法國

著名作家大仲馬（Alexandre Dumas）對法拉第的讚譽。法拉第以他一生傑出的成就、優秀的品格，贏得了全世界人民的衷心愛戴。

　　法拉第曾說過：「科學家必須善於傾聽各種不同的意見，但又必須自己做出判斷。科學家不應由於表面現象而採取偏頗的立場。他不應有先入為主的假說，也不應屬於任何學派，不崇拜任何權威。他不應是個人崇拜者，而應是事物的崇拜者。真理的探求應是他唯一的目標。如果在這些品質之上再加上刻苦勤奮精神，他就有可能揭開自然界殿堂的奧祕，而達到自己的欲望。」這才是法拉第取得成功的祕訣。對於從事科學研究工作的人來說，也值得深思，並從中受到啟發。

科學家年譜

- 1816 年，發表《托斯卡納苛性石灰之分析》
- 1821 年，發表《論某些新的電磁運動兼論磁學的理論》
- 1829 年，《論光學玻璃製造》
- 1831 ～ 1845 年，發表《電學實驗研究》
- 1833 ～ 1834 年，發現電解定律
- 1834 年，發現自感現象
- 1845 年，發現磁光效應，物質的抗磁性
- 1851 年，《論磁力線》

「冷次定律」的建立者——冷次

「誰能征服崇山峻嶺，誰就能勇往直前。」

—— 蘇聯諺語

人生傳略

　　冷次（Heinrich Friedrich Emil Lenz，西元 1804 ～ 1865 年）是俄國物理學家。1804 年 2 月 24 日生於愛沙尼亞多爾巴脫。他早年喪父，家庭貧困，勉強上了中學。由於酷愛物理，1820 年考入傑浦特大學自然科學系。但不久因家中經濟困難，而不得不轉入神學院。在神學院學習期間，他仍繼續鑽研物理學。他在大學三年級時，由於在物理方面所表現出來的才能，而被應邀參加「企業號」的環球考察工作。1826 年航海回來後，在一所中學裡當物理教師。1828 年 2 月 16 日冷次在彼得堡科學院做了環球考察報告而受到好評。不久被選為彼得堡科學院的助理。1826 ～ 1830 年又參加了高加索、黑海及裏海沿岸地區的考察工作，回來後被補選為科學院後補院士。1834 年當選為正式院士。1835 年 10 月應徵任彼得堡大學的物理教授和物理系主任。1862 ～ 1864 年期間曾任該校校長。

主要思想及著作

　　冷次對物理學的主要貢獻是在電磁學方面。冷次在法拉第發現電磁感應定律以後就立即開始探索測定感應電流方向的一般定律。1833 年 11 月 29 日（俄曆）他做了發現該定律的報告。這一定律逐漸得到公認，被稱為「冷次定律」。冷次定律的發現不僅為測定感應電流方向提供了簡便法則，還由此發現了理論電動學方面和電工學發展方面極為重要的規律。1846 年德國物理學家尼曼首次指出冷次定律的「動力學」意義；1847 年，亥姆霍茲在著名的《力的守恆》一文中指出，冷次定律是能量守恆定律在電磁現象方面的引伸。發電機和電動機在結構上的同一性，即電機製造業中所說的等效原理（可逆性），也是由冷次定律得出的。這一定律還促進了感應測量儀器的研製。1843 年，冷次經過長期的精細實驗，確

立了電流熱效應定律。他在《通電放熱定律》一文中，根據自己所作的16組測量和計算得出令人信服的結論：金屬絲透過電流時的升溫程度與金屬絲的電阻和電流平方成正比。這就是著名的「焦耳—冷次定律」。

冷次創造生涯中具有特殊意義的活動，是與彼得堡科學院院士、傑出的電工學家、電動機和電鑄術發明者雅科比的合作。他倆研究電磁和鐵磁性所取得的成果對發展電工學基礎理論起了重要作用。

此外，冷次還做了大量的教育工作，指導學生和研究生進行科學研究，同時還兼顧中學物理教學，並寫了著名《俄國中學物理指南》（*Guide to Physics*）。

名人事典

1823 年，19 歲的冷次雖然剛剛是三年級大學生，但多年的勤奮刻苦，夜以繼日的鑽研學習，使他具有了淵博的學識，顯露出傑出的才能，成為遠近聞名的物理學者。這一年，他接受邀請，以物理學家的身分參加了海洋考察船「企業號」的環球考察工作。冷次和其他科學工作者一道，乘風破浪，遠航六大洲，三大洋，到過許多國家和地方，歷時 3年。這使他開闊了眼界，增長了知識，累積了豐富的第一手數據。回來後他認真總結考察結果。1828 年 2 月在彼得堡科學院，冷次做了環球考察結果及其結論的報告，引起科學界的高度重視。值得一提的是，他用自己設計的深度器和水樣器（用於取水樣和測量不同深處水溫的儀器）在白令海峽、太平洋和印度洋水域進行了富有意義的物理研究。

在冷次 13 歲那年乍暖還寒的春天，母親領著他去一家小店做童工。當小冷次經過一所中學的門口時，他突然放慢了腳步，最後乾脆停下來眼巴巴地向校園內望去。母親看出了兒子的心思。可由於家庭貧困，交

不起學費，只好讓他退學。母親毅然拉著孩子返回家裡，讓小冷次溫習功課，自己賣了些舊衣服，並找親友借了些錢終於湊足了學費，送小冷次上了中學。小冷次深知母親的艱難，珍惜一分一秒的時間，刻苦、勤奮，很快成為班裡首屈一指的好學生。為了減輕母親的負擔，他接連跳級。年僅 16 歲，就完成了全部中學課程，提前畢業。

歷史評說

　　冷次一生不僅在物理學，特別是電學的研究中作出了重大的貢獻，而且，他在教學工作中也取得了非常好的成績。他在彼得堡大學，先後擔任教授和系主任，為俄國培養了一大批傑出的物理學者。為俄國後來物理、數學和化學的發展奠定了基礎。

　　冷次出身貧寒，早年喪父，靠母親一點微不足道的收入生活、學習，其困難是可想而知的。但是冷次在逆境中奮起，從小刻苦學習。寒來暑往，他每天都要學習、工作十幾個小時，他的一生很少休息。他以頑強的毅力，戰勝重重困難，數十年如一日的刻苦學習，終於使他攀上了科學的高峰。

科學家年譜

- 1833 年，《關於金屬在不同溫度下的導電性》
- 1843 年，《通電放熱定律》
- 1839 年，《俄國中學物理指南》

電磁學的奠基人 —— 韋伯

「我們世界上最美好的東西，都是由勞動、由人的聰明的手創造出來的。」

—— 高爾基

人生傳略

韋伯（Ernst Heinrich Weber，西元 1804～1891 年）是德國物理學家。1804 年 10 月 24 日生於德國威丁堡。青年時代的韋伯就對物理產生了濃厚的興趣。他勤奮好學、善於思考，在海勒大學學習時，就對物理學和數學表現出極大的興趣和突出的才能。1825 年，只有 21 歲的韋伯就在弟弟的配合下，寫出了一篇波動方面的論文。後來，到哥廷根大學和海勒大學學習和研究物理學。大學畢業後，曾當過幾年中學教師。1831 年，韋伯受聘來到哥廷根大學講授物理學並進行他的研究工作，不久成為該校的物理學教授。

主要思想及著作

韋伯在物理學方面的主要貢獻是在電磁學方面。1851 年韋伯闡述了電學單位制原理，並測量了電量的靜電單位和電磁單位之比。這個比值稱為韋伯常數，實際就是光速，因而使光學與電學連繫起來。韋伯還測量了電流的阻力，並發現電流的量綱與速度的量綱是相同的。他還認為，電流是由正電和負電的相反運動組成的。在安培之後，他透過分子磁場研究了磁性，韋伯從電磁現象的力學觀點出發，把電流看成是電粒子受力運動的結果。經過計算他得到電流間相互作用的公式。這個公式

指出，作用力不僅與電流線段的距離有關，還與運動速度有關。從韋伯的公式不僅能推出安培定律，而且也是從最一般的情況建立了感應的定律。

名人事典

哥廷根大學是歐洲很著名的一所學校，有科學「聖地」之稱，當時許多著名的科學家常常聚在這裡探討問題，這對韋伯的影響很大。韋伯在這裡與高斯成了莫逆之交。論年齡，高斯比韋伯大 27 歲；論聲譽，高斯早就是響滿全球的大科學家了，而韋伯還不過是個初出茅廬的青年教授。由於他們具有共同的興趣和愛好，且都有致力於科學事業的信念和探索大自然奧祕的堅強意志，他們合作得很好，聯合發表了許多物理學論文。高斯對韋伯的影響很大，在高斯去逝後，韋伯多次盛讚高斯以紀念他敬愛的導師和摯友。

韋伯不僅在物理學上作出許多重要貢獻，而且他為人民的自由進行了不懈的鬥爭。1837 年，他因抗議廢除漢諾威憲章而被解職，直到 1843 年他才在萊比錫大學獲得任教的權利。

歷史評說

韋伯在物理學放面，主要是在電磁學的貢獻是不可磨滅的，他為德國電動力學的發展奠定了牢固的基礎。後人為了紀念他對電磁學的貢獻，把磁通量的實用單位稱為「韋伯」，他的名字將永遠記在人們心中。

韋伯早年在與高斯的合作中曾造了一架電報機。他們在高斯的天文觀測臺與韋伯的物理實驗室之間 9,000 英呎的距離內，架設了原始的電報線進行通訊連繫。這是電報通訊的最早應用。它比摩斯（Samuel

Morse）獲得專利的發明要早很多。所以，通常都認為，電報是由韋伯和高斯共同發明的。

科學家年譜

- 1804 年，生於德國威丁堡
- 1825 年，寫第一篇波動問題的論文，受到重視
- 1840 年，利用正切電流計的原理，給出了電流的絕對單位
- 1852 年，利用歐姆定律，定義了電阻的絕對單位。
- 1851 年，測量電量的靜單位與電磁學單位的比值（實際上就是光速）

電磁起重機的發明者 —— 亨利

「當你做成一件事，千萬不要等待享受榮譽，應該再做些需要做的事。」

—— 巴士特

人生傳略

約瑟夫・亨利（Joseph Henry，西元 1797 ～ 1878 年）是美國著名物理學家。1797 年 12 月 17 日出生在美國紐約州的首府，奧爾巴尼的一個貧困的家庭。由於家庭貧窮，亨利僅讀過小學和國中，但因為勤奮學習，考進了奧爾巴尼學院，在那裡他學習化學、解剖學和生理學，準備當一名醫生。可畢業後他卻在奧爾巴尼學院當上了一名自然科學和數學的講師。1832 年，亨利成為紐澤西學院（即現今的普林斯頓大學）的自然哲學教授，直到 1846 年離開那兒為止。自 1846 年至 1878 年間，他是

新成立的斯密森研究所的祕書兼第一任所長，負責氣象學研究。生前曾任 10 年美國科學院院長。

主要思想及著作

　　1835 年，法拉第發表了關於電學自感應的第一篇論文。那一年晚些時候，亨利也發表了解釋這一效應的論文。雖然論文發表得晚一些，但他的論文謙虛謹慎，實驗精確，數據充分，所以國際上普遍認為這一發現應歸功於亨利。為表彰這一成就，電感的實用單位被命名為「亨利」。

　　1831 年，法拉第發現了電磁感應現象，到 1844 年，已製成龐大而笨拙的發電機。當時迫切需要更強的磁鐵，使導體切割更密集的磁力線，以產生更強的電流。1823 年，英國人斯特金（William Sturgeon）用裸銅線在一根 U 形鐵棒上繞了 18 圈，製成了一個「電磁鐵」。它的磁場要比天然磁鐵強得多。1829 年，亨利採用絕緣導線代替裸銅線。這樣一來，導線可以一圈一圈地緊密繞在一起，不必擔心短路了，從而大大增強了電磁鐵的磁性。1831 年，亨利製成了一個體積不大的電磁鐵，它能吸起 1 噸重的鐵塊。強電磁鐵的製成，為改良發電機打下了基礎。

　　亨利實際上是電報的發明者，但不重名利的亨利沒有申請專利權。這一榮譽就落到了摩斯的頭上。在亨利發明的電報的基礎上，摩斯創造了由點、劃組成的「摩斯電碼」，也作出了自己的獨特貢獻。此外，亨利還發明了繼電器，無感繞組等，他還改進了一種原始的變壓器。

　　亨利曾發明過一臺像蹺蹺板似的原始電動機，從某種意義上說，這也許是他在電學領域中最重要的貢獻。因為電動機能帶動機器，在啟動、停止、安裝、拆卸等方面，都比蒸汽機來得方便。電動機的發明象徵著電氣時代的到來。

亨利一貫強調基礎科學研究的重要性，但科學研究最終要服務於社會是他堅定不移的信條。在斯密森研究所任職期間，亨利上任後首先考慮的事情之一就是天氣預報問題。他撥出專款支持氣象研究專案，並在《華盛頓晚星》（*Washington Evening Star*）報上釋出有關近 20 個城市的天氣狀況的訊息，開創了利用媒體釋出氣象訊息的先河。

歷史評說

儘管亨利沒有獲得電磁感應現象的優先權，但他卻是公認的電流自感現象的發現者。電磁感應的互感和自感現象的發現者，是科學史上一件大事，是人類在把機械能、熱能及其他形式的能轉化為電能的探索中，一個輝煌的成就。他的名字被定為電感的標準計量單位，這使他名垂青史，人們永遠不會忘記他的貢獻。

亨利是一位富有才華的學者。他不僅在科學研究方面碩果累累，而且在數學方面也大受歡迎。他學識淵博，講課風趣幽默，深受學生的愛戴和敬重。一個學生曾這樣評價：「在我師從您之前 —— 我從來不曾有過自己的想法，我的意思是說，我以前一次也不曾對任何問題獨立思考過。」亨利常說：他的願望是讓學生們能夠掌握一種思維的方法，以便畢業後能在一個更廣闊的天地裡運用。

科學家年譜

- 1797 年，出生於美國紐約的奧爾巴尼
- 1831 年，製造第一臺電動機
- 1832 年，發表《在長螺旋線中的電自感》（*On The Production Of Currents And Sparks Of Electricity From Magnetism*）

- 1834 年，發現自感現象
- 1846 ～ 1878 年，任華盛頓斯密森研究所所長負責氣象學的研究
- 1878 年，逝世

電路定律的制定者 ── 克希荷夫

「工作雖苦，其果蜜甜。」

── 德國諺語

人生傳略

　　古斯塔夫‧羅伯特‧克希荷夫（Gustav Robert Kirchhoff，西元 1824 ～ 1887 年）是德國著名物理學家。1824 年 3 月 12 日出生在德國的哥尼斯堡。他自幼勤奮好學，學習成績一直名列前茅。中學畢業後，他以優異的成績考入家鄉的著名大學 ── 哥尼斯堡大學。在大學裡，受到了良好的物理和數學方面的教育。他的老師有 19 世紀德國著名數學家貝塞爾、雅可比和諾埃曼，這些老師的悉心指導，再加上克希荷夫自身的刻苦努力，使他學業進步非常快，為今後的科學研究打下了良好的基礎。在諾埃曼的指導下，他完成了有關物理方面的畢業論文，獲得博士學位。大學畢業後，他被聘留任講師，不久轉到柏林大學。1850 年他受聘任布勒斯勞大學副教授。4 年後，他應海德堡大學邀請，到那裡任教，在那裡他工作了 21 年，除教學之外，他做了許多科學研究工作。由於他的成績卓越，1861 年克希荷夫當選為柏林科學院通訊院士，次年又被選為俄國彼得堡科學院通訊院士，後來又被選為法國巴黎科學院通訊院士及柏林科學院院士。1887 年 10 月 17 日，克希荷夫逝世，終年 63 歲。

主要思想及著作

克希荷夫所研究的問題是多方面的。在他的第一篇論文《電流流經平面 —— 例如網形平面的情形》中，確立了兩個電路定律，運用這兩個電路定律能正確而迅速地求解任何複雜的電路。這兩個定律至今仍在使用。後來，克希荷夫還從理論上求出並在實驗中證明了當電流通向圓盤形導體邊緣上的兩點時，圓盤外的等勢線是一些圓，他進一步研究電媒介和電路系統中的電流，還根據靜電學原理最先證明了導體和電介質中的電場是完全相似的。

1857 年，克希荷夫研究了導體中電的傳播，求出電極方程的解，給出了電磁波的入射波和反射波的速度都極為接近光速的概念。實際上克希荷夫發現了電波與光波在傳播上的共同性，為 10 年後馬克士威創立統一電磁場理論奠定了基礎。

在熱輻射問題上，克希荷夫根據熱平衡的原理得出：物體對電磁輻射的發射本領與吸收係數成正比，即克希荷夫輻射定律。此外，他還研究了氣體透過多孔壁的擴散和物體的導熱效能。

在光學方面，克希荷夫發表了《論夫朗和斐譜線》(*On Fraunhofer lines*) 一文，透過實驗，他指出，太陽光譜的夫朗和斐譜線與塗有鹼金屬鹽類物質的本生燈頭火焰的吸收譜線是相同的。還指出，不僅對地面上的物體，而且對太陽和星球的大氣都可以進行光譜分析，從而誕生了物理學的一個新分支 —— 天體物理學。克希荷夫還對太陽光譜進行了多次測定，從而證明了地球上存在的數十種化學元素，在太陽的大氣中也都存在。此外，克希荷夫還發明了光譜化學分析法，為近代原子結構學說的發展起了促進作用。

在電學方面，克希荷夫發表論文，計算了兩個直徑不同的帶電球上

的電荷分布，得出很容易計算的級數的解。他還在介質力學方面進行了許多研究工作，解決了例如彈性體的振動、物體在流體中的運動、流體的流動和波動等等許多重大課題。此外，他還注重理論與實踐相結合。他用實驗方法確定了火焰的發射譜線與吸收譜線的關係，再經過理論推導，得出克希荷夫輻射定律：物體的發射本領與吸收本領之比與該物體的性質無關。克希荷夫還最先提出了絕對黑體的概念，並且指出，物體的輻射本領與吸收本領的比等於絕對黑體的輻射率。

歷史評說

　　克希荷夫在科學事業上的貢獻是非常多的，在許多領域都有重要建樹，本文介紹的只是其中一小部分。例如他還從礦泉中發現了銫和銣兩種元素等等。克希荷夫為科學研究事業貢獻了自己的一生。此外，克希荷夫還將大部分時間從事教學工作，他講課生動有趣，深受學生歡迎，他桃李滿天下，其中很多都是知名學者，像諾貝爾獎得主、著名物理學家普朗克就是他的學生。克希荷夫不愧為一代偉大的導師兼物理學家，他的名字將永載人類科學的史冊。

　　克希荷夫為人純樸，意志堅強，對工作認真負責，實事求是。他在科學征途上勤奮、頑強，攻破了一道道難關。正是這種對科學事業的孜孜以求、頑強打拚、不畏艱險的精神才使克希荷夫在科學事業上的辛勤耕耘結出了累累碩果。

科學家年譜

- 1846 年，《電流流經平面 —— 例如圖形平面的情形》
- 1859 年，《論夫朗和斐譜線》

- 1861 年，計算兩個直徑不同的帶電球上的電荷分布
- 1862 年，發表關於光譜分析比較詳盡的發展史的論文
- 1877 年，完成圓板式電容器電容的計算

電磁學理論的創立者 —— 馬克士威

「科學不限於羅列成功的研究活動。科學史應該向我們闡明失敗的研究過程，並且解釋，為什麼某些最有才幹的人們未能找到開啟知識大門的鑰匙。另外，一些人的名聲又如何大大地強化了他們所陷入的錯誤。」

—— 馬克士威

人生傳略

詹姆斯·克拉克·馬克士威 (James Clerk Maxwell，西元 1831 ～ 1879 年) 是 19 世紀英國著名的物理學家、數學家。1831 年 11 月 13 日出生在英國蘇格蘭古都愛丁堡的一位律師家庭裡，而這一年恰巧是法拉第發現電磁感應定律的那一年。他的父親雖是一位律師，但主要興趣都在實用技術方面，並且是愛丁堡皇家學會的會員。這使馬克士威很小就受到自然科學方面的薰陶。母親是愛丁堡的名門望族，知書達理，是馬克士威幼年教育的啟蒙者。馬克士威 16 歲考入英國劍橋大學，專攻數學物理。1850 年到劍橋大學繼續深造，畢業後曾到阿伯丁馬銳斯凱爾學院和倫敦皇家學院任教。1871 年任劍橋大學教授。1874 年創辦卡文迪許實驗室並主持實驗工作。

主要思想及著作

馬克士威的歷史功勳之一，在於建立了完整的光的電磁理論。在法拉第發現電磁感應原理的基礎上，總結了 19 世紀中葉以前電磁現象的研究成果，建立了電磁場的基本方程式，即著名的馬克士威方程組，高度概括了電磁運動的基本規律。直到今天，這一方程式仍被認為是 19 世紀自然科學最輝煌的成就之一，仍是電力和電訊工程的理論基礎。馬克士威的電磁理論推動了近代物理學的發展，為後來研究 X 光和紫外線做了準備。馬克士威還利用數學的統計方法研究氣體分子的運動規律，建立了氣體分子速率分布的方程式。它能預測氣體中某種速率的分子數目，被稱為馬克士威分布律。

此外，馬克士威在圖表靜力學原理、土星環穩定性與運動、分子物理學、彈性理論和液體性質的理論等研究方面也取得一定的成果。

名人事典

在劍橋大學有一個世界聞名的實驗物理研究中心 —— 卡文迪許實驗室。令人驚嘆的是，從這個實驗室培養出來的科學家中，先後有 26 人獲得諾貝爾獎，這實在是科學界的奇蹟。而它的第一位領導人正是馬克士威。1871 ～ 1874 年，馬克士威為卡文迪許實驗室的籌建竣工和正式使用做了大量的工作。作為實驗室的第一位主任，馬克士威為它確定了基本原則，研究精神及發展方向：「主之作為，極其廣大；凡樂之嗜，皆必考察。」經過馬克士威及其繼任者瑞利、湯姆遜、拉塞福等人的苦心經營，卡文迪許實驗室逐漸形成自己在實驗物理學領域牢不可破的歷史地位，成為「諾貝爾物理學獎得主的搖籃」。馬克士威的名字也因此永垂科學史冊。

馬克士威建立電磁學理論可以說經歷了四個階段，以其四篇重要論著為代表。第一篇是 1855 年發表的《論法拉第的力線》(*On Faraday's lines of force*)。文中，馬克士威把法拉第的「力線」概念概括為一個向量微分方程式，採用數學推論和物理類比相結合的方法，以假設流體的力學模型去模擬電磁現象。這就統一併簡化了已知的電磁學定律，進而揭示了它們的內在連繫。第二篇是 1862 年發表的《論物理學的力線》(*On Physical Lines of Force*)。文中馬克士威已突破法拉第的電磁觀，創造性地提出了「位移電流」概念，並預言了電磁波的存在。第三篇是 1865 年發表的《電磁動力學》(*A Dynamical Theory of the Electromagnetic Field*)，文中揭示出電磁場的動力學本質，提出著名的「馬克士威方程組」。第四篇是 1873 年的鉅著《電磁學通論》(*A Treatise on Electricity and Magnetism*)，該書以電磁場觀念為基礎，以數學語言進行表述，概括當時在電磁學領域的全部研究成果。馬克士威的理論結束了電磁學的混亂局面，為 20 世紀幾次重大科學革命奠定了經典物理學基礎。

歷史評說

當今世界，無線電通訊、自動控制、遠距離控制等技術日新月異，迅速發展著。這些技術已經而且還將更全面地影響人類社會。我們在享受這些現代文明的同時，應當感謝偉大的科學家 —— 馬克士威，正是他的理論為近代科學技術開闢了一條新的道路，為現代這些發明奠定了扎實的基礎。

德國物理學家勞厄 (Max von Laue) 曾說：「儘管馬克士威理論具有內外在完美性並和一切經驗相符合，但它只能逐漸地被物理學家們接受。他的思想太不平常了，甚至像亥姆霍茨和波茲曼這樣有異常才能的

人，為了理解它也花了幾年的力氣。」在馬克士威去世後 20 年，愛因斯坦的理論幾乎推翻了整個「經典物理學」，而馬克士威方程卻保持不變，與過去一樣適用，足見馬克士威理論的巨大生命力。

科學家年譜

- 1855 年，《論法拉第的力線》
- 1858 年，《土星光環》(*On the stability of the motion of Saturn's rings*)
- 1862 年，《論物理學的力線》
- 1865 年，《電磁場動力學》
- 1873 年，《電磁學通論》

發明大王 —— 愛迪生

「天才，就是百分之二的靈感加上百分之九十八的汗水。」

—— 愛迪生

人生傳略

托馬斯·阿爾瓦·愛迪生（Thomas Alva Edison，西元 1847 ～ 1931 年）是美國著名的物理學家和發明家。1847 年 2 月 11 日出生在美國俄亥俄州的米蘭鎮。父親是個農民，母親當過教師。他從小好奇心特別強，愛問為什麼。愛迪生 8 歲上小學，因為愛問許多和功課無關的問題，老師認為他不聰明不值得一教，僅僅 3 個月，就被迫離開學校。在母親的悉心教育和培養下他進步很快，不久就讀起成人書籍，並對科學表現出濃厚興趣。他曾做過報童、報務員，但他一直都致力於科學事業。

主要思想及著作

　　愛迪生在做報務員時，發明了一種每小時都能拍發一次規定訊號的裝置，既準確又可靠，代替了人的定時勞動。後來，他改進記錄裝置發明了二重記報機，使抄收的電文品質顯著提高。還發明了可在一條線上同時拍發兩個電報的二重發報機，這在電報史上是件大事。1872 年到1875 年，愛迪生透過頑強的學習、刻苦的鑽研又先後發明了二重、四重、六重發報法，還協助別人製成了世界上第一臺英文打字機。1877 年他發明會說話的機器 ── 留聲機；1879 年發明白熾燈；1880 年發明鎢絲燈，使電力發光的效率提高了 3 倍，使用範圍遍及全世界，給人類帶來了光明和歡樂。1909 年製成至今仍在使用的鐵鎳鹼電池；1912 年發明了有聲電影，極大地豐富了人們的生活。

名人事典

　　1877 年愛迪生設計了一臺有一個筆筒那樣大小，中間有軸的金屬筒，橫向固定在支架上。金屬筒表面刻著紋路，跟一個小曲柄相連。旁邊是一個帶「碗口」的粗金屬管，金屬管的底板中心焊著一根針頭，正對著金屬筒的槽紋。愛迪生取出一張錫箔，裹在圓筒上，並且把連著底板的針對著錫箔。他一手轉動圓筒，一面對著「碗口」唱起來：「瑪麗有隻小山羊，羊毛潔白像雪花……」隨著歌聲的起伏，鋼針在錫箔上刻出了深淺不同的槽紋。然後愛迪生停下來，把針撥回起始位置。一個熟悉的聲音從「碗口」傳出：「瑪麗有隻小山羊……」這是人類第一次實現了聲音的儲存和再現，是愛迪生又一偉大的發明創造。

　　愛迪生在 1871 年聖誕節結婚。當時他的自動電報機還沒成功，試驗中有個問題不能解決。那天下午兩點舉行完婚禮，他突然想出個點子，

可以解決那苦惱了好久的問題：便悄聲對新娘子說：「親愛的，我有點要緊事到廠裡去一趟，待會兒準回來陪你吃晚飯。」新娘無可奈何地點了點頭。愛迪生就趁大家不注意時溜到工廠去了。直到半夜，有個工人見廠裡點著燈，隱約有人影晃動。心裡想，今天是聖誕節，大半夜了是誰在裡頭？走進去一看，原來是新郎官。聽到聲音，愛迪生如夢初醒，扭過頭來瞪著眼睛問：「什麼時候了？」「早就 12 點啦！」愛迪生大吃一驚：「糟糕！我還答應陪瑪麗吃晚飯！」他猛地跳起來，把帽子往頭上一按，抬腿往樓下奔去。這就是愛迪生的新婚之夜。

歷史評說

　　「我的人生哲學是工作，我要揭示大自然的奧祕，並以此為人類造福。我們在世的短暫一生中，我不知道還有什麼比這更好了。」這是愛迪生終身為之奮鬥的座右銘。據統計，他一生中的發明，有據可查的、在專利局登記過的有 1,328 種，實際上約有 2,000 多種，他平均每 15 天就有一種發明來「為人類造福」，他是當之無愧的「發明大王」。

　　有人讚嘆地稱愛迪生是「天才」，說他滿腦子都是「靈感」，但他卻說：「天才，那是百分之九十八的汗水加上百分之二的靈感湊合起來的。」事實也確實如此，愛迪生一生中的 2,000 多項發明，無一不是用血和汗澆灌出來的成果，無一不是頑強意志和科學知識的結晶。從他在火車上賣報到心臟停止跳動為止，整個身心，全部精力都用到了發明創造上，都獻給了科學研究事業。他經常一天工作 20 個小時，他的發明都是經過幾百次試驗才獲得成功的。他所選擇的道路是艱苦的、曲折的，但是都通向了科學的光輝頂峰。

科學家年譜

- 1868 年，發明第一臺自動投票記錄機
- 1869 年，發明證券報價機
- 1873 年，發明二重發報機
- 1874 年，發明四重發報機
- 1877 ～ 1878 年，發明新型的炭質電話、發報機
- 1877 年，發明留聲機
- 1879 年，發明電燈泡
- 1909 年，發明鐵鎳鹼電池
- 1912 年，發明有聲電影

無線電通訊的先驅 —— 赫茲

「形成天才的決定因素應該是勤奮。」

—— 郭沫若

人生傳略

　　亨利希‧魯道夫‧赫茲 (Heinrich Rudolf Hertz，西元 1857 ～ 1894 年)，德國物理學家。1857 年 2 月 22 日，生於德國漢堡的一個富裕市民家庭。父親是個律師，後來當上了參議員，母親是位典型的賢妻良母。赫茲小時候在私立學校讀書，後來進入市立學校。1875 年畢業於約翰奈斯中學，青年時代的赫茲就對光學和力學實驗極感興趣，他在數學、科學技術和工藝方面才能出眾。1877 年進入慕尼黑大學學習工程。不久轉到柏林大

學，成為亥姆霍茲的學生，後來又成為他的助手。1879 年 8 月赫茲用實驗
鑑定了電慣量，獲得一枚金質獎章。1880 年在柏林大學畢業；1883 年在
基爾大學當教師；1885 年被聘為卡爾斯魯厄高等技術學院物理教授；1889
年成為波恩大學物理教授。1894 年 1 月 1 日在波恩逝世，年僅 37 歲。

主要思想及著作

　　赫茲的最主要貢獻是關於電磁波的實驗。1887 年，他首先發表了電
磁波的發生和接收的實驗論文。透過實驗證明，電磁波以光與光波相同
的速度直線傳播。電磁波在本質上與光波相同，不但具有反射、折射和
偏振的性質，而且可以被極化。他還演示了與光干涉現象相類似的電磁
波實驗，這一實驗具有重大科學意義，它證實了馬克士威關於光是一種
電磁波的理論。赫茲還首先發現了光電效應現象，即物質（主要指金屬）
在光的照射下釋放出電子的現象。這種現象後來又由愛因斯坦引入光子
概念，在理論上做了說明。

名人事典

　　1886 年 10 月的一天，年僅 27 歲的赫茲在卡爾斯魯厄高等技術學院
的物理實驗室中做放電實驗。他本想觀測一下陰極管的放電效應，但在
檢查儀器時卻意外發現了感應圈放電時發生了電火花。這立即引起了他
的注意。他想，電火花的往返跳躍，表明在電極間建立了一個迅速變化
的電場和磁場，因為根據未被證實的馬克士威電磁理論，變化的場將以
電磁波的形式向周圍空間輻射。為此，他設計了一個電磁波發生器，用
兩塊邊長 16 英寸的正方形鋅板，每片接上一個 12 英寸的帶銅球的銅棒，
再與感應圈相接。通電後在銅球之間產生了高頻電火花，即電磁波。他

又用一根兩端帶銅球的導線彎成環狀當作檢波器，放在離電磁波發生器10公尺遠的地方。通電後，電磁波不僅產生，而且傳播了10公尺遠。赫茲竟用這樣簡單的儀器驗證了馬克士威高深的電磁場理論，從此電磁場的存在再沒人懷疑了。

赫茲很早就患有牙病。1889年移居波恩後，鼻喉受到感染，常常劇痛難忍。經過多次診治，終不見好，儘管病魔纏身，但他從不怨天尤人，一直抱著樂觀的態度面對人生。在生命的最後日子裡，他寫信給父母說：「假如我將發生什麼事情的話，你們不應該悲傷，你們應當感到幾分自豪。我屬於那些生命短促，但仍算有充分成就的優秀人物。我不想難過，也沒有選擇這樣的命運。現在，既然這種命運降臨到我的頭上，我也應感到滿足。」幾天後，即1894年1月1日，赫茲因血液中毒，拋下結婚8年的愛妻和一對懵懂的女兒，溘然長辭，年僅37歲。一顆科學巨星，就這樣隕落了。

赫茲的一生雖然短暫，但他取得的成果是傑出的。在他之前馬克士威的電磁場理論僅作為數學藝術的光輝創作、漂亮的公式遊戲而被人們欣賞，多數人持懷疑態度。是赫茲從實驗上證明並從理論上完善了電磁場理論，使之被人們廣泛利用。在電磁場理論建立上作出了不可磨滅的貢獻。物理學家普朗克稱讚赫茲為「我們科學的領袖之一」。為紀念他，國際電工委員會（iec）的電磁學單位命名委員會於1933年決定，把1週期／秒的頻率單位命名為1赫茲，簡稱1赫。

餘論

現在，當我們坐在沙發上愜意地觀賞迷人的電視節目時；當我們戴上耳機躺在床上靜靜地欣賞音樂時；當我們拿著手機穿越時空遨遊四海

時，我們最不應該忘記的就是這些奇蹟的最初創造者 —— 赫茲。正是他發現了電磁波，從而導致了無線電廣播事業的發展：無線電報（1901）、無線電廣播（1906）、導航（1911）、無線電話（1916）、短波通訊（1921）、傳真（1923）、電視（1929）、微波通訊（1921）、雷達（1935）以及遙控、遙測、衛星通訊等，這一切都是與赫茲的科學成就分不開的。

科學家年譜

- 1879 年，《旋轉球體中的感應》（*Ueber die Induction in rotirenden Kugeln*）
- 1886 年，《論極快的電振盪》、《論紫外線對放電的影響》
- 1887 年，《論在絕緣體中電過程引起的感應現象》
- 1888 年，《論電動效應的傳播速度》
- 1889 年，《論光和電》
- 1890 年，《靜止物體的電動力學基本方程》
- 1892 年，《論陰極射線透過薄金屬層》、《以新的關係闡述的力學原理》（*Die Prinzipien der Mechanik in neuem Zusammenhange dargestellt*）

第五部分　光學家

光的波動理論的奠基人 —— 惠更斯

「學習和獨創使科學之樹常青。」

—— 格言

人生傳略

　　惠更斯（Christiaan Huygens，西元 1629 ～ 1695 年）是荷蘭著名物理學家、天文學家、數學家。1629 年 4 月 14 日出生於荷蘭海牙。他的父親是位著名的外交家和作家，幼年時，跟隨父親學習數學和力學。由於受到了良好的家庭教育，惠更斯入學很早，小學和中學都是班上年齡最小的一個，也是班上學習成績最好的一個。雖然惠更斯的家庭為當地的一戶富家門第，他並不貪圖安逸，卻專心研究學問。由於他刻苦努力，16 歲時就以優異的成績進入著名的萊頓大學，兩年後轉入布勒斯達大學學習法律和數學，並於 1665 年獲得法學博士學位。大學畢業後，惠更斯曾先後出國訪問巴黎和倫敦。在外國，他結識了許多當時著名的專家和學者，其中包括牛頓及和他一起創立微積分理論的萊布尼茲等等。這對他以後在科學事業上作出成就無疑是很有幫助的。惠更斯在物理學、數學和天文學等方面作出了傑出的貢獻。1663 年，他成為英國倫敦皇家學會的第一位外國會員。兩年後，惠更斯應路易十四（Louis XIV）的邀請去法國。第二年，法國皇家科學院成立，他被選為會員。惠更斯在法國巴黎生活工作了 15 年，這期間他作出了一生中最大的貢獻，奠定了光的波動理論的基礎。後來法國與荷蘭之間發生戰爭，惠更斯受到各方面的攻擊，不得不離開巴黎，回到故鄉荷蘭。但此時家族中的其他人早已死亡，故其晚年的生活十分寂寞和孤獨。他曾一度前往英國，受到比他小

13 歲的牛頓的熱情接待。牛頓十分敬重惠更斯，想推薦惠更斯到劍橋大學任教，但結果沒有成功。結果惠更斯又重新回到荷蘭，於 1695 年 6 月 8 日在故鄉逝世。

主要思想及著作

惠更斯在科學上的貢獻是多方面的。在物理學方面，他最重要的科學成就是奠定光的波動理論的基礎，打破了當時流行的光的微粒學說。他從光和聲現象之間某些相似性出發，於 1678 年提出：光是一種特殊彈性物質（即光以太）中進行的彈性機械波動，稱為惠更斯原理。以該原理為基礎，惠更斯又推演出反射定律和折射定律。他正確地解釋光在進入光密媒介時，速度將會減小。

在數學方面，惠更斯 22 歲時就發表了關於計算圓周長、橢圓弧及雙曲線的著作。他研究了曳物線、對數螺線、懸鏈線以及其他平面曲線。他還得出了曲線的求長法、旋轉曲面面積演算法和慣性力矩計算等。1657 年他所發表的《關於骰子遊戲》（或《賭博的計算》）可以說是關於機率論的第一篇科學論文。

在天文學方面，惠更斯藉助自己設計製造的望遠鏡，於 1665 年發現了土星衛星 —— 土衛六，以後又觀測了土星環，發現了獵戶座星雲、火星極冠和木星帶。1680 年還製成一臺行星儀。此外，1656 年左右，惠更斯利用擺的等時性原理，製成第一座擺鐘。1673 年他解決了求物理擺的擺動中心的問題。他還得出了關於離心力的許多重要原理。

惠更斯的許多重要著作，都是在他逝世以後才公開出版發行的。《惠更斯全集》共 22 卷，由荷蘭科學院編輯出版，包括了惠更斯一生所有的重要著作。

　　1665 年夏天的荷蘭海牙。這是一個雲淡風輕，伸手不見五指的深夜。這座美麗的城市早已進入了甜美的夢鄉。而在郊外山上的一個天文觀測站裡卻亮如白晝。一個 30、40 歲的中年人，滿臉鬍子，神色疲憊，正在望遠鏡前聚精會神地觀測著。從他的臉上可以看出，他已經這樣疲勞地工作了好多天了。只見他雙手把住望遠鏡筒，不斷地調節，全神貫注地觀測著：「啊，我看見土星的衛星了！」他突然發狂似地喊叫起來。他的叫喊聲吸引了許多人，只見他手舞足蹈地告訴大家，他看到了土星的衛星了。於是大家爭先恐後地用他的望遠鏡觀看，果然都看見了土星的衛星，這顆星後來被稱為土衛六。這位最先觀測到土衛六的中年人就是惠更斯，而且他是用自己設計製造的一臺效能良好的天文望遠鏡，觀測到這顆地球的姊妹星 ── 土星的。

　　惠更斯在科學上的貢獻是多方面的。在物理學、數學、天文學方面均有建樹。他一生中最大的貢獻，就是奠定了光的波動理論的基礎，打破了當時流行的牛頓光微粒說的傳統觀念。他提出的惠更斯原理是光的波動理論的核心，用它可以解釋反射、折射、干涉和繞射等所有的光學現象，為近代物理學的發展作出巨大的貢獻。

　　惠更斯為人忠誠、謙遜、誠懇，他具有堅強的毅力，不怕困難，不怕挫折，不怕權威。在那個時代，牛頓的光的微粒說占據統治地位，但微粒說不能解釋光的干涉和繞射現象。由於牛頓是建立經典力學和微積分理論的大科學家，名氣大，有權威，因此，當時的絕大多數人都承認光是由微粒構成的。惠更斯對待科學的問題非常認真，並且勇於向權威的觀點挑

戰，他不屈不撓地堅持自己的觀點，並堅持不懈地用大量實驗加以驗證。經過幾十年的艱苦努力，終於打破了牛頓的光的微粒說的統治地位，使光的波動說廣為人們接受。正是由於他尊重客觀事實，堅持進行嚴密的科學實驗，勇於拋棄默守陳規的舊觀念，才能鑄就出眾多的科學成就。惠更斯成功的原因，對後人很有啟發，並且值得我們認真學習。

科學家年譜

- 1657 年，《關於骰子遊戲或賭博的計算》（*De Ratiociniis in Ludo Aleae*）
- 1673 年，出版《鐘擺》（*Horologium*）
- 1674 年，《擺動的時鐘》（*Horologium Oscillatorium Sive de Motu Pendulorum ad Horologia Aptato Demonstrationes Geometricae*）
- 1695 年以後，出版《惠更斯全集》22 卷（Huygens, Christiaan. Oeuvres complètes. Complete works, 22 volumes）
- 1703 年，《關於重力的起因》

光的干涉定律的發現者 —— 湯瑪士‧楊格

「形成天才的決定因素應該是勤奮。」

—— 郭沫若

人生傳略

　　湯瑪士‧楊格（Thomas Young，西元 1773 ～ 1829 年）是英國近代著名物理學家。1773 年 6 月 13 日出生在英國的米爾維頓。與和他同時代

的科學家道耳頓一樣，都出身於教友會會員的家庭。早在童年時代，湯瑪士·楊格就表現出了非凡的才能和驚人的記憶力。9 歲時他已經能夠自製一些簡單的物理儀器，他透過自學，在 14 歲時就已經掌握在當時還很難理解的牛頓的微分法。後來，在學習學校規定的拉丁語和希臘語的同時，他獨自鑽研法語、古歐語、波斯語、阿拉伯語等其他語言，堪稱一位語言大師。湯瑪士·楊格起初學的是醫學，在愛丁堡、劍橋及哥廷根從事醫學研究，後來在研究中發現有理由恢復光的波動學說而改行研究物理。他曾在英國皇家科學院擔任教授，講授數學物理方程式。1829 年5 月 10 日湯瑪士·楊格在倫敦逝世，終年 56 歲。

主要思想及著作

　　湯瑪士·楊格最大的貢獻是最早提出了光的干涉。在早期他研究的是生理光學和關於聲音和人的語言的問題，最早提出了聲波在互相重疊時有加強和減弱的現象，即聲波的干涉現象。波以耳、虎克及牛頓都對光的干涉現象進行過研究，但都沒得出正確的結果。湯瑪士·楊格拋棄了通常所認為的互相重疊的波只能互相加強的傳統觀念，而以自己所做的聲波和水波的實驗出發，提出在某些條件下，重疊的波也可以互相削弱，甚至還可以互相抵消的假設。他利用單色光照射厚度不均勻的薄膜，能夠觀察到明暗相間條紋的現象，指出這是從薄膜前面和後面的兩列反射的光線相遇時疊加後產生的現象，同時他還分析了產生干涉現象的基本條件，即只有相同波源發生的波才能產生干涉。湯瑪士·楊格透過一個精彩的實驗：讓一束狹窄的光束穿過兩個十分靠近的小孔，投射到一個不透明板上，不透明板上顯示出一系列明暗交替的條紋。這是著名的楊氏雙狹縫實驗，至今仍是演示光的干涉現象的經典實驗。他還得

出了干涉現象的定律：凡是同一光線的兩部分沿不同路徑行進，而且方向準確地或接近於平行，那麼當光線的路程差等於波長的整數倍時，光線互相加強，而在香干涉部分的中間態上，光線最強；這波長對各種不同顏色的光是各不相同的，這就是著名的光的干涉現象的定律。湯瑪士‧楊格還根據他所發現的干涉定律，解釋光的繞射現象，得出：光從更密的媒介反射時，它的波長改變半波長（半波損失）的結論。此外，他還把干涉觀念應用到牛頓環上，第一個近似地測出光的波長。

歷史評說

湯瑪士‧楊格突破牛頓經典力學的傳統觀念，透過自己的大量實驗發現了光的干涉定律，為 19 世紀物理學，特別是光學的發展造成了巨大的促進作用。值得一提的是，湯瑪士‧楊格研究過力學、數學、光學、聲學、生理光學、醫學、造船工程、天文學、地球物理學、語言學、動物學、埃及學，還精通繪畫和音樂，會說多國語言。因此湯瑪士‧楊格可以說是科學史上一位不可多得的百科全書式的學者。

我們知道，在 18 世紀，大部分人都接受牛頓關於光是由一道直線運動的粒子組成的觀點，湯瑪士‧楊格在這種情況下，把惠更斯的光波動說重新提出來，是需要巨大的勇氣、非凡的膽識和過人的智慧的。在 1801 年，湯瑪士‧楊格就這樣聲稱：「儘管我仰慕牛頓的大名，但我並不因此非得認為他是百無一失的。我……遺憾地看到他也會弄錯，而他的權威也許有時阻礙了科學的進步。」這段發言，充分顯示了湯瑪士‧楊格藐視權威的大無畏精神。不迷信，不盲從，獨立思考，實事求是是湯瑪士‧楊格獲得成功的奧祕所在。

太陽光譜細暗線的測定者 ── 夫朗和斐

「知識是一種快樂，而好奇則是知識的萌芽。」

── 培根

人生傳略

　　夫朗和斐（Joseph von Fraunhofer，西元 1787 ～ 1826 年）是德國著名物理學家、光學家。1787 年 3 月 6 日出生在德國巴伐利亞省的施特勞賓。夫朗和斐出身貧寒，他的父親是個窮苦的裝玻璃工。由於交不起學費，夫朗和斐在小學唸了幾年就退學了。他 12 歲時被送到慕尼黑市一家磨製玻璃透鏡的小工廠裡當學徒，老闆和老闆娘非常狠毒、殘忍。夫朗和斐在這間小工廠裡嘗盡了人世間的辛酸。他聰明好學，又特別能吃苦，不久他就深深喜歡上了那些親手磨製的透鏡，並開始鑽研裡面的奧祕。在老師傅的幫助下，他不僅很好地掌握了磨製透鏡片和透鏡的手藝，而且對光學知識也有了初步了解。他白天做工，包括磨鏡片、透鏡和幹雜活；夜晚就如飢似渴地讀他用工錢買來的書籍。雖然他幾乎沒有受過正規的學校教育，但他持之以恆，堅持向書本學習，向老師傅請教，並注意在實踐中學習。這樣，他很快就掌握了當時已有的光學理論。還在一般人上大學的年齡，夫朗和斐在慕尼黑市就已經頗有名氣了。後來，他離開了工作多年的小工廠，應徵到慕尼黑附近的光學研究所從事科學研究工作。1818 年，31 歲的夫朗和斐由於工作出色而被升遷為這個光學研究所的負責人。此後不久，這個研究所搬遷到了慕尼黑。夫朗和斐當上了慕尼黑科學院的成員和它的物理陳列館的保管人。1826 年 6 月 7 日，夫朗和斐因患肺病醫治無效在慕尼黑逝世，年僅 39 歲。

主要思想及著作

　　夫朗和斐在他的一生中，在光學事業上作出了很多貢獻，他善於把光學理論和實際技巧相結合，製造出了沒有脈紋的火石玻璃和大塊的冕牌玻璃。他繪出準確計算各種透鏡的方法，把消色差望遠鏡改進到當時意想不到的完善，從而把實用光學引向一條全新的道路。他還精確測定了玻璃對各種特殊顏色的折射率，並發現了一種燈光光譜中的橙黃色的鈉雙線。夫朗和斐是第一位觀察光柵光譜的科學家，他最先用光柵測定了波長，為 0.0005888 毫米，鑒於當時的水準，這已是相當精確的了。他還研究並測定了太陽光譜中的 576 條細暗線。這些細暗線是太陽吸收光譜中的譜線，它們是太陽光中某些波長的光，被太陽大氣中的氣體或蒸氣所吸收，或者是被地球的大氣層所吸收產生的。這些細線對於研究太陽光譜以及在太陽上存在的化學元素都是非常有意義的。

　　夫朗和斐的另一重大貢獻，是發現了一種新的繞射現象，就是當光源和觀測點距繞射場、光柵或孔徑無限遠時所發生的光的繞射現象，即夫朗和斐繞射。

名人事典

　　1799 年德國慕尼黑的冬天異常的寒冷。一場大雪過後，西北風吹得更猛，彷彿針炙似地扎到臉上。就在這寒冷的日子裡，骨瘦如柴，身材矮小的夫朗和斐擔著兩桶重重的水搖搖晃晃地走在雪地上。他的衣服又厚重又長，有些地方即使補了補丁，仍還張開大口子，根本不能避風寒。他腳上的破布鞋早已破了洞，腳趾露在外面凍得通紅。他艱難地走著，突然腳下一滑，摔倒了。兩桶水也流盡了，在雪地上融化了兩大

片。他吃力地爬起，挑著空桶又回到井邊重新打了兩桶水。接著，他從破衣口袋裡掏出兩塊磨製得非常精緻的玻璃透鏡，藉著太陽光做起了實驗。這時，他的臉上放出了幸福的光彩，好像忘記了這寒冷的冬天，忘記了這刺骨的寒風，忘記了剛才重重地摔了一跤，忘記了老闆的拳頭、老闆娘的鞭子，他整個身心全都沉浸在這美妙的實驗裡了。這只是夫朗和斐在小工廠裡當學徒的一個小小生活畫面。正是在這種環境下，夫朗和斐成長為著名的物理學家、光學家。

歷史評說

　　夫朗和斐的一生雖然短暫，但他為物理學事業，尤其是為光學的發展作出了卓越的貢獻。他測定的太陽 576 條細暗線，突破了著名光學家伍拉斯頓（W.H.Wollaston）的太陽光譜中七色光分界線的局限性，為發展光學造成了巨大的推動作用。夫朗和斐不愧為德國 18 世紀末、19 世紀初著名的物理學家和光學家。

　　夫朗和斐以頑強的毅力，克服了重重困難，在難以想像的艱苦條件下，勤奮自學，終於成材。對於今天我們生活在舒適的環境下求學的青年學生們，夫朗和斐應該是一個很好的榜樣。他的事蹟催人奮發，他榜樣般的力量鼓舞我們前進。幼年的貧窮使夫朗和斐的身體一直虛弱，過分的勞累使他經常患病，但他全然不顧這一切，把自己的全部精力乃至生命都獻給了科學研究事業，為物理學的發展作出了卓越的貢獻。他這種為科學事業奉獻的精神，應成為我們對各項學習、工作所持的態度 —— 堅持到底，絕不認輸。

科學家年譜

- 1787 年 3 月 6 日，生於德國巴伐利亞
- 1818 年，擔任光學研究所負責人
- 1826 年，患肺病逝世

光的波動理論的完善者 —— 菲涅爾

「對於有心人，沒有什麼東西是無用的。」

—— 培根

人生傳略

　　菲涅爾（Augustin-Jean Fresnel，西元 1788 ～ 1827 年）是法國近代著名物理學家、數學家。1788 年 5 月 10 日出生在法國諾曼第的布羅意城。他的父親是法國有名的建築師。菲涅爾小的時候身體虛弱，經常生病，但他自幼聰明好學。在父親的影響下，他學習非常勤奮刻苦，從小學到中學，他的成績一直都名列前茅，尤其是數學成績尤為突出，很早就顯示出他數學方面的才能。

　　中學畢業後菲涅爾考入巴黎綜合工藝學校，接著又到巴黎橋梁和道路專業學校繼續深造。1809 年畢業，並取得土木工程師文憑，子承父業，在法國各地負責道路和橋梁的修建工程。因積極參加反對拿破崙的軍事行動，菲涅爾失去了工程師的職務，這時菲涅爾將注意力轉移到光學的研究上。在法國著名學者拉普拉斯和阿拉果的斡旋下，菲涅爾恢復了工程師的職務，並被派到巴黎，在燈塔照明改組委員會工作。因為工程方面的職務是他維持家庭生活的唯一經濟來源，因此他不得不終身從

事，而他興趣最濃的科學研究工作，只能利用業餘休息時間進行。雖然，他的收入並不多，但他還要從中擠出一部分來購買必要的儀器、裝置和材料等進行科學實驗。由於他的勤奮努力，菲涅爾在科學研究中取得了許多重大的成就，作出了傑出的貢獻，並獲得巴黎科學院院士稱號和英國倫敦皇家學會授予的倫福德獎章。正當菲涅爾在科學事業上功成業就的時候，1827 年 7 月 14 日，即他獲得倫福德獎章後僅幾個月就因患肺病醫治無效離開了人世，終年僅 39 歲。

主要思想及著作

　　菲涅爾在物理學的光學領域取得了許多重要的成就。他根據自己提出的新形式下的惠更斯原理，建立了完善的光的繞射理論，並用精確的實驗給出了證明。他發現光的圓偏振和橢圓偏振現象，並以光的波動說解釋了這些現象。他用直接的實驗證明了他對偏振面的轉動現象的解釋，即圓偏振光的雙折射作用產生偏振面的轉動。此外，他還確立了反射和折射的定量定律，從而解釋了法國物理學家馬呂斯（Étienne Louis Malus）發現的光在反射時的偏射現象。同年，他又發現並解釋了全反射的橢圓偏振現象，並在實驗上利用了這一發現。此外，他還建立了雙折射理論，論證了晶體光學，他的這些理論至今還有重要意義。菲涅爾有關地球轉動對光學現象影響的著作，以及他提出的關於靜止的太陽和光波增大係數的思想，成為後來勞侖茲運動媒介電動力學的基礎，並在愛因斯坦的狹義相對論中得到了圓滿的解釋。

　　從 1819 年到 1827 年，菲涅爾經過 8 年的艱苦努力，終於設計出一種特殊結構的階梯多級透鏡系統，大大改進了燈塔的照明情況，為各國之間的友好往來，為海運事業的發展作出了貢獻。

名人事典

　　1827 年夏天的一個夜晚，在法國南部的港口城市馬賽，海風涼爽宜人。碼頭上站著許多人，他們既不是來迎接來訪的外國貴賓，也不是歡迎凱旋而歸的戰艦，而是來觀看一種新型燈塔照明系統的試驗。

　　航海是法國人心馳神往的事情，但大洋上的狂風惡浪，還有冰山、暗礁，卻令這件有趣的事情充滿了危險。更令人擔憂的是，在那漆黑的夜晚，燈塔的光老是特別昏暗。古往今來，多少大船沉入海底，多少旅客葬身魚腹。今天，聽說一位科學家發明了新的燈塔照明系統，所以，許多人都懷著好奇而又興奮的心情，來到碼頭。突然，一道銀白色的光柱從燈塔射向大海的遠方。試驗開始了，剛才還只見濤聲不見海浪；現在，在燈塔光柱下，層層海浪出現在人們眼前。遠方正慢慢駛進港口的大船也被看得一清二楚。突然，那道令人心曠神怡的光柱消失了。這是怎麼回事呢？難道試驗失敗了嗎？正在人們焦急萬分，互相詢問的時候，那道光柱又突然出現了，和以前的光柱一模一樣，似乎更亮了。啊！這原來只是進行正常的開關試驗，試驗成功了。

　　是誰發明了這令人興奮的燈塔照明系統？是誰給海員和旅客帶來了福音？是法國著名物理學家、數學家菲涅爾。

歷史評說

　　菲涅爾的一生主要從事光的本性研究。他利用自己設計的雙鏡和雙稜鏡，完成了光的干涉實驗，從而證實了光的波動性，並給出了兩束光發生干涉的條件；他發展了惠更斯原理，並進行了補充和推廣，以解釋各種不同形式的繞射現象；同時，他建立了初步的數學理論，定量地說

明了光波繞射的規律。因此，現在的物理教科書中，將經過他補充、完善的惠更斯原理稱為惠更斯—菲涅爾原理。他和惠更斯同是光波動理論的創立者，他更是光波動理論的完善者。他的一生雖然短暫，但他的名字卻永遠留在人們的心中。

　　菲涅爾職業本是位工程師，專門從事道路修建及土木建築工程工作，科學研究工作只能在業餘時間進行。而菲涅爾在科學事業上卻獲得了巨大的成功，其中一個最主要的特點，是他注意對物理現象的觀察。他成果的取得完全在於他憑藉自己高超的實驗技巧和才幹，以及數十年如一日不懈的勤奮努力，因而使他獲得了許多內容深刻和數量上正確的實驗結果，便於他總結這些實驗結果，並最終形成了完整的理論體系。

科學家年譜

- 1815 年，出版《光的繞射》
- 1819 ～ 1827 年，改進燈塔照明情況

第六部分　原子物理學家

X 光的發現者 —— 倫琴

「我認為任何科學工作者的發明和發現都應屬於全人類。這些發明和發現絕不應受專利、特許權和合約等的約束，也不應受到任何集團的控制。」

—— 倫琴

人生傳略

　　威廉‧康達‧倫琴（Wilhelm Conrad Röntgen，西元 1845 ～ 1923 年）是德國物理學家。1845 年 3 月 27 日出生於德國西部魯爾場區的萊納普小鎮。父親是一個紡織品廠主兼批發商，母親是荷蘭人。他自幼聰明好學，14 歲就讀於荷蘭高中。1865 年免試進入蘇黎世綜合技術學院機械工藝系學習。1868 年取得機械工程師文憑。1869 年因提出了《各種氣體的研究》的論文而獲得了哲學博士的學位。1875 年受聘於霍恩海姆農學院擔任教授。1879 年擔任吉森大學物理學教授和該校物理研究所所長。1894 年當上維爾茨堡大學校長。1900 年受聘於慕尼黑大學物理研究所並兼任拜恩度量衡館館長。1901 年獲第一個瑞典斯德哥爾摩的諾貝爾物理獎。1923 年 2 月 10 日因病不幸逝世，終年 78 歲。

主要思想及著作

　　倫琴在 50 多年的研究中，取得了許多重要的科學研究成果，共發表學術論文 356 篇。他最大也是最重要的貢獻就是發現了 X 光。除此之外，他在研究電磁現象時，發現了充電的固定平行板電容器中使介質旋轉時，能產生磁場。他在材料的彈性、液體的毛細作用、氣體的比熱、晶體中的熱傳導、偏振光的磁致偏轉以及壓電現象的研究中都作出了一

定的貢獻。倫琴發現的 X 光廣泛應用於光電效應、電晶體結構分析、全相組織檢察、材料無損探傷、人體透視和疾病治療等各個方面。

名人事典

　　1895 年德國物理學家赫茲和萊納德（Philipp von Lenard）發表了《論陰極射線穿透力》的文章，引起倫琴的興趣。他決定重複他們的實驗，進一步探討其中一些問題。他從 10 月分開始，用黑紙密封克魯克斯管，進行放電實驗。11 月 8 日，一個偶然的發現引起了倫琴的高度注意，這就是在一塊黑紙板嚴嚴實實地蓋住了的放電管對面的螢光幕上發生了亮光。他沒有放過這一現象，重複實驗，螢光幕確實在發光，他廢寢忘食地苦戰，連續實驗了 6 個星期。他發現這種新射線可以通過紙、鋁等密度小的物質，但不能穿過像鉛那樣密度大的物質。他用自己的手做實驗，清晰地看到了手的骨骼，興奮的他又把妻子帶到實驗室，又對她的手指骨進行照相觀察。這種射線不但把她的手指骨骼，而且把他們的結婚戒指都拍了下來。同年 12 月 28 日倫琴寫成了《關於一種新放射線》的報告，將這種新放射線定名為「X 光」。

　　倫琴發現的 X 光開闢了物理學通向新世界的大門，它為現代物理學的研究提供了一種新的手段。倫琴當時就清楚地知道自己的發現在科學、醫學和工藝等方面的重大意義，但他從來就沒有以自己的發現去換取金錢的想法。他認為任何科學發現都應當為大家自由享用。當柏林奇異協會建議以高價換取倫琴新發現的專利時，倫琴堅決地拒絕了。正如一位美國科學家指出的那樣：「他的實驗室對著專利部門的窗戶永遠是關閉的。」倫琴將諾貝爾獎金 5 萬元贈給維爾茨堡大學作為科學研究經費使用，自己分文不取。

歷史評說

倫琴發現的 X 光開闢了物理學通向新世界的大門，為現代物理學的研究提供了一種新的手段，極大地推動了物理學的發展。為了紀念他劃時代的發現，現代人把他發現的 X 光叫作倫琴放射線。作為首屆諾貝爾物理獎的得主，原子時代的先驅者之一，他的光輝名字將流芳百世。

倫琴為人謙遜，不願出頭露面，聲張自己。對同事、朋友忠誠、坦白，充分肯定別人的成績。他厭惡名利，一心只想造福人類。他視功利如糞土，在得到諾貝爾獎的當晚，就在自己的書房裡寫下了這樣的遺書：我的諾貝爾獎金 5 萬元將贈給我研究過的 X 光的、愛戴的維爾茨堡大學。倫琴像一株成熟的稻穗，長得很飽滿，頭卻垂得很低；又像一艘戰艦，衝破功名利祿的驚濤駭浪，一往無前。他高尚的品格永遠值得我們學習。

科學家年譜

- 1845 年，生於德國魯爾區
- 1895 年，《一種新的射線‧初步報告》(*Ueber eine neue Art von Strahlen. Vorläufige Mitteilung*)
- 1896 年，《一種新的射線‧續編》(*Eine neue Art von Strahlen. 2. Mitteilung*)
- 1897 年，《關於 X 光的第三次報告》(*Weitere Beobachtungen über die Eigenschaften der X-Strahlen*)
- 1923 年，逝世

經典電子論的創立者 —— 勞侖茲

「其實地上本沒有路；走的人多了，也便成了路。」

—— 魯迅

人生傳略

　　亨德里克·勞侖茲 (Hendrik Antoon Lorentz，西元 1853 ～ 1928 年)
19 世紀末 20 世紀初的卓越理論物理學家之一，是經典電子論的創立者。
1853 年 7 月 18 日出生在荷蘭的阿爾漢姆，父親是阿爾漢姆近郊的一個繁
殖場的場主。他的小學和中學都是在故鄉讀的。勞侖茲自幼聰明好學，
小學和中學在班裡都是首屈一指的高材生。在中學時期，勞侖茲對數學
和物理學產生了興趣，而且他的外語特別好。中學畢業後，他以優異的
成績考入著名的萊頓大學。1875 年，年僅 22 歲的勞侖茲以高水準的學
術論文獲得科學博士學位。大學畢業後，他因學習成績突出而被留校任
教。1877 年，他接受萊頓大學的聘請，任該校理論物理學教授。在此
以前，他對於將來的專業是研究數學還是物理猶豫不決。重要原因之一
是，當時理論物理學作為一門獨立的科學尚處於建立時期，前景如何，
不得而知。在荷蘭甚至在整個歐洲，萊頓大學是最早設立理論物理學教
授職位的，勞侖茲接受這一任職，標誌他的專業志向已定，這時他才 24
歲。他在萊頓大學任教長達 35 年。這期間，他一方面從事教學，培養新
的人才；另一方面則積極地進行科學研究，為建立和發展理論物理作出
了很大貢獻。1912 年他辭去了萊頓大學職務到哈勒姆擔任物理博物館館
長。1923 年到海牙擔任泰勒研究所所長，直到 1928 年去世。

主要思想及著作

　　勞侖茲一生主要貢獻是創立了物質的電子論，在此基礎上建立了這樣一個概念：自然界中存在著基本電荷（電子），它是電場的根源，也是物質的原子組成部分。1878 年，他提出分子是由最小的帶電粒子（離子）組成的，粒子帶的電量相等而符號相反。19 世紀末，湯姆森用實驗證明了電子的存在。

　　1895 年，勞侖茲出版了他的名著《運動物體中電磁理論和光現象理論的實驗》（*Versuch einer Theorie der electrischen und optischen Erscheinungen in bewegten Körpern*），首次發表了電子論及這個理論的基本方程。1909 年在萊比錫出版了名著《電子論和它在光現象及熱輻射中的應用》（*The theory of electrons and its applications to the phenomena of light and radiant heat*）。在這本書中勞侖茲總結了多年研究成果並給出了電子論的完善敘述。電子在電磁場中運動要受到力的作用，稱為「勞侖茲力」。

　　勞侖茲根據電子論預言，如果輻射源處於強磁場中就會有譜線的吸收現象。1896 年他的學生塞曼（Pieter Zeeman）用實驗證實了這一預言稱為「塞曼效應」。塞曼效應極好地證實了電子論的正確性。由於這些成就，勞侖茲和塞曼獲得了 1902 年的諾貝爾物理學獎金。

　　勞侖茲對運動媒介的電動力學的研究，提出了勞侖茲變換方程式及運動物體在運動方向上收縮的假說。1904 年，在阿姆斯特丹發表的《速度小於光速的運動系統中的電磁現象》（*Electromagnetic phenomena in a system moving with any velocity smaller than that of light*）一文，詳細說明了勞侖茲變換方程式和勞侖茲收縮假說。後來愛因斯坦的研究工作揭示了勞侖茲變換的深刻物理意義，並在此基礎上建立了狹義相對論。

名人事典

　　1875 年，年僅 22 歲的勞侖茲向荷蘭著名的萊頓大學提交了一篇很長的博士學位論文《光的反射與折射理論》（*On the theory of reflection and refraction of light*）。在這篇論文中，他提出了把馬克士威的電磁場理論與物質的分子理論相結合的統一思想，這一設想為剛剛誕生的馬克士威電磁場理論提供了更加堅實的物理基礎。要知道，當時馬克士威電磁場理論還沒有得到赫茲實驗的證實，許多物理學家還對它抱懷疑態度。而勞侖茲，一位正在攻讀研究生的年輕人竟能堅定地支持馬克士威的理論，在此基礎上論述了光的反射和折射，足見他當時已具備了淵博的物理、數學知識。

　　勞侖茲的電子論及與它密切相關的運動媒介的電動力學是對物理學的重要貢獻。它給理論物理學的兩個新的重要部門 ── 量子論和相對論的建立做了準備。他因卓越的成就被人們稱為荷蘭近代偉大的科學家。在舉行葬禮的那一天，荷蘭全國的電訊、電話都中止了 3 分鐘，以示敬意。荷蘭王室和政府的代表，以及來自全世界各地的科學家參加了葬禮，英國皇家學會會長拉塞福在葬禮上做了演講，著名物理學家愛因斯坦在悼詞中稱讚勞侖茲是「我們時代最偉大、最尊貴的人」。

　　勞侖茲一生不僅在科學研究上取得了重大成果，而且在教學上也收到了良好的效果。他在萊頓大學畢業後，長期從事教學工作，培養了大批人才。在他的努力工作和領導下，萊頓大學成為當時荷蘭的一個著名的科學研究中心。他教書認真，講課生動有趣，深受學生歡迎。他愛護青年學生，熱心幫助他們。在勞侖茲的諄諄教誨下，大批優秀的物理人才成長起來。勞侖茲性格沉著、穩健，從不朝三暮四。他一生的絕大部分時間都是在一所大學裡度過的，這對於像他這樣有聲望的教授來說是

不多見的。由於他工作穩定，對自己鑽研的課題鍥而不捨，因此他才能做出那麼多的成就和貢獻。

科學家年譜

- 1875 年，《光的反射與折射論》
- 1882 年，《微積分》
- 1888 年，《基礎物理學》
- 1895 年，《帶電粒子》、《離子》
- 1899 年，《電子》
- 1904 年，《運動速度遠小於光速體系中的電磁現象》
- 1909 年，《電子論和它在光現象中以及熱輻射中的應用》

最先開啟基本粒子物理學大門的人 —— 約瑟夫・約翰・湯姆森

「就其實質來說，科學就是對真理的探求。」

—— 喬治・湯姆森（Sir George Thomson，
約瑟夫・約翰・湯姆森之子，諾貝爾物理學獎得主）

人生傳略

　　約瑟夫・約翰・湯姆森（Joseph John Thomson，西元 1856 ～ 1940 年）是英國著名物理學家，電子的發現者，1906 年諾貝爾物理學獎得主。1856 年 12 月 18 日出生在英格蘭曼徹斯特附近的出版商家庭。父親是一個專印大學課本的著名書商，這使湯姆森從小就與書結下了不解之緣。

小湯姆森聰明好學，非常喜歡看書，並常常向父親提出一些問題。有一次，他看到別的小朋友吹泡泡，就問父親，為什麼肥皂泡上有漂亮的色彩？父親也不知道該如何回答。由於職業的關係，父親結識了曼徹斯特大學的一些教授，湯姆森從小就受到學者的影響。湯姆森非常喜歡自然科學，閱讀大量書籍，知識面很廣，而且善於獨立思考。唸中學時，除了老師講授的知識外，其他凡是能弄到手的書，他都喜歡閱讀，並且經常寫讀書筆記。在學習中湯姆森最大的特點就是善於提問題，從不迷信書本上的說教。當時，學校的一些老師都害怕湯姆森提問題，因為有些問題他們自己也回答不出來。但所有的老師都非常喜歡這個既尊敬老師又愛提問題的學生，因為他的學習成績總是名列前茅。有了良好的早期教育，湯姆森 14 歲就進入歐文斯學院，即後來的曼徹斯特大學學習物理和數學。在大學學習期間，他受到了史都華（Balfour Stewart）教授的精心指導，他不僅聰明，而且非常勤奮，節假日也很少休息，常常到圖書館去看書。他的學業提升很快，學習一直很出色。1876 年，年僅 20 歲的湯姆森，為了更好的深造，他考取獎學金，被保送進了英國著名的劍橋大學的三一學院攻讀物理。4 年後他參加了劍橋大學的學位考試，以第二名的優良成績取得學位，隨後被選為三一學院學員。畢業後被留校任教並積極從事科學研究工作。直到他 84 歲高齡去世，湯姆森都沒有離開過劍橋。1884 年，劍橋大學卡文迪許實驗室主任瑞利因年老體衰而宣布退休，他推薦了年僅 28 歲的湯姆森作為他的繼承人。儘管人們對此感到驚奇和不安，但是事實很快就證明了這一決定是非常明智和正確的。人們隨即又讚揚起瑞利的慧眼識英才。湯姆森因出色的工作，領導這個實驗室工作長達 34 年之久。他以淵博的知識，熱情的為人，扎實的理論基礎，而在實驗中獲得很高的威望。他以豐富的實踐經驗和活躍的思維想像力來教育學生，引導學生從事嚴格的科學研究活動。在他卓越的領導

下，卡文迪許實驗室成為全世界現代物理研究的一個中心，並培養出許多傑出的人才，其中僅諾貝爾物理學獎得主就有拉塞福等 25 人。德高望重的湯姆森也在同年被選為英國皇家學會會員，1916 年他又成為該學會會長。因湯姆森發現了電子，在物理學上有著重要的意義，他因此獲得了 1906 年諾貝爾物理學獎，並被封為勳爵和授予梅裡特勳章。兩年後，湯姆森出任劍橋三一學院院長，隨後被選為科學院外籍委員會首腦，直到 1940 年 8 月 30 日逝世。為了表彰他的傑出貢獻，湯姆森死後，他的骨灰被安葬在西敏寺的中央，與牛頓、達爾文、克耳文等偉大科學家的骨灰放在一起，供後人瞻仰和憑弔。

主要思想及著作

　　湯姆森畢生致力於科學研究工作，特別是在物理學方面有許多建樹。1897 年透過對陰極射線的研究，他測定了電子的荷質比（電荷 e/ 質量 m），比最輕的氫原子的荷質比大得多，這說明陰極射線粒子的質量比氫原子的質量要小得多，前者大約是後者的 1/1840，從而從實驗中發現了電子的存在。這是湯姆森在科學上最大的貢獻。電子的發現再次否定了原子不可分的觀念，從而證實了原子是由許多部分組成的，這象徵著科學的一個新時代的到來，從而「最先開啟了通向基本粒子物理學的大門」。此外，湯姆森還發現了電子的許多其他性質，指出電子既像氣體中的導電體，又像原子中的組成部分。他從事氣體放電研究 50 多年，寫出了《氣體中電之傳導》（*Discharge of electricity through gases*）的專著。這部著作內容豐富，至今仍有極高的參考價值。在電磁學方面，湯姆森進行深入研究。他的第一篇重要論文是關於馬克士威電磁理論在帶電球的運動中的應用。文中指出，帶電球可以具有電荷產生的表現附加質量，

其大小與靜電能量成正比。這是朝著愛因斯坦建立的著名的質能守恆定律邁出的第一步。在原子結構方面，湯姆森於 1904 年提出了「西瓜模型」，即著名的湯姆森原子模型，認為，原子是一個均勻的陽電球，電子對稱地嵌在球內，分別以某種頻率在各自的平衡位置附近振動，從而發出電磁輻射，輻射的頻率就等於電子振動的頻率。他提出這個原子模型是為了解釋元素化學性質的週期性而反覆推敲出來的。儘管這個原子模型為後來拉塞福的「行星原子模型」所取代，但它為人們正確認識原子結構起了一定的促進作用，幫助人們打破了原子不可分的傳統觀念。此外，他在原子核的研究方面最先指出了一個原子裡的電子數等於這個元素在化學週期表裡的原子序數。1912 年，他又透過對某些元素的極隧射線的研究，指出了同位素的存在。他還與英國化學家阿斯頓（Francis William Aston）合作，證明了元素氣體氖至少有兩種不同質量的原子。

名人事典

　　約瑟夫・約翰・湯姆森不但是一個大科學家，而且還善於培養科學人才，除了他的兒子喬治・湯姆森外，還有拉塞福也是他慧眼獨識的一顆「科學新星」。拉塞福出生於紐西蘭一個偏僻的農村，早在大學讀書時，就醉心於電磁波器的研究，整天在一間地下室裡埋頭探索。1894 年他寫出了《使用高頻放電法使鐵磁化》的論文，發表在國內一家刊物上。拉塞福初露才華，就被遠隔重洋的正在研究「透過物質來放電」的湯姆森發現了。湯姆森高度評價了拉塞福的論文，設法將他收為弟子。第二年，拉塞福通過考試，以優異的成績獲得獎學金留學英國。他剛到倫敦，老湯姆森就從劍橋大學給他寄去邀請信，向他透露自己正在設法為他在劍橋大學謀一研究職位。後來，拉塞福終於跨進了卡文迪許實驗室

與湯姆森一道研究，並取得了突出成績。1898 年，加拿大某大學想在卡文迪許實驗室物色一個教員。湯姆森向他們推薦了拉塞福。拉塞福到那裡後研究放射性現象和原子結構，取得重大成就，榮獲了諾貝爾獎。

歷史評說

　　湯姆森畢生致力於科學研究工作。在物理學的諸多方面均有重要貢獻。1897 年透過對陰極射線的研究發現了電子的存在，這是他在科學上最大的貢獻。電子的發現否定了原子不可分的傳統觀念，正如他自己指出的：「從前認為不再可分的原子，無論它是怎樣的東西，現在已經由於很小的粒子（電子）從裡面跑出來而被分開了。」這一發現開啟了科學的一個新時代。人們稱他是「一位最先開啟通向基本粒子物理學大門的偉人」。同時，他又以其榜樣的力量，言傳身教，為物理學界培養了眾多的優秀人才。在他的學生中，有 9 位獲得了諾貝爾獎。湯姆森嚴謹的科學態度，為科學事業奉獻畢生的獻身精神，及其在榮譽面前仍一如既往，兢兢業業，勇攀高峰的打拚精神，永遠是我們學習的榜樣，也是我們永遠值得紀念的東西。

　　湯姆森青年勤奮好學，博覽群書，善於思考，勇於創新，為今後的科學研究打下了良好的理論基礎。求學期間，得老師悉心栽培，學業長進很快。工作中深得前輩賞識，年輕有為，任職於劍橋著名的卡文迪許實驗室，有機會接觸到最先進的科學數據和實驗裝置，與世界上最偉大的科學家們一起工作，能得到先進思想的影響和啟迪，這些也許是湯姆森成功的諸多原因。但是，更值得讓我們注意的是，湯姆森一生對科學事業孜孜以求，永不倦怠，頑強打拚，兢兢業業勇攀科學高峰的精神。湯姆森既重視理論基礎的學習，同時又重視科學實驗物理學研究的重要性。他一生所做過的實驗，無法計算。正是透過反覆的實驗，他測定了電子的荷質比，發現了電子；又是在實驗中，創造了把質量不同的原子分離開來的方法，為

後人發現同位素，提供了有效的方法。他堅持培養學生的動手實驗能力。要求學生在開始做研究之前，必須學習好所需的實驗技術，做實驗的創造者，而非實驗的觀察者。正是他嚴謹的治學態度，理論與實踐相結合的工作指導方針，在科學中不盲從，不迷信而要勇於創新的精神，才使湯姆森不斷摘取科學的桂冠，一次又一次攀登到科學的頂峰。

科學家年譜

- 1856 年，出生於英國曼徹斯特
- 1876 年，《論渦旋環的運動》、《論動力學在物理學和化學中的應用》
- 1897 年，發現電子的存在
- 1904 年，提出「西瓜模型」即湯姆森原子模型
- 1912 年，發現同位素的存在

量子理論的奠基人 —— 普朗克

「物理定律的性質和內容，都不可單純依靠思維來獲得，唯一可能的途徑是致力於對自然現象的觀察，盡可能收集最大量的各種經驗事實，並把這些事實加以比較，然後以最簡單最全面的命題總結出來。換句話說，我們必須採用歸納法。」

—— 普朗克

人生傳略

　　馬克思・普朗克（Max Planck，西元 1858 ～ 1947 年）是德國物理學家。1858 年 4 月 23 日出生於德國基爾的一個書香門第家庭。父親是當地

有名望的教授，祖父和曾祖父都是哥廷根大學著名科學家。母親是一位很有教養的牧師的女兒。普朗克度過了幸福的少年時代。在故鄉讀完小學低年級課程之後，1867 年便隨全家遷居慕尼黑，同年考入古典皇家馬克西米連大學預科學校，師從赫爾曼・米勒爾，顯露出數學才能的天賦。1874 年普朗克考入慕尼黑大學，最初主攻數學，後來愛上物理學。1875 年透過高等學樣教師的國家考試，取得教授數學和物理課的合格證書，任教於馬克西米連大學預科學校。1879 年獲物理博士學位。1888 年應徵到柏林大學工作，1889 年任職並兼任新設的物理研究所所長，1892 年晉升為教授。1894 年被選為普魯士科學院物理數學部的學部委員。1918 年獲諾貝爾物理學獎。1926 年被選為倫敦皇家學會的外國會員，並獲克卜勒獎章。同年被聘為美國物理學會會員。1928 年獲興登堡贈與的德國銀鷹獎章。1930 年被任命為德國威廉大帝科學研究會會長。1947 年 10 月 4 日在哥廷根逝世，享年 89 歲。

主要思想及著作

　　1880 年 6 月 14 日，普朗克寫了一篇題為《各向同性物質在不同溫度下的平衡態》（*Gleichgewichtszustände isotroper Körper in verschiedenen Temperaturen*）。文中他運用熵的概念，探討了彈性力在不同溫度下對物體的作用，從而發展了熱力學理論。普朗克還對《第二定律》做了探討。他對能的概念提出了新的理論解釋，並力圖把它的應用擴大到稀釋溶液和熱電學領域。後來他把這些研究成果編成《普通熱化學原理》和《熱力學講義》兩本專集，使後人受益匪淺。

　　普朗克最大的貢獻是 1900 年提出的量子假說。他克服了經典物理學在解釋黑展現象上的種種困難，提出假定偶極能量永遠為 hV 的整倍數，

則其中 V 為輻射頻率，h 為新的物理恆量，即普朗克常數。他還從理論上進行了論證，提出了輻射系統—線性偶極—輻射場之間能量不連續的量子交換的概念。後來，他發表了《量子論的誕生及其發展》一文，對這一理論做了全面而精闢的闡述，預言它將對未來產生深遠影響。同時向世界公布了他的重要發現 —— 基本量子。這一發現使普朗克獲得 1918 年諾貝爾物理學獎。

名人事典

19 世紀「兩朵烏雲」，即尋找「以太」存在的實驗失敗和黑體輻射性質的研究，籠罩在物理學界的天空。普朗克對黑體輻射研究，這朵「烏雲」發起了挑戰。經過大量實驗、分析、計算，1900 年 12 月 24 日在柏林赫爾姆霍茨研究所召開的德國物理學會議上，普朗克以《正常光譜中能量分布定律的理論》為題，宣布了自己的大膽設想即「量子假說」。他發現了基本作用量子，否定了經典物理學家認為一切自然現象都是無法連續變化的舊觀念；他指出在自然界發生的一切變化都不是連續的而是躍變的。同時，他還發現了一個新的自然常數，$E = hV$，其值為 $6.625 \times 10 - 27$ 爾格・秒。它在量子物理中經常出現；在量子、原子物理的研究中，這個常數起著奠基作用。發現基本作用量子和這個新的自然常數，為人類進入原子時代起了奠基作用，正確解決了物理界的一大難題，驅散了令人不安的「烏雲」。

1926 年後，普朗克辭去了柏林大學的職位，但仍經常參加物理研究所的懇談會。他總是如此準時，以致根據他在講堂上的出現可以校正鐘錶。只有一次早到了四分鐘，這引起了大家的注意。事後才知道，那是他在另一個城市講完課之後，搭乘市區火車到達車站比往常早了一點的緣故。

　　普朗克一生大都從事科學研究和教育工作。他的學生有著名物理學家勞厄、邁特納和赫茲等。他在科學上作出了許多寶貴的貢獻，但完成劃時代的偉大貢獻只有一項，這就是基本作用量子的發現。正是這一偉大發現使他的名字與科學史上許多偉大的名字並列在一起。正如他的學生，諾貝爾物理學獎得主勞厄說的那樣，只要自然科學存在，它就永遠不會讓普朗克的名字被遺忘。

　　普朗克和愛因斯坦兩位科學巨匠都是德國人，又曾在同一科學院工作。兩人互相景仰和尊重彼此在物理學上的成就。作為前輩，普朗克極力提拔，舉薦愛因斯坦。在學術上，普朗克創立了輻射理論，提出了量子假說，愛因斯坦是第一位承認並接受普朗克理論的科學家；而普朗克也是第一位承認並大力讚賞愛因斯坦狹義相對論的人。作為德國科學界領袖，普朗克對小他 21 歲的愛因斯坦厚愛有加。在普朗克的推薦下，愛因斯坦 1913 年當選為柏林科學院院士並盡其所能為愛因斯坦創造最佳的工作環境。愛因斯坦曾對普朗克說：「您堅定地幫助我得到提升，並使我獲得了只有少數人才能獲得的條件。」感激之情溢於言表。普朗克的高尚人格同他的科學貢獻一樣令人欽佩和景仰。

科學家年譜

- 1879 年，發表《論機械熱學第二定律》(*Über den zweiten Hauptsatz der Mechanischen Wärmetheorie*)
- 1880 年，《各向同性物質在不同溫度下的平衡態》
- 1885 年，出版《能量守恆定律》(*Prinzip der Erhaltung der Energie*)、《感覺的分析》

- 1889 年，《關於熱力學》（*Treatise on Thermodynamics*）、《熱學最新發展的一般問題》
- 1895 年，《克服科學的唯物論》
- 1911 年，《熱輻射定律和基本作用量子假說》
- 1912 年，《相對論原理和基本力學方程》
- 1945 年，《科學傳記》

原子物理學的奠基人 —— 拉塞福

「科學家的首要任務就是透過科學實驗來觀察和研究物質世界，僅僅依據數學理論來推導變化萬千的自然現像是很危險的。」

—— 拉塞福

人生傳略

歐內斯特·拉塞福（Ernest Rutherford，西元 1871 ～ 1937 年）是英國物理學家。1871 年 8 月 30 日出生在紐西蘭的納爾遜城泉林村。父親是從事亞麻加工的小農場主，母親是位教師。雖然家裡人口多，生活不富裕，但父母全力支持拉塞福讀書。5 歲時，拉塞福在福克斯希爾讀小學。15 歲被保送進納爾遜學院學習。1889 年進入紐西蘭大學的坎特伯雷學院。1892 年獲取得文學學士學位。1893 年獲取得文學碩士學位和理學學士學位。1895 年到英國劍橋大學，在湯姆森領導下的卡文迪許實驗室裡實習了 3 年。1898 年應徵加拿大麥克吉衛大學擔任物理學教授。1903 年被選為英國皇家學會會員。1907 年任教於英國曼徹斯特大學。後來，接任湯姆森的工作，擔任卡文迪許實驗室第五任主任教授。1925 年被選為

英國皇家學會會長。1930 年成為英國政府科學和研究部的顧問委員會主席，次年獲「勳爵」榮譽。1937 年 10 月 19 日卒於英國劍橋，享年 66 歲。

主要思想及著作

拉塞福在放射性研究方面於 1903 年發表了《放射性的變化》（*Radio-active Transformations*）一文，文中指出：放射性是一種原子現象，是原子自行蛻變的過程。在蛻變的過程中，一種元素的原子可以轉變成另一種元素的原子，同時放射出 α 粒子和 β 粒子。由於材料不同其放射規律不同，還闡述了天然放射性元素家族的傳遞規律。這些理論首次突破了道耳頓原子理論的框架，打破了自古以來一直認為原子是構成物質的最基本單位，是不可創造、不可改變的傳統觀念，為現代原子物理打下重要基礎。由於拉塞福在放射學的貢獻，他獲得了 1908 年諾貝爾化學獎。拉塞福透過一系列的 α 粒子的轟擊實驗，於 1911 年發表了他的核式原子理論：原子由兩部分組成，一部分是密實的帶正電的原子核；另一部分是圍繞原子核做高速旋轉的帶負電的電子。原子核在整個原子中只占很小一部分空間，但卻聚集了原子的幾乎全部的質量。電子質量很小，但它的活動範圍卻占據了原子的絕大部分空間。電子繞原子核旋轉。這就是拉塞福的行星原子模型。這是物理學史上一個劃時代的貢獻，從此，原子物理和原子核物理便誕生並發展起來。

名人事典

1909 年 6 月，拉塞福領導他的兩個學生做了一個實驗，即在放射源（鐳）和螢光幕之間，放一塊薄金屬片，由放射源所發出來的具有很大能量的粒子 —— 帶正電荷，能夠穿透金屬片打在螢光幕上，從螢光幕上就

可以數出粒子的數目。他把它叫 α 粒子。經觀測，大部分 α 粒子穿過金屬片後仍沿直線方向進行，但也有一些粒子發生大角度的偏轉，他把這種現象叫作 α 粒子的散射現象。經過反覆的大量實驗和縝密的計算，拉塞福在 1911 年提出「原子核模型」假說。這一假說對認識原子結構具有十分重要的意義。它開啟了原子的神祕大門，為後來深入探討核結構創造了良好條件。

拉塞福從小不是神童，僅僅是一個普普通通的孩子，但他卻有很強的創造力。有一次他拆開了一隻壞鐘，大多數孩子都認為這隻壞鐘已經無法修理，只好報廢。然而他拿起來東捅捅、西敲敲，不幾天就把這隻壞鐘修好了，而且走得很準。在學校讀書時，他的求知欲異常旺盛，他貪婪地學習，真像鱷魚大口地吞食。他能在無比嘈雜的環境中，專心致志地讀書。在他看書時，即使有人拿書本敲他的腦袋，他也感覺不到。在科學的海洋裡，拉塞福就像一條從不回頭的「鱷魚」一樣，永往直前。因此，他有一個綽號——「鱷魚」。

歷史評說

拉塞福畢生從事放射性實驗、原子物理和核物理研究，是原子核結構的發現者，被後人尊稱為「原子核之父」。紀念他的文章成千上萬，稱他是「物理學研究的最偉大導師之一」，他「為物理學開拓了一個最寬廣的，並且還是深奧的研究領域」，他的研究成果是「我們的自然知識的里程碑」。

拉塞福不但是一位偉大的物理學家，同時，由於他待人誠懇，善於量才用人，為世界培養了大批一流人才，而被尊稱為「偉大的導師」。在他的學生和助手中，僅諾貝爾獎得主就達 13 人。比如：1921 年他的助手

索迪（Frederick Soddy），因發現放射性同位素獲諾貝爾化學獎；1922 年他的學生波耳，因發展了原子結構模型，獲諾貝爾物理學獎；同年，另一學生阿斯頓，因發明質譜儀，獲諾貝爾化學獎；1927 年他的助手威爾遜（Charles Wilson），因發明雲霧室，獲諾貝爾物理學獎；1935 年他的學生查兌克，因發現中子，獲諾貝爾物理學獎……這樣的名單可以開出長長一列。在人才培養方面，拉塞福不愧為科學史上一位偉大的導師。他的骨灰至今被安置在西敏寺北部的「科學家之角」，與英國最偉大的人物牛頓、克耳文、法拉第在一起，供全世界人們憑弔和紀念。為紀念他，用他的名字命名了放射性強度的單位。

科學家年譜

- 1871 年，出生於紐西蘭納爾遜
- 1895 年，發表《電波的磁檢波器及某些應用》
- 1894 年，發表《使用高頻放電法使鐵磁化》
- 1903 年，發表《放射性的變化》（*Radioactive Transformations*）
- 1904 年，出版《放射學》（*Radio-activity*）
- 1937 年，逝世

二十世紀最偉大的物理學家 —— 愛因斯坦

「一個人對社會的價值首先取決於他的感情、思想和行動對增進人類利益有多大作用。」

—— 愛因斯坦

人生傳略

阿爾伯特・愛因斯坦（Albert Einstein，西元 1879 ～ 1955 年）是美籍物理學家。1879 年 3 月 14 日，出生於德國南部小城烏爾姆的一個猶太人家庭。第二年，舉家遷居慕尼黑，父親是小電器廠廠主，很有數學天分和興趣，母親是個音樂愛好者。受家庭薰陶，愛因斯坦對數學和古典音樂非常感興趣。中學時代愛因斯坦對數學興趣濃厚，12 歲時就證明了畢達哥拉斯定理，後自修物理學。16 歲愛因斯坦寫出《關於磁場中的以太的研究現狀》（*Über die Untersuchung des Aetherzustandes im magnetischen Felde*）。1896 年 1 月愛因斯坦申請退出德國國籍，同年以無國籍身分考入瑞士蘇黎世聯邦工業大學。1901 年愛因斯坦獲得瑞士國籍。1905 年獲蘇黎世大學哲學博士學位。他還獲得日內瓦大學、牛津大學、劍橋大學、曼徹斯特大學、普林斯頓大學、巴黎大學、馬德里大學、哈佛大學、倫敦大學名譽博士學位。1921 年被選為英國皇家學會會員。愛因斯坦還是蘇聯、普魯士、法國等國科學院院士。1902 年愛因斯坦任伯爾尼專利局技術員。1908 年任伯爾尼大學講師。1909 年任蘇黎世大學教授，1911 年任布拉格大學教授。1912 ～ 1928 年任萊頓大學教授。1933 年因受納粹政權迫害遷居美國，加入美國國籍，在普林斯頓高等學術研究院從事理論物理研究工作，直到 1955 年逝世。

主要思想及著作

愛因斯坦在物理學的許多領域中都有重大貢獻。1905 年他在萊比錫《物理學紀事》上發表了《論動體的電動力學》（*On the Electrodynamics of Moving Bodies*）論文，揭示了狹義相對論的基本原理：（1）相對性原理，即在任何慣性參考中，自然規律都相同；（2）光速不變原理，即在任何

慣性參考中，真空光速都相同。1916 年 3 月完成總結性論文《廣義相對論的基礎》（*On the relativity principle and the conclusions drawn from it*），其基本原理有：(1) 廣義相對性原理，即自然定律在任何參考中都具有相同的數字形式；(2) 等價原理，即在一個小體積範圍內的萬有引力和某一加速系統中的慣性力相互等效。愛因斯坦相對論的建立是自牛頓以來人類認識自然過程中的又一次偉大的飛躍，它揭示了物質運動和時間空間的內在連繫，加深了人們對物質和運動的辯證性質的理解和認識，具有變革人類宇宙觀的重要意義。

愛因斯坦還發展了普朗克的量子論，提出關於光的量子觀念，並用量子理論解釋光電效應、輻射過程和團體比熱等。愛因斯坦的科學研究具有鮮明的獨創性，他獨闢蹊徑，在不知道波茲曼（Ludwig Boltzmann）和吉布斯（Josiah Willard Gibbs）的統計理論研究工作的情況下，發展了統計力學；在不知道布朗運動的情況下，推斷出懸浮粒子的運動（亦即布朗運動）。他還根據廣義相對論的引力論和運動方程式，做出光線在引力場中光譜向紅端移動等三大預言。這些預言均在日後的天文觀測中得到證實。

愛因斯坦從 1923 年起致力於統一場論的研究工作，雖然沒有取得具有物理意義的成果，但卻為後人留下深刻的啟示。楊振寧教授認為，愛因斯坦統一物理學的理想仍然是「今天物理學的一個主題」。

名人事典

愛因斯坦大學畢業以後，在朋友的幫助下進入瑞士伯爾尼專利局工作。在專利局工作的 7 年中，愛因斯坦在業餘時間努力探索，大膽尋求真理，專心致志，自由自在地進行科學研究。其間，愛因斯坦還與摯友

莫里斯‧索洛文（Maurice Solovine）和康拉德‧哈比希特（Conrad Habicht）組織科學研究小組 ——「奧林比亞科學院」。愛因斯坦勤奮的研究與探索終於結出了累累碩果。1905 年是愛因斯坦大獲豐收的一年，3 月他在波動學說統治光學理論近一百年、微粒學說已無人問津的背景下，獨創光量子假說，解決光電效應問題；4 月，愛因斯坦以《分子大小的新測定法》（*A new determination of molecular dimensions*）論文獲蘇黎世大學博士學位；5 月，他在不知道學術界有關研究進展的情況下，獨自解決了布朗運動問題，給原子分子說有力的論證；6 月，他透過對經典物理中天經地義、理所當然的絕對同時性概念以及「以太」概念的懷疑和批判，獨立而完整地提出了狹義相對論，開創了物理學的新紀元；9 月，他又提出質能守恆關係式……愛因斯坦不拘常規、大膽懷疑，勇於批判和頑強進取的科學首創精神，在這裡得到充分的展現。這一年他才 26 歲。

愛因斯坦小的時候，受母親的影響也喜愛上音樂。從 6 歲開始就學拉小提琴。他愛上了莫札特的奏鳴曲後，渴望把這優美的東西透過自己的雙手表達出來，這逼著他設法提高演奏技巧。他創造了一套特殊的學習方法，進步很快，14 歲的時候，已能登臺演奏。古典音樂是愛因斯坦終身的愛好。白天他全心專注地工作、思考，晚上他喜歡聽聽音樂，他常愛拉小提琴，而且是個相當不錯的小提琴手。到了晚年，他還認為自己拉小提琴的成就要比自己的物理學高明。不過，物理界倒一致認為他的相對論物理學是「思想領域中最高的音樂神韻」。

歷史評說

法國著名物理學家朗之萬（Paul Langevin）曾經這樣評價愛因斯坦：「在我們這一時代的物理學家中，愛因斯坦位於最前列。他現在是，將來

也還是人類宇宙中有頭等光輝的一顆巨星。很難說，他究竟是與牛頓一樣偉大，還是比牛頓更偉大，因為他對於科學的貢獻，更加深刻地進入了人類思想基本概念有關結構中。」這一評價也是當代科學家們的共識。

量子力學和相對論是 20 世紀物理學上兩個最大的進展，也是近代物理的兩大支柱。在這兩大支柱的建造中，愛因斯坦立下了汗馬功勞，作出了不可磨滅的貢獻。特別是相對論，它是愛因斯坦在總結大量事實的基礎上，經過自己的辛勤努力創立和發展起來的。在一般人的心目中，愛因斯坦和相對論幾乎畫上了等號。歌德寫在愛因斯坦靈柩前的詩文，可以精確地表達人們對愛因斯坦的景仰之情：「他像光芒四射的彗星，從星際間飛向我們；又帶著耀眼的光芒，進入浩瀚的永恆……」

科學家年譜

- 1879 年，生於德國烏爾姆市
- 1895 年，《關於磁場中的以太的研究現狀》
- 1900 年，《由毛細管現象所得的推論》（*Conclusions Drawn from the Phenomena of Capillarity*）
- 1902 年，《關於熱平衡和熱力學第二定律的運動論》
- 1905 年，《分子大小和新測定法》、《論動體的電動力學》提出質能守恆關係
- 1906 年，提出固體比熱的量子理論
- 1912 年，提出光化當量定律
- 1913 年，提出萬有引力的度規場理論
- 1915 年，提出廣義相對論引力方程的完整形式
- 1916 年，《廣義相對論基礎》、《狹義與廣義相對論淺說》

- 1917 年，《根據廣義相對論對宇宙學所作的考查》（*Cosmological Considerations in the General Theory of Relativity*）
- 1923 年，《相對論意義》、《對相對論的間接說明》
- 1924 年，提出單體原子理想氣體的量子統計理論
- 1926 年，《布朗運動理論研究》
- 1929 年，《統一場論》
- 1932 年，《宇宙建設者》
- 1933 年，《理論物理學方法論》
- 1934 年，《我見到的世界》

現代量子力學的創立者 ── 波耳

「一個自然科學家實際上不能，也不應相信奇蹟。承認奇蹟，他便取消了自然界的各種規律，其實自然科學家的任務正是在奇蹟中去發現自然界的規律。」

── 波耳

人生傳略

尼爾斯‧波耳（Niels Henrik David Bohr，西元 1885 ～ 1962 年）是丹麥物理學家。1885 年 10 月 7 日出生於哥本哈根。他的父親克裡斯蒂安‧波耳是哥本哈根大學的教授，生理學家。他的母親出身於猶太人家庭，是一位銀行家和政治活動家的女兒。1911 年波耳結業於哥本哈根大學，起初在英國劍橋大學由約瑟夫‧約翰‧湯姆森領導下的卡文迪許實驗室工作。1916 年受哥本哈根大學的聘請而回丹麥。1920 年擔任哥本哈根大

學理論物理研究所所長直到退休。1926 年被選為蘇聯科學院名譽院士。1943 年，希特勒占領丹麥後逃亡美國參與研究有關製造第一批原子彈的理論問題，二戰結束後回國。

主要思想及著作

　　1913 年波耳在英國《哲學雜誌》(*Philosophical Magazine*) 上發表了劃時代的論著《論原子構造和分子構造》(*On the Constitution of Atoms and Molecules*)，確立了波耳理論的形成。波耳仔細研究了當時已經累積起來的大量精確的光譜數據和經驗公式，受到氫原子光譜的巴耳末公式的啟發，把普朗克的量子假說引進拉塞福的模型，把量子概念推廣到角動量，建立了原子結構的量子化軌道理論。這一理論成功地解釋了以往一直無法解釋的熱輻射和光譜學的許多經驗定律，極大地促進了量子論的發展。同時他還建立了經典概念和量子概念之間的對應理論。

　　在原子核反應理論和解釋重核裂變現象方面，他根據原子核的「滴型模型」對軸核的蛻變機構給出了解釋。

　　波耳領導的哥本哈根理論物理研究所，成為各國理論物理學爭相朝拜的世界最負盛名的學術中心。1950 ～ 1960 年代以波耳為代表的哥本哈根學派，與愛因斯坦展開了一場曠日持久的，如何看待微觀物理過程中的機率性規律的學術大辯論，其意義和影響很深遠。

名人事典

　　1912 年波耳離開卡文迪許實驗室，來到曼徹斯特拉塞福領導的實驗室工作。在這裡構思完成他一生中極為重要的工作 —— 量子化的原子結構理論。波耳吸收 20 世紀初德國科學家普朗克提出的量子化的思想，發

展了拉塞福的原子結構理論，提出「波耳理論」，這一理論解決了原子的穩定性問題，而且解釋氫原子的光譜分布規律。為了表彰他在原子結構和原子輻射研究方面的功績，1922 年瑞典諾貝爾獎評委會決定授予波耳諾貝爾物理學獎。

1943 年，納粹鐵蹄踏進丹麥國土。波耳受到德國人的嚴密監視。一天一位神祕客人來訪。客人交給波耳一把內藏微型膠捲的鑰匙，原來是英國好友邀他去英國避難。但是，在祖國危難時刻，他想到的是作為一個民族的兒子應忠於自己的祖國。於是他用同樣的祕密方式謝絕了朋友的好意。然而不久蓋世太保要將波耳押往德國。他得知這個訊息後，才決定出逃。在同伴的護送下，他登上一艘小艇出海，逃出了法西斯的魔爪。

歷史評說

波耳以勇於開拓，為科學獻身的精神創立了原子的量子理論，參與了量子力學的奠基工作，作為哥本哈根學派的創始人，在組織科學家的國際合作，培養科學的後起之秀方面功績卓著。同時，他還是一位進步的社會活動家，為爭取和平與禁止原子武器作出了卓越的貢獻。

那場波耳與愛因斯坦激烈學術大辯論的影響至今尚存。愛因斯坦對波耳這位對手是這樣評價的：「當後代人在評定我們這個時代在物理學中所取得的進步的歷史時，必然會把我們關於原子性質的知識所以取得的一個最重要的進展與尼爾斯・波耳的名字連在一起……他具有大膽和謹慎這兩種品質難得的融合；很少有誰對隱祕的事物具有這樣一種直覺的理解力，同時又兼具這樣強而有力的批判力。他不僅具有關於細節的全部知識，而且還始終堅定地注視著基本原理。他無疑是我們時代科學領域中最偉大的發現者之一。」從而我們也不難體會出愛因斯坦發自內心的對這位爭辯對手的欽佩之情。

- 1885 年，生於丹麥的哥本哈根
- 1912 年，《拉塞福備忘錄》
- 1913 年，《論原子構造和分子構造》
- 1934 年，《原子物理與自然界的描述》
- 1935 年，《知識的統一性》
- 1962 年，逝世

波動力學的創立者 —— 薛丁格

「第一流人物對於時代和歷史進程的意義，在其道德品質方面，也許比單純的才智成就方面還要大。」

—— 愛因斯坦

人生傳略

　　埃爾溫・薛丁格（Erwin Schrodinger，西元 1887 ～ 1961 年）是奧地利物理學家。於 1887 年 8 月 12 日出生在奧地利首都維也納。他的父親是漆木廠的企業主，受過很好的教育，愛好自然科學和文學藝術。父親為了培養兒子，很早就給他請了家庭教師，進行學前教育的啟蒙。當家庭教師開始教薛丁格學習時，他的才華馬上就顯露出來了。薛丁格上學後，由於基礎好，又聰明過人，在學校中成績優秀，始終名列前茅。他喜歡各門功課，不僅喜歡數學、物理等自然科學，也喜歡語文、歷史等社會科學，十分擅長寫作詩歌。中學畢業後，薛丁格考入蘇黎世大學學習物理。實驗物理學家弗蘭茲・埃克斯納（Franz S. Exner）和理論物理學

家波茲曼的繼任者弗里德里希·哈森涅爾（Friedrich Hasenöhrl）都是他的老師，這些老師對他的影響很大。

1910 年，22 歲的薛丁格獲得哲學博士學位。次年，他成了實驗物理研究所埃克斯納的助手，負責安排物理學的大型實驗課，這使他受到很好的實際鍛鍊。

第一次世界大戰使這位青年物理學家的科學工作中斷了多年。他參軍後，在奧地利南方方面軍服役，擔任要塞砲兵軍官。服役期間，薛丁格仍抓緊點點滴滴的空餘時間閱讀專業文獻。戰爭結束後，薛丁格恢復了科學活動，起初是在維也納物理研究所，接著，轉到了子拿大學擔任一段時間講師，並擔任實驗物理學家麥克斯·維恩（Max Wien）的助手。後來，他又來到德國斯圖加特高等技術學校和布雷斯勞大學教書。1921年，薛丁格受聘擔任蘇黎世大學教授。在這裡，他創立了波動力學，提出了量子力學中有名的波動方程式 —— 薛丁格方程式。5 年後，他受普朗克邀請專程去柏林做學術報告，次年，他受聘再次去柏林大學作為普朗克的繼任者。在這裡，他經常拜訪普朗克和愛因斯坦，與他們一起探討理論物理中的重大疑難問題。

薛丁格是法西斯統治的反對者，他痛恨法西斯的殘暴統治。1933年，他毅然辭去柏林大學的教授職位，在英國牛津住了一段時間，從牛津前往斯德哥爾摩領取 1933 年諾貝爾物理學獎。1936 年秋，他回到祖國，在格拉茨大學任教。兩年後，奧地利歸併希特勒德國，他不得不再一次離開自己的祖國，經義大利、瑞士再次來到牛津。不久，受愛爾蘭首相、數學家瓦列拉（Éamon de Valera）的邀請去愛爾蘭建立了一個高級研究所，在這裡他專心致志地從事科學研究工作達 17 年之久。這期間，他進一步發展了波動力學，同時也研究宇宙論和統一場論。世界各國許多知名學者，每年都到柏林參加薛丁格組織的學術討論會，討論物理學

中的最新問題。

　　1956 年，這位近 70 歲高齡的老人才返回到自己的故鄉，在維也納大學的物理研究所，得到一個為他特設的教研室。1960 年底，薛丁格在一場重病之後剛剛恢復健康不久，又得了一場大病，於 1961 年 1 月 4 日在維也納逝世，終年 74 歲。

主要思想及著作

　　薛丁格在物理學方面的主要貢獻是創立了波動力學，提出了薛丁格方程式。這是量子力學中描述微觀粒子運動狀態的基本定律，在粒子運動速度遠小於光速的條件下適用。一切微觀粒子，像分子、原子、電子、質子、中子等，在低速運動時，即運動速度比光速小很多的情況下，利用這個方程式再考慮運動粒子的初始情況和它所運動的空間世界情況，就可以求出微觀粒子的運動規律。

　　薛丁格的最大貢獻是在 1926 年發展了法國物理學家德布羅意關於物質微粒具有波粒二象性的思想，從而從數學上建立了一套體系。這樣對於微觀現象可以用數學方法定量地計算出來。與此同時，海森堡等人創立了矩陣力學，薛丁格用偏微分方程式，而海森堡用矩陣，二者方法截然不同，但結果完全一樣，二者完全等價。由此可證明薛丁格的波動力學的正確性。

　　薛丁格在物理學方面不限於創立了波動力學和研究相對論、統一場的問題。他還研究過熱學問題，特別是比熱，他還研究過顏色理論，特別是色視覺和色測量問題。他撰寫的《生命是什麼？》（*What Is Life?*）一書，把量子力學理論應用到生命現象之中，發展了生物物理這一邊緣學科。薛丁格很注意向人民大眾普及科學知識，曾專門撰寫過《自然科學

和人道主義》、《自然的規律是什麼？》和《自然和希臘人》（*Nature and the Greeks and Science and Humanism*）等科普書籍。

名人事典

薛丁格是個興趣廣泛的人，早在大學期間，在學習之餘，他是一位出色的登山運動員，又是劇院裡的熱心觀眾。薛丁格對哲學也很感興趣。先後撰寫過《精神和物質》及《我的世界觀》（*My View of the World*）等書。他自稱是哲學家史賓諾沙（Baruch de Spinoza）、叔本華（Arthur Schopenhauer）和馬赫（Ernst Mach）的學生。他與英國哲學家羅素（Bertrand Russell）的關係也很好。薛丁格酷愛文學，是一位抒情詩人，他喜歡用詩表達自己豐富的思想感情。下面是他寫給心中女神的一首小小的愛情詩：

啊！聖女！我向你屈下雙膝，
從你那裡，我吸取
人間的氣息。
我是你的。
只要你稱心如意，
我不惜生命止息。

這樣細膩抒情的詩句，真難想像是出自一位理性的物理學家之手，薛丁格才華之出眾可見一斑。

歷史評說

薛丁格以畢生的精力從事科學研究工作，創立了波動力學，提出了薛丁格方程式，確定了波函式的變化規律。對於研究原子、分子物理極為重

要。這一定律在量子力學中的地位，可與牛頓運動定律在經典力學中的地位相比擬。薛丁格方程式在原子時代物理學的世界文獻中，是屬於應用最廣泛的公式。按普朗克的話來說，應用這個方程式，「波動力學以前看來像是某種神祕的東西，而現在立即被置於牢固的基礎上。」實際上，薛丁格提出的這一方程式也就是建立了完全新型的原子理論。他的偉大功績是創立波動力學，在人類認識微觀世界的道路上邁出了具有決定意義的一步。

　　薛丁格的一生從未積極參與政治活動，但他始終反對法西斯主義，維護世界人類的和平，多次為此辭職、出國。他的為人，他在各個領域中所取得的偉大成就都值得人類稱頌。早年良好的啟蒙教育，多次與著名物理學家的合作及經典物理大師的指點，都加速了他的成功因素的形成。但最根本的一點，還是他勤奮好學，在科學上的孜孜以求，不知疲倦的忘我工作精神，才最終導致了他的多才多藝，在物理學、數學、哲學、文學的諸多領域均有建樹，獲得了巨大的成功。他的經歷及偉大的人格魅力永遠值得我們學習。

科學家年譜

- 1926 年，《作為一個獨立問題的量子化》、《生命是什麼？》、《精神和物質》、《我的世界觀》、《自然科學和人道主義》、《自然規律是什麼？》、《自然和希臘人》

第一個發現中子的科學家 —— 查兌克

「科學家從事研究，不要舉棋不定。否則絕不會有所創見。」

—— 查兌克

人生傳略

　　詹姆斯・查兌克（James Chadwick，西元 1891 ～ 1974 年），英國傑出的實驗核物理學家。因發現中子，而獲得 1935 年的諾貝爾物理學獎。1891 年 10 月 20 日出生於英國柴郡的曼徹斯特。他自幼聰明好學，非常愛動腦筋，喜愛自然科學。上中學時，他各門功課成績平均發展，他給人的印象是沉默寡言，但他的學習方法有獨特之處。無論平時學習還是參加考試，凡是他不懂的題目就不做，絕不為應付作業或取得高分而馬虎從事；他會做的題目，則做得一絲不苟，力求百分之百地正確。他的座右銘是：「不成功則已，要成功，成績就應該是顛撲不破的。」17 歲那年，查兌克以優異的成績考入曼徹斯特大學，學習物理。1911 年，他在曼徹斯特大學畢業，並獲得物理優等生的稱謂。第二年，他考取了著名實驗物理學家拉塞福的研究生，在導師的指導下研究放射性問題。兩年後，因學習成績優異獲獎學金去德國葛洛藤堡大學，跟隨計數管的發明者漢斯・蓋革（Hans Geiger）學習放射性粒子深測技術。查兌克是拉塞福和蓋革得意的學生之一，他分別與這兩位導師在一起工作多年，並從老師那裡學到了不少極其有用的學問，為他以後的工作奠定了扎實的基礎。第一次世界大戰期間，他被德國監禁。戰後回到英國。從 1921 年開始，他在卡文迪許實驗室工作，在這所著名的實驗室中他工作了 14 年。在實驗室主任、他的老師拉塞福的指導下，取得了一系列重要的科學研究成果。早在大學期間，查兌克就第一次得到了放射性物質產生的 β 粒子的能譜，並提出了某些有關的問題。在拉塞福的精心栽培下，查兌克憑藉自己的刻苦鑽研，在老師拉塞福用氮第一次探測到核轉變效應的基礎上，繼續向前探索，發現了 γ 射線引起的核蛻變。第二年，他透過對 α 粒子散射所進行的絕對測量，最先測定了原子核所帶的電量，即原子核

的電荷，再次顯示了他的才能。由於他的傑出表現，1923 年是查兌克當上了卡文迪許實驗室副主任，4 年後，當選為倫敦皇家學會會員。1932 年是物理學界最有意義的一年，也是查兌克生命中最重要的一年，他用 α 粒子轟擊硼、鈹的實驗中首次發現了中子，這一偉大發現象徵著原子核物理的研究進入了一個新的時代。3 年以後，他因此發現而獲得 1935 年諾貝爾物理學獎。以後的 13 年中，查兌克一直擔任利物浦大學物理學教授，同時繼續從事核物理的研究工作。第二次世界大戰的爆發，使查兌克開始在英國致力於鈾的分離工作。他曾作為英國代表團團長，率領英國一批科學家前往美國參加研製原子彈的工作，即「曼哈頓計劃」。戰後，回到英國從事核物理和粒子物理的研究工作。

主要思想及著作

　　查兌克主要從事核物理的實驗研究工作。1914 年，他在柏林大學學習時，就第一次得到了放射性物質所產生的 β 粒子的能譜，並提出了某些有關的問題。1920 年，他透過 α 粒子散射所進行的絕對測量，第一次測定了原子核的電荷。1932 年，他用 α 粒子轟擊硼、鈹的實驗中首先發現了中子。象徵著建立起了原子核研究的新學科，從而找到了一把開啟原子核大門的「金鑰匙」。中子的發現使得建立起一種沒有電子參與的核模型成為可能。在這之前，所有物理學家想像中的原子核模型，都離不開假定核內有電子，因為根據核的 β 衰變過程，電子是直接從核內飛出來的。這難道不是在核記憶體在電子最直接的證明？這樣的直覺觀念束縛了科學家們的思想，包括查兌克的老師拉塞福在內，都沒能去掉核記憶體在電子的固有想法。查兌克發現中子後不久，著名理論物理學家海森堡立即就提出了關於原子核是由質子和中子組成的設想。科學家們由此才認識到有比電磁力更強的核作用力存在。從而導致了對核作用力的

研究，產生了核力場是由介子傳遞的推測，為粒子物理的發展開闢了道路。因此，可以毫不誇張地說，中子的發現不但使原子核實驗和理論有了劃時代的進展，同時也是粒子物理開始發展的重要里程碑。查兌克與他的老師拉塞福共同從事粒子的研究。早在 1919 年，拉塞福就用氮第一次探測到核轉變效應。查兌克在此基礎上，繼續進行研究，從而發展了由中子和 γ 射線引起的核蛻變。查兌克著有《從放射性物質產生的輻射》一書。此外，他還發表了許多關於放射性方面的論文。

名人事典

　　為了表彰查兌克在物理學方面的積極貢獻，1945 年英國皇室決定封他為爵士，然而他對此不感興趣，竟把那封皇室送來的通知書，毫不猶豫地扔進垃圾筒。後來女王伊麗莎白二世（Elizabeth II）也送來了御筆專諭，他才不得不去倫敦。但是在舉行典禮的時候，他始終緊繃著臉，一句話也沒說，心裡充滿厭惡感。此外，查兌克還獲得過法拉第獎章、克卜勒獎章、富蘭克林獎章等，他對這些榮譽從不放在心上，仍埋頭於自己的科學實驗。

　　從 1948 年到 1958 年的 10 年間，查兌克擔任劍橋大學岡維爾—凱爾斯學院院長，主要從事實驗核物理的研究工作，特別是各種化學元素受 α 粒子轟擊而產生的人工衰變等問題。1958 年，查兌克光榮退休。退休後，他仍然繼續努力工作。他不但兼任英國原子能研究委員會主席職務，還主持劍橋大學現代物理研究中心的工作。他指導青年人從事物理研究，並出席國際學術會議。英國學術界的許多重大問題都請教他指導。在他七十大壽的日子裡，倫敦學術界為他舉行了隆重的祝壽活動，以表彰他在學術上為人類作出的貢獻。1974 年 7 月 24 日，查兌克結束了他光輝的一生。但作為物理學史上的一顆「明星」，他將永遠閃閃發光。

歷史評說

　　查兌克年輕時就表現出高超的智慧，聰穎過人，接受新事物快，反應靈敏，而且他學習刻苦勤奮。因此，他在 20 多歲時即獲得了七八所著名大學的博士學位。他在科學事業上，不畏艱險，不怕困難。查兌克發現中子，雖然有前人在各方面為他打下基礎，但主要的功績是屬於他的。因為是他首先打破常規想法，指出「中子」是一種新的粒子。這就需要具有大膽的創新精神和勇於破除傳統思想束縛的勇氣。正是在這一點上，他超過了他的老師拉塞福，也正是他那少年時的「不成功則已，要成功，成績就應該是顛撲不破的」的必勝信念，加上他那種實事求是、大膽創新、追求真理的精神及他認為科學家從事研究不要舉棋不定，否則絕不會有所創見的科學態度，終於使他在科學攻堅中取得了傑出的成就，他本人也因此成為當代最傑出的核物理學家之一。

　　中子的發現對原子核物理以及對基本粒子的探索都有非常重要的意義。一般認為，人類進入原子能時代的大門是被中子開啟的。在科學技術史上，中子的用途非常廣泛，現在有各式各樣的中子源，比較常用的有反應堆和加速器，由它們產生中子流供科學研究用。正是查兌克，找到了開啟原子核大門的「金鑰匙」。作為當代傑出的原子核物理學家之一，查兌克的名字將永遠載入科學史冊。

科學家年譜

- 《從放射性物質產生的輻射》（出版時間不詳）
- 1891 年，生於英國柴郡的曼徹斯特
- 1920 年，第一次測定了原子核的電荷

- 1932 年，首先發現中子
- 1971 年，逝世

波動力學的奠基人 —— 德布羅意

「世間沒有一種具有真正價值的東西可以不經過艱苦辛勤的勞動而能得到。」

—— 愛迪生

人生傳略

路易·維克多·德布羅意（Louis Victor de Broglie，西元 1892 ～ 1987 年）是法國物理學家，波動力學的奠基人。1892 年 8 月 15 日出生於法國迪埃普的一個貴族家庭。他的哥哥莫里斯·德布羅意是一位傑出的物理學家，在 X 光方面做過一些早期的經典物理學研究。雖然他的家庭很富有，但他並沒有玩物喪志，從小就酷愛讀書，喜歡歷史和文學，曾在巴黎大學學習法制史，1910 年獲歷史學士學位。後來在哥哥的影響下，他愛上了數學物理和理論物理。1924 年，德布羅意順利透過博士論文《關於量子理論的研究》（*Research on the Theory of the Quanta*）獲博士學位。1926 年德布羅意任索幫大學講師，1932 年成為教授，同年擔任彭加勒研究所第一任所長。1947 年德布羅意任原子能科學委員會委員。1933 年被選為法國科學院院士，1953 年被選為英國皇家學會的會員。有許多國家授予他名譽科學稱號和學位。

主要思想及著作

　　德布羅意於 1924 年首先提出了「物質波」，後稱為德布羅意波。他把當時已發現，關於光具有波粒二象性這一事實加以推廣，提出一切微觀粒子也和光一樣，具有波和粒子雙重性質的論點。1927 年美國物理學家戴維森（Clinton Davisson）和傑默（Lester Germer）發現晶體中波的繞射與電子的傳播有關，從而證實了德布羅意的「物質波」理論。奧地利物理學家薛丁格將德布羅意的物理概念用數字形式表示，因而得出量子力學中最基本的薛丁格方程式。建立在德布羅意理論基礎上的波動力學已廣泛應用於核物理、化學、生物和技術，成為現代物理學中最富有成果的理論之一。由於德布羅意在波動力學方面的創造性研究，瑞典科學院授予他 1929 年諾貝爾物理學獎。

名人事典

　　1924 年 11 月 29 日，德布羅意在巴黎大學的科學院禮堂內參加博士論文答辯會。他的論文題目為《關於量子理論的研究》。論文的緒言詳細地介紹了光學發展的歷史，光的粒子說和光的波動說的論戰經過。正文共分七部分：一、相波；二、莫佩提和費瑪原理；三、定態量子條件；四、二帶最子中心同時運動的量子化；五、光量子；六、X 光和 γ 射線的散射；七、統計力學與最子。論文的基本思想是認為自然界由物質和輻射構成。德布羅意得出微觀粒子在運動過程中伴隨著相波的假設，相波的波長等於普朗克常數與動量之比，即 $\lambda = h/mv$。德布羅意的新理論在物理學界掀起軒然大波，得到愛因斯坦的重視，稱他的工作「揭開了巨大面罩的一角」，是一篇「非常值得注意的文章」。因其很有才華的論文，德布羅意獲得博士學位。

　　1924 年在愛因斯坦光量子假說的啟發下，德布羅意發展了光具有波粒二象性的思想，大膽地提出了物質波的假說。在當時條件下，他的理論很難被人接受。獨具慧眼的老師朗之萬將論文推薦給愛因斯坦，受到愛因斯坦的大加讚賞。愛因斯坦毅然決定做德布羅意的後盾，以自己的崇高威望，向物理學界同行推薦德布羅意的文章。由於愛因斯坦的全力支持和推薦，德布羅意的文章終於引起了物理學界的注意，為奧地利物理學家薛丁格建立波動力學奠定了基礎。這段故事成為物理學界的一段佳話。薛丁格把電子的波動性稱作「德布羅意－愛因斯坦理論」。

歷史評說

　　德布羅意創立的物質波理論為後代建立波動力學奠定了堅實的理論基礎，為量子力學在現代物理各分支 —— 固體物理、半導體物理和核物理、高能物理等學科的廣泛應用提供了前提條件。由此而產生的新興科學技術已使我們的生產、生活面貌發生了翻天覆地的巨大變化。從這個意義上說，德布羅意的貢獻具有劃時代的重大意義。

　　德布羅意雖然出身貴族世家（自 18 世紀起，德布羅意家族在法國歷史上就已經赫赫有名，出了好幾位元帥、大使、部長），這位公爵的後代、首相的兒子，並沒有玩物喪志。他認為環境和出身不能決定一個人的志向，重要的是在學術上要善於獨立思考，廣見聞、多博覽、勤實驗。也正是他為科學事業奮鬥終生的精神使他摘取了科學的桂冠。

科學家年譜

- 1930 年，出版《波和粒子》(*Recueil d'exposés sur les ondes et corpuscules*)

- 1937 年，出版《新物理學和量子》、《物質和光》(*Matter and Light*)
- 1941 年，出版《連續和不連續》(*Continuous and discontinuous in Modern Physics*)、《現代物理學和量子》(*New Physics and Quanta*)
- 1943 年，出版《關於核理論的波動力學》
- 1950 年，出版《光波和粒子》
- 1951 年，出版《知識和發現》(*Scientists and discoveries*)
- 1962 年，出版《物理學的展望》
- 1964 年，出版《孤粒子熱力學》
- 1966 年，出版《科學的確定性和不確定性》、《波動力學和分子生物學》

不相容原理的創立者 —— 包立

「在為量子力學作出過貢獻的科學家中，包立被公認為一位善於批判的，在邏輯上、數學上要求嚴格的科學家。」

—— 玻恩（德國物理學家）

人生傳略

沃夫岡・包立（Wolfgang Pauli，西元 1900 ～ 1958 年）是美籍理論物理學家。1900 年 4 月 25 日出生於奧地利首都維也納。就在這一年底，普朗克第一次提出了能量量子的概念，因此有人稱包立為「和量子概念同年降生的人」。包立的父親是維也納大學一位頗有名望的化學教授，當時發表過不少論文和著作。包立的教父是物理學家馬赫，馬赫是對他的思想產生過巨大影響的人物之一。良好的家庭教育為包立打下了扎實的基礎。在

讀小學時，他的成績始終名列前茅。上中學後，課堂教學已滿足不了他的需要，他廣泛閱讀課外書籍，尤其喜歡自然科學。中學畢業前，他已接觸了愛因斯坦的廣義相對論。這在當時是一門嶄新的學科、物理學的前沿。而包立對它特別感興趣，甚至夜間讀書常常持續到凌晨兩點。

中學畢業後，包立以優異的成績考入德國慕尼黑大學物理學系，成為著名的物理學家索末菲（Arnold Sommerfeld）的學生，在名師的指導下，他進步很快。包立在慕尼黑大學讀書時，應索末菲的推薦，為《數學百科全書》（*Encyclopedia of Mathematical Sciences*）寫一篇相對論方面的綜述文章。這篇文章的嚴密性、完整性和燦爛文采引起了一些著名物理學家的注意，受到愛因斯坦的高度讚譽。至今該文仍被認為是關於相對論的經典文獻。1921 年，包立畢業，他在索末菲的指導下以《論氫分子的模型》（*About the Hydrogen Molecular Ion Model*）一文獲得博士學位。他的關於氫分子的學位論文，被認為是應用波耳—薩默費爾德量子理論應用問題的很有見地的文章。

大學畢業後，包立當上了哥本哈根大學理論物理教授玻恩的助手。一學期後，他又去丹麥跟隨波耳從事研究校訂元素週期表的工作。1828 年，包立被任命為蘇黎世大學綜合技術學院的理論物理學教授，除二戰期間（1940 年至 1946 年，在美國普林斯頓高級研究院工作並加入美國國籍），他一直在該校工作。1958 年 12 月 15 日，包立逝世於蘇黎世的紅十字醫院。他一生總想弄明白精細結構常數 α 為什麼等於 1/137，而臨終所在的病房恰好是 137 號，這也算是一種巧合了。本來要籌備出版論文集以慶祝他的六十壽辰，後因他的不幸早逝，計劃中的文集於 1964 年和 1973 年分別出版，收錄他一生的科學研究成果。原擬的慶賀文集變了紀念文集。

主要思想及著作

　　包立的主要科學成就是他於 1925 年建立了包立不相容原理。他認為電子會圍繞它自身的軸旋轉，具有固定的動量矩。他把基本粒子的這一屬性稱為「自旋」。從電子具有自旋這個前提出發，他提出了不相容原理：在一個原子中不能有兩個或更多的電子處在完全相同的狀態。他應用這個原理很好地解釋了原子內部的電子分布狀況，從而清晰地闡述了由波耳的原子理論不能圓滿解釋的元素週期表的分布規律。後來這一原理超出了原子中電子的範圍而具有更普遍的意義，即在由費密子組成的系統中，不能有兩個以上的粒子處於完全相同的狀態。

　　包立在研究原子核的 β 核變時，發現一種電子形成連續光譜。在這個過程中能量似乎並不守恆。為了滿足能量守恆定律，他提出存在一個新的粒子，即中微子。它帶電、穩定、而且質量很小。為了使 β 衰變中自旋守恆，必須假定中微子的自旋為 1/2。這些假說後來都被實驗所證實。

　　包立在量子力學、量子場和基本粒子方面，對理論物理學的發展均有巨大貢獻。包立在發現電子自旋以後，闡明了如何把自旋引進量子力學。引人注意的是，包立把這個問題寫得非常清楚和簡練，以至於今天也難以在他的論文中改動一個字句。

名人事典

　　包立是個理論物理學家，不擅長實驗，進了實驗室常常碰壞儀器，據說有一天，哥本哈根研究所的某一部儀器忽然壞了，大家分析了好久找不到原因。後來有人開玩笑地說，那一天包立從別的地方來到哥本哈根，他搭乘的火車剛剛進站，儀器就壞了，所以這是一種「包立效應」。當然這只是玩笑而已。包立在理論物理上的功績是一般人難以匹敵的。

歷史評說

　　包立的思想異常明確，討論和研究問題時的作風是力求用最精確簡練的語言，概括出最普遍、最實質的東西，而沒有長篇大論及冗言贅句，這和他個人的性格是十分一致的。包立總是很關心物理學中的基本問題，而且對它們了解得十分清楚、透澈。同時，他對各式各樣空洞的東西總是深惡痛絕的，對那些沒有實際內容而專門追求所謂科學定義的「嚴格」討論工作，總是十分鄙視，並且還極其辛辣地諷刺這些人，稱呼他們為「首創者」、「標新立異者」。正是包立實事求是，不迷信權威，不盲從別人，才能摘取科學的桂冠。

　　包立一生的工作對理論物理學的發展產生了巨大的影響。他的思想異常明確，知識非常淵博，考慮問題深入、細緻、全面、精確，他對當代物理學中的基本問題了解得十分清楚透澈。愛因斯坦在讀過包立 21 歲時寫的相對論方面的綜述文章後，給予這樣的評價：「讀了這篇成熟的、構思宏偉的著作，誰也不會相信作者是個 21 歲的青年人。思想發展的心領神會，數學推導的精湛，深刻的物理洞察力，流暢的系統表述能力，文獻知識的廣博，題材的完備處理，評價的恰到好處 —— 人們簡直不知最先稱讚什麼才好。」包立在理論物理，特別是量子論和相對論的研究中都作出了重大的貢獻。他的名字永遠與相對論、量子力學和量子場論緊緊地連繫在一起。他被譽為「理論物理學的心臟」，這是對包立最高的褒獎。

科學家年譜

- 1922 年，《論氫分子的模型》
- 1919 年，《相對論》(*Theory of Relativity*)

- 1964 年，《科學著作》
- 1973 年，《包立物理學講義》

第一座原子反應堆的建立者 ── 費米

「人創造事業，並以事業為光榮。」

── 高爾基

人生傳略

　　恩里科‧費米（Enrico Fermi，西元 1901 ～ 1954 年）是中子物理的奠基人。世界上第一座原子反應堆的設計建造的領導者，諾貝爾獎得主，著名的義大利物理學家。1901 年 9 月 29 日出生在羅馬的一個鐵路工人家庭，父親是鐵路上的職員，母親是位小學教員。費米是家中三個孩子中最小的一個，但父母對他的管教很嚴。費米從小就愛學習，在大量的時間裡，小費米都在看書、思考問題。由於家庭經濟不夠充裕，他就到舊貨市場用自己節省下來的零用錢買一些廉價書，反覆閱讀，從中吸取知識。費米有超出尋常的記憶力，對義大利、拉丁文和希臘語、文學及詩歌都可以做到過目不忘。他有個習慣就是喜歡獨立思考，想問題，10 歲就思考為什麼方程 $x^2 + y^2 = R^2$ 表示了一個圓的問題。學校的課程對費米來說是太容易了，他從不做學校交代的功課，一有時間他就閱讀大量各種有趣的科技書籍。17 歲還在中學學習的時候，費米就學了大學研究生才學的經典物理學。而且費米善於把所學的知識運用到實踐中，在中學時代就用自己製造的簡陋儀器，測量了羅馬的重力加速度值和羅馬水的密度以及地球磁場值。他的動手能力很強，大拇指通常就是他的現成的量尺。把它放到挨近左眼處，閉上右眼，他就能夠測出一道山脈的

距離，一棵樹的高度，以至於一隻小鳥的飛行速度。這為他以後取得重大成就打下了良好基礎。

1918 年，費米報考比薩的王家師範學院。在回答弦的振動原理的考題時，列出了振動簧片的偏數分方程式並以 30 頁紙來解這些方程式，主考老師大為吃驚，稱他為「天才的考生」。入學後，他對老師所講的知識很快就有深刻的理解，以至於老師只好讓他在實驗室裡自由鑽研，再也不能傳授給他什麼別的東西。4 年後，21 歲的費米取得了物理學博士學位。畢業後他跟隨諾貝爾獎金得主玻恩學習，曾在佛羅倫斯和羅馬大學任教。26 歲時，費米被正式任命為羅馬大學理論物理學教授。次年，被任命為義大利皇家科學院院士，成了歐洲最年輕的科學權威。

1938 年，法西斯黨人的反猶法令，直接株連到費米夫人和他的兩個孩子。費米夫婦不得不被迫離開義大利，趁出國領諾貝爾獎的機會，全家遷居美國。起初，費米任教於羅馬哥倫比亞大學。從 1940 年到 1945 年，他作為一名「敵國僑民」竟參加了美國原子彈的研製計劃。在芝加哥大學足球場的西看臺下面，由他領導建成了第一座原子反應堆，並取得了成功。接著他參加了研製原子彈的「曼哈頓計劃」。為了表彰他的成績，美國原子能委員會於 1954 年 11 月 13 日授予費米第一屆特殊成功獎，2.5 萬美元獎金。現在，這筆錢已被用作頒發物理學費米獎金用。不幸的是，12 天後，即同年 11 月 25 日，費米因患胃癌醫治無效，在芝加哥逝世，終年 53 歲。

主要思想及著作

費米在原子物理的理論和實驗方面都作出了重要貢獻。1925 年，他根據包立不相容原理，提出了「費米子」的概念。同時，與英國著名物理

學家狄拉克（Paul Dirac）分別得出了量子統計公式，現在被稱為「費米—狄拉克統計」。1934 年，費米提出了放射性原子核相互進行 β 衰變的定量理論，為現代基本粒子相互作用的理論研究開拓了道路。

　　費米及其領導的研究小組，用中子依次轟擊門得列夫週期表上的各個元素，研究它們被轟擊後所產生的人工放射性。結果發現，如果讓中子穿過石蠟後再轟擊目標元素，就會大大增強它們的放射性。由此提出了「熱中子」概念，並發現了相應理論，這成為原子反應堆的工作原理。為後來從事原子核裂變和鏈式反應的研究及研製原子彈的「曼哈頓計劃」提供了堅實的理論保證。

　　此外，費米還研製了巨型迴旋加速器，為高能物理研究開闢了新的研究領域。他對宇宙射線來源的研究，促進了天體物理學的發展。

名人事典

　　1945 年 7 月 16 日，世界上第一顆原子彈在美國的洛斯阿拉莫斯試驗場爆炸。一道強烈的閃光和一聲巨響過後，蘑菇狀煙雲沖天而起，強烈的衝擊波像颶風掠過。躲在掩蔽部從事研製工作的科學家們，心情異常激動。5 年艱辛的工作終於結出了碩果，這不能不使他們感到由衷的高興。突然，只見費米從衣袋裡掏出一把碎紙片向地面撒去，衝擊波颳起的暴風把碎紙片吹出好幾公尺遠，根據紙片吹落的距離，費米立刻算出了原子彈爆炸的強度。事後，人們發現，他計算的結果和複雜儀器測量的數值是相符的。1946 年 3 月 19 日，美國頒發給費米梅裡特國會勳章，以表彰他為發展原子彈事業作出的貢獻。

　　1930 年，在羅馬，義大利王子結婚，邀請著名物理學家費米參加婚禮。但是費米不願把寶貴的時間花在無聊的應酬上，到了王子辦喜事的

那天，他仍穿著平時穿的那件衣服，駕駛著那輛破舊的汽車，朝自己的實驗室駛去。誰知，由於婚禮隊伍要通過，好些街道被封鎖了，汽車被士兵攔住了。費米靈機一動，把發給他的請帖遞給一個軍官說：「我就是費米先生的司機，現在是去接他參加婚禮。」軍官朝他行了一個舉手禮，費米便沿著封鎖了的街道，駛向自己的實驗室。

歷史評說

　　隨著科學研究的不斷深入，物理學家往往只能從事理論或實驗的某一方面。一位科學家如果在一生中對理論或實驗的任一方面有所建樹，即已是一件很不容易的事了。但是，費米，這位偉大的天才物理學家，卻對實驗和理論都作出了傑出的貢獻，這些成就使他無愧為一代科學巨匠。

　　費米具有堅強的毅力，特別注意理論與實際相結合，這是他取得成功的重要原因。他的妻子在回憶錄《原子在我家》(*Atoms in the Family: My Life with Enrico Fermi*) 一書中對此有很好的描述。例如，在冬天購買取暖用煤時，費米總是拿出筆來，計算有多少冷氣從窗縫吹入室內，對室內氣溫產生多大的影響，為把室內氣溫維持在一定水準，需要燒多少煤。從這類生活小事中，我們將不難體會到對於一個科學研究工作者，注意將理論與實際相結合的重要性。從這則小故事中，希望青年讀者會得到啟迪。無論在當前的學習，還是在將來的工作中，理論連繫實際永遠是我們應該遵循的顛撲不破的真理。

　　費米是一位偉大的物理學家，他才華出眾，有敏銳的科學判斷力，勇於創新的精神以及具有豐富的知識。他對物理學的貢獻，無論在理論或實驗上都是很傑出的。費米發現中子引發人工放射性和熱中子概念的提出，推動了原子物理學的迅速發展，並最終導致了劃時代的鈾核的人

工裂變。他組織建成的世界上第一座原子反應堆，開拓了廣泛利用原子能的道路。此外，費米還是一位好老師，培養出不少的優秀物理學家，李政道、楊振寧都是他的得意門生。他的學生中，獲諾貝爾獎的就有 6 人。為了紀念他，在原子核物理和高能物理中用他的名字定義了一種新的長度單位「費米」。

科學家年譜

- 1901 年，生於義大利羅馬
- 1925 年，《論理想單原子氣體的量子論》(*On the quantization of the perfect monoatomic gas*)
- 1934 年，《試論 β 射線理論》
- 1939 年，參加研製原子彈的「曼哈頓計劃」
- 1954 年，逝世

量子力學的完善者 —— 海森堡

「在每一個嶄新的認識階段，人們永遠應該以哥倫布為榜樣，他勇於離開他已經熟悉的世界，懷著近乎狂熱的希望到大洋彼岸找到新大陸。」

—— 海森堡

人生傳略

維爾納・海森堡（Werner Heisenberg，西元 1901 ～ 1976 年）是德國著名物理學家。他因在量子力學領域的傑出貢獻被譽為：「量子力學的

建立者」。1901 年 12 月 5 日，海森堡出生於德國維爾茨堡的一位歷史學者家庭中。他父親是一位以研究東羅馬帝國史而聞名的歷史學教授。祖父是一位語言學教授，是著名的荷馬評論家。良好的家教，使海森堡從小就打下了良好的基礎。中學畢業後，海森堡以優異的成績考入慕尼黑大學，主攻物理學。1923 年，22 歲的海森堡大學畢業，並在著名物理學家索末菲的指導下完成了學位論文，獲得哲學博士學位。同年，他赴哥廷根大學繼續深造，成為著名物理學家玻恩和著名數學家希爾伯特的學生。非常幸運的是，第二年，他有機會赴丹麥哥本哈根，跟隨量子力學的創始人、著名原子物理學家波耳工作學習，並成為當時享譽世界的「哥本哈根學派」的一員。師從波耳的 3 年，是海森堡一生中極為重要的 3 年。在此期間，海森堡發展了老師的理論，在波恩和約爾丹麥的協助下，創立了矩陣力學。他於 1925 年 7 月發表了《論運動學和力學關係的量子論解釋》（*Quantum-Theoretical Re-interpretation of Kinematic and Mechanical Relations*），奠定了量子力學的基礎。

名人事典

1924 年，法國著名物理學家德布羅意在他的博士論文中指出，構成物質的微觀粒子既具有粒子性，又具有波動性，也就是說微觀粒子與宏觀物體不同，具有波粒二象性。與此相連繫，還有一個重要的概念。我們知道宏觀物體具有嚴格確定的動量，並且在特定的時間處於嚴格確定的位置上。例如，用手丟擲的小球就是這樣，小球的位置和運動速度，也就是小球的動量，在任何時刻都可以準確地測量和計算出來。然而，微觀粒子卻不是這樣。要在同一時間以同樣的精確度測量微觀粒子，如原子的位置和動量，不僅在實驗上做不到，而且在理論上也是不可能

的。實際上，對於微觀粒子的位置和動量只能精確地測定二者中的一個。這兩個是，一個測定得越精確，越清楚，則另一個就越不精確，越不清楚。這就是微觀粒子的「不確定性原理」，這也是物理學進入到微觀世界所遇到的一個重大難題。對於這樣一個在過去的物理學研究中從未遇到的新穎而又關係重大的課題，進行深入探討，並用數學方法把它表現為「不確定性原理」的是當時年僅 26 歲的青年物理學家海森堡。他的這一工作是當代物理學研究中的最偉大的成就之一。

主要思想及著作

　　海森堡在他所著的《原子核物理學》(*The Physical Principles of the Quantum Theory*) 中是這樣闡述不確定性原理的：「有兩個引數：這兩個引數決定粒子的運動。任何時候也不可能同時準確地了解這兩個引數。也就是說，任何時候也不可能了解：微觀引數處於何處，它以多大的速度運動及向哪個方向運動。在實驗測量中，若能精確地測定微觀粒子在特定的時間的位置，則運動遭到破壞。反之，若精確地測出速度，則位置的影像就完全模糊不清。海森堡的「不確定性原理」表明，如果不破壞原子就不可能觀察到原子世界。這可以比喻為樹林中有一隻小鳥兒，我們可以聽到牠在鳴叫，但看不見牠，當我們看到了牠卻再也聽不到牠的鳴叫聲。

　　第二次世界大戰期間，海森堡在德國威廉皇帝學院的物理研究所擔任主任。1941 年秋季，他到哥本哈根參加一個德國占領當局主辦的會議，波耳和他的研究所對這次會議進行了抵制。當時海森堡曾勸告波耳不要對法西斯勢力抱有那樣不可調和的態度了，因為他認為希特勒在全世界取得勝利已成定局。這使海森堡與當時的其他堅持反法西斯的科學家們關係緊張。

在奧托·哈恩（Otto Hahn）於 1938 年發現核裂變之後，海森堡參加了德國原子能反應堆的製造，並且是技術上的重要負責人。為此，戰爭結束時，他被盟軍俘虜，1945 年被帶到英國。用他的話說，因為「戰爭的進程和政府的行為排除了製造原子武器的任何認真的嘗試，從而使德國物理學家們避免了對這種行徑承擔嚴重的責任」。一年之後，海森堡被釋放。難以想像，如果海森堡領導德國物理學家首先製成原子彈，那麼第二次世界大戰的結局會是怎樣！

歷史評說

海森堡一生的成功與他年輕時得到眾多名師指點頗有關係，這不僅使他有機會了解學術前沿，更能博採眾家之長為我所用，終成一代名家。同時，作為一位教授，他對學生可謂不遺餘力、悉心教誨。在萊比錫大學，以海森堡為首，形成了德國原子理論物理研究的新中心。當代許多最有名的原子物理學家都是他的學生或助手，其中包括著名的「氫彈之父」泰勒（Edward Teller），蘇聯理論物理大師朗道（Lev Landau）等等。海森堡作為名師的高徒，而自己也成為名師，同時他又把這種恩惠傳遞給他的學生們。無論為人為學為師，海森堡都有年輕一代值得學習的地方。

縱觀海森堡的一生，他有為法西斯效勞的不光彩的一面；但另一方面，作為一個理論物理學家和教授，他對於量子力學的研究起了很大的推動作用。他提出的「不確定性原理」深刻地反映了微觀世界的客觀規律，也表明了人在認識這種規律時所面臨的困難和作用，同時也指出了理解自然界其他微觀規律時的方向。正如波耳在慶祝他六十壽辰而出版的文集中所指出的那樣：「在這個可與神奇般的歷險相比的物理科學的發展時期，維爾納·海森堡的作用是出眾的。」

科學家年譜

- 1901 年，出生
- 1923 年，赴哥廷根大學，師從著名物理學家玻恩和著名數學家希爾伯特
- 1924年，成為萊比錫大學物理教授，年僅26歲，同年提出著名的「不確定性原理」。
- 1933 年，榮獲諾貝爾物理學獎，時年 32 歲
- 1941 ～ 1945 年，研究原子物理及反應堆
- 1946年，被盟軍押往英國，後回到德國，擔任普朗克物理研究所所長
- 1976 年 2 月 1 日，逝世，終年 75 歲

第七部分　化學家

近代化學的奠基人 —— 波以耳

「一個有決心的人，終將找到他的道路。」

—— 英國諺語

人生傳略

波以耳（Robert Boyle，西元 1627 ～ 1691 年）英國化學家、物理學家，近代化學的奠基人。1627 年 1 月 25 日出生在愛爾蘭西南部的利茲莫爾城，是約克伯爵的第 14 個孩子及第 7 個兒子。約克伯爵是當地有名望的貴族，擁有許多莊園，但對於子女的管教極為嚴格，從不嬌生慣養，在波以耳出生不久即被送到農村寄養，直到 4 歲才又回到利茲莫爾城。1635 年至 1638 年，波以耳在著名的伊頓學院學習。1639 ～ 1644 年，他和家庭教師一起到法國、瑞典、義大利遊學，在這段時間裡波以耳對科學愈來愈感興趣，並開始研究伽利略的著作。1640 年父親死後波以耳回到家鄉隱居。1644 年他定居多爾塞特，博覽科學、哲學、神學等方面的書籍，並開始了科學實驗工作。1653 年他遷居牛津，與當時的一些學者交往密切。1654 年波以耳建立牛津大學實驗室。1661 年成為東印度公司董事。1663 年被選為倫敦皇家學會會員，1680 年被選為該會主席。

主要思想及著作

波以耳在近代化學奠基時期所作出的最重要的理論貢獻，就是他提出了元素定義。他將當時習用的定性試驗歸納為系統，初次引用了化學分析的名稱，開始了分析化學的研究。他將煉金術和化學分開，將化學元素定義為未能分解的物質。在 1661 年出版的化學名著《懷疑派化學

家》(*The Sceptical Chymist*) 之中，他指出：「我所指的元素就是化學家們所講的非常清楚的要素，也就是某種不由任何其他物體構成的或是相互構成的原始的簡單的物質，或是完全純淨的物質。」元素「是確定的、實在的、可覺察到的實物」。元素概念的提出是近代科學對鍊金術士理想的、最終的、徹底的否定，使化學研究開始建立在科學的基礎之上。恩格斯曾給予高度的評價，在《自然辯證法》(*Dialektik der Natur*) 中指出：「波以耳把化學確立為科學。」

除此之外，波以耳是第一批使用細緻的科學方法進行研究的科學家之一。他的興趣廣泛，研究了生物、化學、物理學等多方面的問題。他研究過動物的呼吸、血液的循環等。他透過實驗弄清了物體是怎樣燃燒、沸騰、結冰的。波以耳提出了運動中原子與大部分自然現像有關的觀點。他還對光的顏色、真空與空氣的彈性等進行了研究。

名人事典

波以耳十分重視實驗對科學研究的重要意義。在牛津期間，他和助手虎克成功透過實驗研究了大氣壓力問題。他用一容積為 12 立方英寸的 U 型玻璃管，將短的那端封閉起來，把水銀從長的那端開口中注入，使原來管內的空氣被壓縮。當壓力增大到兩個大氣壓時，空氣的體積為原來的 1/3，反之壓力減小，氣體體積則膨脹。他由此得出結論：一定質量的氣體，當溫度保持不變時，壓力和體積成正比，且乘積是一個常數 $PV = K$。這一結論科學地揭示了氣體壓力與體積之間的關係。這就是著名的波以耳定律。

波以耳終生體弱多病，據說他自己用於量體溫的體溫計總是隨身攜帶。尤其是外出時，他總是隨著氣溫的變化而不斷更換衣服。因年少時

曾吃了醫生開錯的藥方而差點喪命，所以波以耳一生都不相信醫生。他的很大部分時間，都是在為自己和朋友研製各種藥物。

歷史評說

　　波以耳終生未娶，將畢生精力都獻給了自己鍾愛的科學事業。波以耳在化學史上開創了一個新的時期，即近代化學時期，他在化學史上的卓越貢獻，毫無疑問地被視為近代化學的奠基人。波以耳確立了元素的科學定義，把嚴密的實驗方法引入化學，為化學贏得了獨立的科學定義。正是波以耳使化學最終擺脫了鍊金術的束縛，進入近代化學的新時期。

　　英國化學史家柏廷頓（James Partington）曾做過如下敘述：「把波以耳稱為近代化學的奠基者有三個理由：一、他認識到化學值得為其自身目的去進行研究，而不僅僅是從屬於醫學或作為鍊金術去進行研究，雖然他相信鍊金術是可能成功的；二、他把嚴密的實驗方法引入了化學中；三、他給元素下了清楚的定義，並且透過實驗證明亞里斯多德的四元素和鍊金士的三要素根本不配稱為元素或要素，因為其中沒有一個可以從物體中提取出來。」由此可見，波以耳作為近代化學奠基人的地位是不可動搖的。

科學家年譜

- 1660 年，發表《關於空氣的彈性及其效應的物理 —— 力學新實驗》（*New Experiments Physico-Mechanical: Touching the Spring of the Air and their Effects*）一書
- 1661 年出版《懷疑的化學家》

- 1662 年出版《關於空氣彈力與重量力學說的辯解》
- 1673 年發表《關於火焰與空氣關係的新實驗》、《使火焰穩定並可稱重量的新實驗》
- 1680 年出版《夜光氣》、《夜光冰》
- 1685 年出版《礦泉的博物學考察》(*Short Memoirs for the Natural Experimental History of Mineral Waters*)

「俄國科學之父」 —— 羅蒙諾索夫

「我的全部知識都是屬於人民的，我要把它無保留地獻給俄羅斯人民。」

—— 羅蒙諾索夫

人物傳略

米哈伊爾·瓦西里耶維奇·羅蒙諾索夫 (Mikhail Vasilyevich Lomonosov，西元 1711 ～ 1765 年) 18 世紀俄羅斯傑出的學者和詩人，俄國唯物主義哲學和自然的奠基者。1711 年 11 月 19 日 (俄曆 11 月 8 日) 出生在俄國北方阿爾漢格斯克省霍爾莫果爾附近的傑尼索夫卡村。父親是個漁民。他童年和少年都是在自由自在的大海沿岸的漁獵環境中度過的。這種環境對他的興趣和志向頗有影響，他從 10 歲起就協助父親捕魚，鍛鍊了他堅忍不拔的性格、吃苦耐勞的精神；同時航海中遇到的各種奇異事物喚起了他強烈的求知欲。1730 年他進入斯拉夫—希臘—拉丁學院學習，1736 年初作為該學院最優秀的大學生之一，被派往彼得堡科學院任所屬的大學學習。同年冬又被送到德國深造。1741 年回到彼得堡科學院

任物理課助教，1745 年任彼得堡科學院化學教授，不久被選為科學院院士。同時，他還是瑞典等外國科學院的名譽院士。

主要思想及著作

在物理方面，羅蒙諾索夫創立了熱的動力學說，指出熱是物質本身內部的運動，從本質上解釋了熱的現象。他提出了物質和運動守恆的概念，在 1756 年他重複了波以耳在密閉容器中加熱金屬的實驗，再一次證實了質量守恆定律適應於化學反應的問題。他還創立了物質結構的原子 —— 分子學說，認為「微粒」（分子）由極微小的粒子 ——「元素」（原子）組成。他還提出了氣體運動理論，認為空氣微粒對器壁的撞擊，是空氣產生壓力的結果。這些理論為俄國物理化學的發展奠定了基礎。

羅蒙諾索夫於 1748 年創辦了俄國第一個化學實驗室，裝備有精密天平等儀器。他最先將定量方法引入了化學分析中。1751 年以後進行了 20 多種試劑與各種溶劑相互作用的化學實驗。1925 年他起草了關於物理化學的教學大綱。此外，他在地質學、天文學、冶金、礦物、航海等方面都有研究。

名人事典

在各國求學期間羅蒙諾索夫發狂般地學習，無止境的求知欲得到滿足。他經常一連幾個星期連續在實驗室突破瓶頸，廢寢忘食。在歐洲極有威望的物理學家、化學家沃爾夫（Christian Wolff）教授看中了他，認真地輔導和幫助他，因此羅蒙諾索夫進步更快了。他十分敬愛沃爾夫老師，但他從不盲從。遇到分歧問題，他勇於向老師直陳己見。每當這時，沃爾夫總是仔細傾聽學生的意見。豁達大度的沃爾夫對學生的科學見解是十分尊重的，他喜愛這個敢想敢說，才華出眾的青年。羅蒙諾索

夫抱著「我的全部知識都是屬於人民的，我要把它無保留地獻給俄羅斯人民」的堅定信念，畢業後回到祖國致力於科學研究。他與良師益友沃爾夫之間的可貴師生情誼永遠令人難忘。

　　1730 年冬，19 歲的羅蒙諾索夫離開家鄉，徒步來到 2,000 公里之外的莫斯科求學。因他不是貴族子弟而被拒之門外。後來他冒充外地貴族的兒子，混入斯拉夫—希臘—拉丁學院學習。由於全部用拉丁文授課，而羅蒙諾索夫連一個拉丁字也不識，被安排坐到最後一排。剛坐好，教室的小同學們一面叫嚷，一面指手劃腳地說：「看呀，一個 20 歲的大傻瓜來學拉丁文啦！」（因為班上大都是 13、14 歲的孩子）。老師的冷淡、同學的譏笑，沒有使他灰心喪氣。羅蒙諾索夫裝作沒聽見，只用心聽講，刻苦學習。不久，他的成績已是全班第一了。1735 年，學校選「大有希望的兒童」到彼得堡科學院學習，已經 24 歲的羅蒙諾索夫被選中，之後又因為他卓越的才能和優秀的拉丁文知識，被派往德國學習。

歷史評說

　　羅蒙諾索夫的一生是光輝的一生。他的全部科學活動，他在多方面的科學成就，他為俄國科學文化事業發展所作出的巨大貢獻，得到俄國人民的高度評價。他創辦了莫斯科大學，而且如詩人普希金（Alexander Pushkin）說過的那樣，羅蒙諾索夫本人就是「俄國第一所大學」。作為一位博學多才的學者，他是俄國近代科學的奠基人，為俄國科學文化事業的發展奮鬥了一生。因此，被譽為「俄國科學之父」。

　　除了在物理、化學方面的巨大成就，羅蒙諾索夫在自然科學的其他領域和社會科學及文學方面均有建樹。他在地質學、天文學、冶金、礦物、航海等方面均有研究。他撰寫了《俄羅斯古代史》、《俄國簡明編年

史》(*A Chronological Abridgement of the Russian History*) 等歷史著作。他還編寫了《俄語語法》、《修辭學入門》等語言學著作，同時還寫了許多優秀詩篇，對俄羅斯文學的發展作出了卓越的貢獻。革命民主主義者別林斯基 (Vissarion Belinsky) 說：「羅蒙諾索夫彷彿北極光一樣在北冰洋岸發出光輝。這個現象光耀奪目，異常美麗。」人們為紀念這位偉大的「俄國科學之父」，在彼得堡和莫斯科都建立了紀念碑，並將他的出生地 —— 傑尼索夫卡村，改名為羅蒙諾索夫村。

科學家年譜

- 1711 年，出生在俄國阿爾漢格斯克省
- 1752 年，寫成《精確的物理化學引論》
- 1765 年，逝世

近代化學之父 —— 拉瓦節

「我已經度過了夠長、夠愉快的一生，可以不必讓我去消磨一個諸多不便的晚年。人在身後留下一點點知識，也許還留下一點點榮譽。在世上，誰還能指望比這些還高的東西呢？」

—— 拉瓦節

人生傳略

安托萬 - 羅倫‧德‧拉瓦節 (Antoine-Laurent de Lavoisier，西元 1743 ～ 1794 年) 法國偉大的化學家，近代化學之父。1743 年 8 月 26 日出生在巴黎富有的家庭裡。他的父親是一位律師，母親對其極為寵愛。

在良好的環境裡，拉瓦節從小在家庭教師的輔導下，學過天文學、數學、植物學、化學、礦物學和地質學等。由於經常接近當時著名的化學家魯厄萊，因而對化學很感興趣。23 歲時，他以改進巴黎城市燈光的計畫，獲得法國科學院的金質獎章。不久（1768 年）便被選為法國科學院的院士。1788 年拉瓦節被選為英國皇家學會會員。

主要思想及著作

拉瓦節從 1772 年開始研究燃燒問題，他進行了一系列的實驗，得出結論：磷、硫及金屬在燃燒時，其重量的增加是由於與空氣結合而產生的。為了弄清這個道理，他研究了空氣的成分，發現空氣中有 1/5 的物質可以助燃，當時稱之為「純空氣」，後來定名為「氧」。這一發現推翻了當時占統治地位的「燃素」學說，使化學這門科學向前推進了一大步。

拉瓦節還透過大量實驗證明，燃燒現像是一種氧化現象，依靠自己的出色工作，揭示了燃燒的實質。1777 年發表的《燃燒概論》（*Sur la combustion en général*）一文中，拉瓦節指出正是空氣中的氧氣參加了燃燒過程的化合，從而把燃素從燃燒中驅逐出去，用真實的原因解釋了燃燒的本質。宣告了燃素說的終結，舊化學壽終正寢了。

1787 年，拉瓦節與另外三位法國化學家一道出版了一部名為《化學命名法》（*Méthode de nomenclature chimique*）的書。書中建立了一套全新的合理的化學命名方法：每一種物質都有其固定的名稱，單質的名稱反映其化學特徵，化合物則用組成它們的元素來表示，透過物質名稱就可看出它的成分。這套命名方法以其清晰的條理，很強的邏輯，很快就被世界各地的化學家所採用。這是近代化學第一次有了嚴格、統一、科學的物質命名方法，此法沿用至今。

　　就在法國大革命爆發的 1789 年，拉瓦節出版了《初等化學概論》，書中不但詳盡論述了推翻燃素說的各種實驗證據，同時展示了以氧化理論為核心的新燃燒學說，還清楚地闡明了化學反應過程中物質守恆的思想。他把化學方程式用來說明化學反應過程和它們的量的關係，從而實現了化學理論和化學實驗的定量化。《初等化學概論》的出版是化學史上劃時代的事件，它對化學的貢獻不亞於牛頓的《自然哲學的數學原理》對物理學的貢獻，開創了化學的新紀元。

名人事典

　　就在拉瓦節被選為科學院院士的那一年，針對海爾蒙特柳樹實驗，他決定用精密的定量實驗來弄清楚水蒸發以後留下的土一樣渣滓，究竟是來自水的分解，還是來自容器瓦盒內部的剝蝕。他將經過反覆蒸餾後得到的純淨水放在一個叫作「鵜鶘」的蒸餾器中密封煮沸。從 1768 年 10 月到 1769 年 2 月，他讓水整整煮沸了 100 天。他從重複多次的實驗中，最後證明：水蒸發後餘留下的土似的渣滓，來自容器本身而不是來自水。因為，在每次用純清水做的實驗中，在水消失後，容器所失去的重量和容器中土的沉澱物的重量相等。因此，「水是不會變成土的」這個結論意味著鍊金術和鍊金術所主張的「水變成土，土變成鐵，鐵又變成金」的那種說法是不正確的。這個實驗被認為是化學發展史上有名的「百日實驗」。拉瓦節所採用的精密定量測量的方法對後人影響很大，促成了化學科學可與物理學並駕齊驅。

　　被稱為「化學之父」的拉瓦節，遭到《人民之友》報的主編馬拉的攻擊而被以路易王朝包稅人的罪名送上斷頭臺。在給表弟的信中他這樣說：「我已經度過了夠長夠愉快的一生，可以不必讓我去消磨一個諸多

不便的晚年。人在身後留下一點點知識，也許還留下一點點榮譽。在世上，誰還能指望比這些還高的東西呢？」1794 年 5 月 8 日拉瓦節從容不迫地走上了斷頭臺，成為法國大革命中一個最可悲的犧牲者。

歷史評說

拉瓦節這位法國偉大的化學家，是化學發展史上一位舉足輕重的人物。他採用的精密定量測量方法對後人影響很深，促成化學科學與物理學並駕齊驅；他對燃素說的衝擊的試驗為質量守恆定律的建立奠定了基礎；他對燃燒本質的揭示推翻了整個舊化學的大廈，使新化學迅速發展起來，他提出的嚴格、統一、科學的化學命名法至今仍為大家所採用，足見其極高的科學價值。《初等化學概論》的出版開創了化學的新紀元。以此種種都證明了拉瓦節是當之無愧的「近代化學之父」。

命喪斷頭臺的拉瓦節，雖罪不當死，但卻死於非命，成為法國大革命中最可悲的犧牲者。正如偉大的數學家拉格朗日說的「砍掉他的頭只要眨眼工夫，可是出生一個像他那樣的頭，大概一百年也不夠」。法國人民不會忘記他，世界人民也永遠不會忘記他，在科學的殿堂，拉瓦節永垂不朽！

科學家年譜

- 1743 年，出生於法國巴黎
- 1772 年，著名的「百日實驗」
- 1777 年，《燃燒概論》
- 1787 年，出版《化學命名法》
- 1789 年，出版《初等化學概論》
- 1794 年，被害

科學原子論的建立者 —— 道耳頓

對科學來說，一個科學家擺在哪是無關緊要的，重要的是他對科學作出貢獻。

—— 道耳頓

人生傳略

約翰‧道耳頓（John Dalton，西元 1766 ～ 1844 年）英國化學家、物理學家。1766 年 9 月 6 日，出生在英格蘭北部考伯蘭郡一個貧窮的小山村 —— 伊格爾斯菲爾德村的一個貧寒織布工家庭。他自幼家境清貧，但貧窮反倒使道耳頓化作一種前進的動力。雖然沒受過高等教育，但他十分勤奮、刻苦，青年時代在盲人學者戈夫的幫助下，自學了數學、哲學、希臘文、拉丁文、法文。古希臘的自然哲學，尤其是元素原子的種種學說，對他啟發很大。1793 年以後，他一直在曼徹斯特學院講授數學和自然哲學，他曾擔任曼徹斯特文學和哲學學會的祕書、副會長、會長。1816 年被選為法國科學院通訊院士。1822 年被選為英國皇家學會會員。並於 1826 年獲得該會第一枚獎章。

主要思想及著作

道耳頓的科學研究生涯是從氣象觀測開始的，從 1787 年至 1844 年的 50 多年時間，他數十年如一日地觀測氣象，並堅持記氣象日記，他一共進行了 20 多萬次的氣象觀測記錄，記下數據幾十萬個。在氣象研究的過程中接觸到氣體成分、性質等的研究。他經過實驗得出這樣的結論：裝在具有一定容量容器中的某種氣體，在溫度恆定的情況下，其壓力是

恆定的。在加之第二種氣體之後，混合氣體的壓力比原來增加了。等於這兩種氣體氣壓之和。每種氣體單獨的壓力並沒有發生變化。也就是說，混合氣體的總壓力等於各個成分氣體的分壓力之和。這就是今天仍廣泛應用的著名的「道耳頓氣體分壓定律」。

道耳頓在化學方面，提出了定量的概念並總結出三條重要的規律，即質量守恆定律、定比定律和化合量（當量）定律。在此基礎上，於1803年他又發現了化合物的倍比定律，並引入元素的相對原子量，提出最早的原子量表。

道耳頓最大的貢獻，是發展了古希臘關於原子的學說，得出新的原子學說，被稱為新的原子學說。1808年他出版了名著《化學哲學的新體系》（*A new system of chemical philosophy*），這部書對原子學說做了系統的闡述。概括起來是：一、一切元素都由不可再分的微粒組成。這種微粒稱為原子，原子在一切化學變化中都保持其不可再分性。二、同一元素的所有原子，在質量和性質上都相同；不同元素的原子，在質量和性質上都不相同。三、兩種不同元素的化合，就是二元素的原子按簡單整數比結合而成的化合物。

他的著作還有《論色盲》（*Extraordinary Facts Relating to the Vision of Colours: With Observations*）、《原子理論》（*Foundations of the Atomic Theory*）、《分子理論》（*Foundations of the Molecular Theory*）。

名人事典

道耳頓17、18歲時在坎坦爾擔任小學教員。他聽說這裡有一位約翰·戈夫（John Gough）先生學識淵博，便冒昧去拜訪。當道耳頓緊緊握住戈夫的手時，被眼前的情景驚呆了。原來這位人人稱道的實驗家是

位瞎子。道耳頓看著戈夫準確無誤地安裝儀器、調配溶液，不打碎一支細小的玻璃管，也不使溶液濺出，就像一位高明的魔術師在做傑出的表演。盲人學者身殘志堅、矢志從事科學研究的精神深深地打動了他。這使得早就打算做實驗的道耳頓，受到了很大的啟發和鞭策。

　　道耳頓為了科學事業終身未娶，而且日常生活非常刻板，他的實驗室就是他的神聖寶殿。他一般八點起床，吃完早飯後一上午都在做實驗，他在下午一點鐘才吃午飯，每天午後的時間仍在實驗室裡度過，直到下午五點才出來喝茶。茶後又工作到晚上九點鐘才進餐。而他的晚餐也一直是「定量的」，從來不多一點，也不少一點。他一生清貧、儉樸，除科學之外無所追求，無所崇拜。當有人問他：「你取得成功的祕密在哪兒？」道耳頓這樣回答：「如果我比我周圍的人獲得更多的成就的話，那主要 —— 不，我可以說幾乎純粹是由於不懈的努力。」

歷史評說

　　這位織布工的兒子，令人敬佩的貧民科學家，被革命導師恩格斯稱為「近代化學之父」的道耳頓，以其刻苦勤奮、不畏艱難追求真理的毅力，用定量的原子理論合理地解釋了各種化學現象，解開了「物質的本質是什麼」這一持續 2,000 多年的謎。為近代科學原子論的創立作出了不可磨滅的偉大貢獻。

　　縱觀道耳頓的一生，早年生活困頓，生活孤苦伶仃，後來雖然富裕了，但過著清貧、儉樸的生活。他的成功與他自身刻苦努力、勇於探索、不畏艱難追求真理是分不開的，同時他不圖名利、謙虛謹慎、品德高尚，為科學事業奮鬥終身的品德，人們將永誌不忘。

科學家年譜

- 1766 年，出生在英格蘭考伯蘭郡
- 1794 年，發表《論色盲》
- 1803 年，發表《論水和其他液體對氣體的吸收》
- 1808 年，出版《化學哲學新體系》
- 1844 年，逝世

給呂薩克定律的建立者 —— 給呂薩克

「必須馬上動手，晝夜不停地工作。關心祖國的威望是我們應盡的職責。」

—— 給呂薩克

人生傳略

給呂薩克（Joseph Louis Gay-Lussac，西元 1778 ～ 1850 年）法國物理學家、化學家。1778 年 12 月 6 日出生於聖·路拉德。父親是一位法官。他在聖·路拉德受過初等教育之後，即到巴黎求學。1797 年入巴黎的綜合技術學院讀書，勤奮好學，熱愛實驗工作。1800 年畢業後留校工作，給貝多萊老師當助手。1805 年至 1806 年跟隨德國自然科學家洪堡（Wilhelm von Humboldt）訪問了許多國家，回國後成為工科大學的化學教授。1808 年至 1832 年擔任索邦大學物理學教授。1832 年至 1850 年任皇家植物園化學教授。

主要思想及著作

　　給呂薩克的重要貢獻是研究了氣體的熱膨脹問題。他對各種氣體（包括一些溶於水的氣體）進行了一系列的試驗，從而得到了氣體的體積隨溫度而改變的規律，稱為給呂薩克定律：當壓力不變時，溫度每升高 1 攝氏度，一定質量的氣體體積，會增加它在 0 攝氏度時的體積的 1/273，或一定質量的氣體，當壓力不變時，它的體積和絕對溫度成正比。他還與德國自然科學家洪堡一起，用各種方法計算了空氣中氧的比例。給呂薩克與塞納德（Louis Jacques Thénard）一起用鉀作用於溶化硼酸而獲得硼，並於 1808 年首次提出，硼與碳、磷、硫在性質上有相似之處。1809 年他利用純粹經典方法建立了以下定律：鹽中酸的重量與相應氧化物中氧的重量成比例。利用這一定律可以測定一些可溶鹽的組分。他研究了硫化物，指出鋅、錳、鈷、鎳等金屬硫化物的測定工作，對以後定性分析有影響。他對氫氰酸進行了研究，於 1811 年透過氫氰酸和氰化汞作用，成功製備了無水酸。

　　1815 年給呂薩克測定了酸的物理常數，包括蒸汽密度，他對鹽類溶解度的研究也具有重要的意義，他繪製了表示不同溫度下水中各種鹽類溶解度變化的溶解度曲線。此外，他對同分異構現象、化學平衡等也有研究。

名人事典

　　給呂薩克與物理學家必歐（Jean-Baptiste Biot）是好朋友，他們經常交談和討論大氣現象與地磁現像有關的問題。有一次，他們決定冒險坐氣球升上天空，以觀察地磁場對磁針的作用，以及分析高空中空氣的化學成分。1804 年 9 月 16 日，給呂薩克坐氣球升到 7,616 公尺的高處，這是前人從未達到的高度，測量結果表明，即使在這樣的高度，磁場也幾

乎沒有什麼變化，高空的空氣成分也與地面附近的基本一樣。

　　1813 年給呂薩克遇到另兩位法國化學家，問他們有什麼新發現。兩位化學家告訴他，他們在海草灰裡發現了新元素。但目前暫時還沒有將這種新元素分離出來。當給呂薩克要去看看這種新元素的化合物時，兩位科學家卻說已將這種元素一般腦兒全給了英國化學家戴維。給呂薩克一聽這訊息，立刻跳起來，激動地說：「要趕在戴維前面，不能將發現新元素的光榮落在英國人手裡。這個元素是法國科學家在法國發現的。關心祖國的威望是我們應盡的職責。必須馬上動手，晝夜不停地工作。」在給呂薩克的帶領下，他們立即行動，從頭做起，不分晝夜地連續工作，終於將這種小小的鱗片，有著金屬般閃閃光澤，遇熱很快蒸發的紫色元素提取了出來，命名為「碘」。果然不出給呂薩克所料，戴維的研究結果和他們的論文同時發表了。

歷史評說

　　給呂薩克是法國著名的物理學家、化學家。他提出的給呂薩克定律為研究氣體的熱膨脹問題提出了理論基礎。給呂薩克對法國物理學和化學的發展，作出了不可磨滅的歷史功績。

　　作為一名科學家，給呂薩克最關心的是祖國的威望。為了祖國的榮譽而獻身科學事業，成為他一生的座右銘。正是這顆愛國之心激勵並推動著他，在科學的道路上，不斷取得新的成就。

科學家年譜

- 1778 年，出生於法國聖·路拉德
- 1804 年，坐氣球測磁場變化

- 1808 年，首次提出硼與碳、磷、硫性質上相似
- 1809 年，寫《論氣體物質的化合物》
- 1811 年，製備無水酸
- 1815 年，測定酸的物理常數
- 1850 年，逝世

結構化學理論的創始者 —— 布特列洛夫

「只有產生人類的真知識，出現科學，才能理解各種現象，進行總結，制定理論；才能越來越多地去了解控制各種現象的規律。」

—— 布特列洛夫

人生傳略

亞歷山大・米哈伊洛維奇・布特列洛夫 (Alexander Mikhailovich Butlerov，西元 1828 ～ 1886 年) 俄國化學家。1828 年生於奇斯托波爾。他的母親去世很早，父親把他教養大。他學習非常刻苦，特別喜歡鑽研化學。在喀山寄宿學校讀書時，布特列洛夫的床底下擺滿了裝有各種化學藥品的玻璃瓶子，其中有硫酸、硝石、松香、酒精等。他喜歡做化學實驗，有幾次在實驗中火藥突然發生爆炸，高高的火苗燒著了布特列洛夫的頭髮、眉毛，老師氣急敗壞地將一塊寫有「大化學家」的黑板掛到了布特列洛夫的脖子上，以示懲罰。布特列洛夫心裡暗暗發誓：我就是要當個大化學家。

布特列洛夫中學畢業後以優異的成績考入喀山大學，畢業後留校任教。不久，他發表了《論揮發油》的論文，獲得莫斯科大學的博士學位，

同年成為喀山大學教授。

1857 年，布特列洛夫來到巴黎參加巴黎化學會議，結識了許多化學家，如德國的凱庫勒等，並在武爾茲實驗室工作過。這段經歷使布特列洛夫受益匪淺，為以後的科學研究工作打下了良好的基礎。

布特列洛夫曾擔任過喀山大學校長、彼得堡大學化學教授、彼得堡科學院院士、俄國物理 —— 化學學會主席等職。

主要思想及著作

布特列洛夫在化學結構理論的建立方面作出了巨大貢獻。1851 年發表的《有機化合物的氧化》中提出了同分異構現象基於分子結構產生，而化學特性的變化隨著結構變化的觀點。1861 年他正式提出了有關有機化合物的結構理論。在這個理論基礎上，他合成了叔丁醇、異丁烯、優洛托品和某些醣類化合物，並發現了異丁烯的聚合反應。這一發現成為高分子化合物化學的開端。

布特列洛夫發現了製備二碘甲烷的方法，研究了甲烷的許多衍生物及其反應。他還合成了三元醇、環六亞甲基四胺，並第一次人工製得了醣性物質。

他的主要著作有《有機化學研究概論》、《化學結構與取代理論》及科普小冊子《煤氣》等。

歷史評說

布特列洛夫提出的有機化合物的結構理論及在這個理論指導下的合成化合物，代表著高分子化合物化學的建立。他以人工製得醣性物質為高分子化合物化學的建立奠定了基礎。布特列洛夫在理論上和合成化學

上的成就，對有機化學的發展造成了重大作用。布特列洛夫不愧為俄國偉大的化學家。

布特列洛夫小時候因酷愛化學而觸犯校規而被老師、同學們挖苦、諷刺為「大化學家」，並將寫滿字的黑板掛在他的脖子上以示懲罰。在那個時候，在布特列洛夫幼小的心靈裡就暗暗發誓：我就是要當個大化學家！後來，布特列洛夫果然實現了自己的誓言，創立了化學結構這一新的理論，使化學界發生了一場真正的革命，成了一位名副其實的大化學家。探求布特列洛夫成功的奧祕，我們不難發現，堅定的理想和信念是始終支持和鼓勵布特列洛夫克服重重困難，戰勝各種艱難險阻，不斷進步的主要因素。樹立了科學的理想，它能像燈塔指引我們在人生的海洋中搏擊向前，永不偏移人生的航線。

科學家年譜

- 1851 年，《有機化合物的氧化》
- 1854 年，《論揮發油》
- 年分不詳，出版《化學結構與取代理論》、《有機化學研究概論》、《煤氣》
- 1861 年，提出有機化合物的結構理論

發現元素週期律的世界名人 —— 門得列夫

「一個人要發現卓有成效的真理，需要千百個人在失敗的探索和悲慘的錯誤中毀掉自己的生命。」

—— 門得列夫

人生傳略

　　德米特里・伊萬諾維奇・門得列夫（Dmitri Ivanovich Mendeleev，西元 1834 ～ 1907 年）俄國化學家。1834 年 2 月 8 日出生在俄國西伯利亞西部的託博爾斯克市的一個多子女的家庭中。父親伊萬・巴甫洛維奇（Ivan Pavlovich Mendeleev）是當地一所中學受人尊敬的校長，母親瑪麗婭・德米特裡耶芙娜（Maria Dmitrievna Mendeleeva）。家中共有 14 個孩子，門得列夫是最小的。由於父親雙目失明，不得不停止工作，家庭的重擔落到了母親的身上。雖然家境困頓，但父母從未放鬆對子女的教育，尤其是聰明伶俐的小門得列夫。姐夫巴薩爾金培養了小門得列夫對自然科學的興趣，勤勞的母親又讓他學到了人類應有的勤奮精神。中學時代門得列夫在一個教育水準很差的邊遠小城度過，不久父母先後去世。1849 ～ 1854 年門得列夫在彼得堡師範學院學習，並以第一名的優異成績畢業。1855 年畢業後任中學化學教師。1856 年獲博士學位。1857 年任彼得堡大學副教授。1859 年在德國深造，集中研究物理化學，1861 年回國任彼得堡大學教授。

主要思想及著作

　　門得列夫是化學元素週期律的發現者之一，在他之前，被發現的元素已有 63 種。西方學者雖然很早就有了這方面的研究，但都沒有揭示出元素間的內在連繫，也沒有得出正確的分類比例原則。門得列夫在前人研究的基礎上，根據元素的性質進行各種分類、比較分析和綜合歸納，終於發現了元素的性質與原子量之間的週期性變化。1869 年正式發表了化學元素週期律，並根據這個規律，預見了一些尚未發現的元素，如鍺、鎵等的存在和性質。1871 年，他運用元素性質週期性的觀點，總結

前一段的研究成果，寫成了《化學原理》(*Principles of Chemistry*) 一書，這部有關化學的經典著作集中反映了他的元素週期律的成果。元素週期律，作為自然界的基本定律，揭示了物質世界的祕密，大大促進了現代化學和物理的發展。恩格斯譽之為「科學研究的一大功績」。

名人事典

　　在託博爾斯克中學讀書時，由於學習不太努力，門得列夫的成績不太好而被拒於大學校門之外。父親去世後，家道中落，母親最大的希望就是要門得列夫有出息，進入大學學習。可幾所大學都因門得列夫的成績不好而拒絕了他。在母親的多方努力下，父親的母校 —— 彼得堡大學附屬的師範學院決定給予照顧，讓他進入師範學院理學部學習。精疲力竭的母親在了卻自己的心願不久便永遠離開了門得列夫。他牢記母親臨終前的告誡：不要依靠幻想，不能依靠空談，應依靠實際行動，應該追求自然之神的智慧、真理的智慧，並要經久不倦地追求它。門得列夫懷著對母親的熱愛與懷念，以自己勤奮的學習來報答母親的養育之恩。

　　門得列夫晚年關注氣體的研究，為了研究日食和氣象，自費製造氣球進行空中探測。氣球造好後，原設計坐兩個人，但由於空氣不夠，只能坐一個人。門得列夫不顧朋友們的勸阻，毅然跨進氣球的吊籃。他以年老多病之身甘冒高空危險，不怕那裡風大、氣溫低，成功地觀察了日食。

歷史評說

　　門得列夫涉獵廣泛，他在物理化學、有機化學，甚至工業化學、地質化學等方面都取得了豐碩的成果。可以說，在化學的每一個領域，都閃耀著這位化學巨星的光輝。正如沙皇尼古拉二世 (Nicholas II of Russia）在門得列夫逝世時親賜的悼詞中所說：「安息吧！門得列夫，偉大的俄國公民，永垂不朽！」前總理大臣維特伯爵嘆息說：「俄國失去了一位值得誇耀的、博學多才的學者，一位忠誠的愛國者。」

門得列夫曾說過這樣的話：「就我個人來說，我愛自己的祖國，把它看作是母親；我愛科學，把它看作是神。它賜福於人類，使生活充滿光彩，並把一切民族團結起來，去增進和發展精神與物質財富。」從中我們可以領悟到他獲得巨大成功的祕訣。

科學家年譜

- 1854 年，發表畢業論文《論同晶展現象與結晶形狀及其組成的關係》
- 1859 年，發表《論液體的毛細管現象》、《論液體的膨脹》、《論同種液體的絕對溫度》
- 1861 年，出版《有機化學》
- 1865 年，《論酒精與水的化合物》
- 1867 年，翻譯《分析化學》和《化學工業大全》
- 1869 年，正式發表化學元素週期律
- 1871 年，出版《化學原理》

世界首位兩度獲得諾貝爾獎的傑出女性 ──瑪里・居禮

「我絲毫不為自己的生活簡陋而難過。唯一使我感到遺憾的是一天太短了，而且流逝得如此之快。」

── 瑪里・居禮

人生傳略

　　瑪里·居禮（Maria Skłodowska-Curie，西元 1867 ～ 1934 年），法國化學家、物理學家。1867 年 11 月 7 日出生在波蘭華沙一個中學教師家庭。小瑪麗聰明好學，但迫於生計，在中學畢業後，她曾做過鄉紳的家庭教師。23 歲時，瑪麗考上巴黎大學索爾本學院。在大學期間她的成績是老師同學羨慕的對象。1893 年和 1894 年分別以優異的成績通過了物理和數學碩士學位考試，完成了大學學業。

主要思想及著作

　　1896 年，朋友亨利·貝克勒（Henri Becquerel）發現鈾散發出神祕的不可見射線，為了發現瀝青鈾礦石中更強的放射性物質，居禮夫婦開展了極其困難的研究。在條件極端惡劣的情況下，在沒有方便的實驗室，沒有足夠的資金剛購買必需的原料和儀器的情況下，他們以驚人的毅力、堅忍不拔、鍥而不捨，克服了一個又一個困難，攻克了一道又一道難關。終於在 1898 年 7 月，從這些礦石中分離出極其微小的黑碳粉末 —— 釙，以瑪麗祖國波蘭的詞根命名，它的放射性比鈾大 400 倍。居禮夫婦乘勝前進，付出更艱鉅的勞動，終於從瀝青礦石中分離出純氧化鐳。鐳的放射性比鈾強 900 倍。1903 年 6 月，瑪里·居禮向索爾本法國理學院提交博士論文《放射性物質的研究》（*Research on Radioactive Substances*），獲得理學博士學位。同年 12 月，居禮夫婦榮獲該年度諾貝爾物理學獎，瑪里·居禮成為世界上獲得該項特別嘉獎的第一位女性。不幸的是 1906 年 4 月 19 日一次意外奪去了皮耶·居禮（Pierre Curie）的生命。噩耗傳來，使瑪麗驚恐萬狀。但神聖的科學事業，強烈的責任心使她強忍悲痛繼續進行科學研究。1908 年瑪里·居禮擔鈝索爾本大學

教授，成為該校歷史上的第一位女教授。1910 年，她又分離出純鐳元素，並測定了它的各種物理和化學性質。同時，她還測定了氫和其他元素的半衰期，並在此基礎上總結出放射性元素蛻變的系統關係。1911 年12 月，她因發現鐳、釙的化學性質，推進了化學研究而獲得諾貝爾化學獎，成為第一位兩度獲得諾貝爾獎的學者。

名人事典

1895 年，瑪麗結識了當時已在物理學領域作出許多貢獻的巴黎理化學院的實驗室主任皮耶‧居禮。對科學的不懈追求使兩位天才學者很快相識並結成志同道合的終身伴侶。婚後人們尊稱瑪麗為「居禮夫人」。

1914 年，第一次世界大戰爆發了。瑪麗毅然投身於戰鬥中，決心保衛她的第二祖國 —— 法國。在戰爭中，她在巴黎組織了醫療所並裝備 X光檢查裝置。同時，她還訓練護士，以治療傷員，有時在前線親自操作儀器幫助醫生做手術。一次連夜趕路，司機不慎將車翻入溝裡，車上的儀器匣子把瑪里‧居禮緊緊地埋在底下。司機大驚失色，哭著喊著圍著車子亂跑：「夫人，你死了嗎？」

歷史評說

1934 年 7 月 4 日，瑪里‧居禮因患惡性貧血症，即白血病而逝世於阿爾卑斯山療養院，離開了她所鍾愛並為之獻身的科學研究，享年 67歲。她創造、發展了鐳這門科學，然而她卻被鐳奪去了生命。居禮夫婦發現的鐳不僅導致了後來原子能的發展，為人類新的科學時代的到來奠定了基礎，而且也正是鐳的發現，使許多癌症得到成功地治療和控制，為醫學事業解決人類消滅癌症患者的病情的難題帶來了曙光。

　　在諾貝爾獲獎名單上，獲獎人數最多的要算居禮一家了。1903 年，居禮夫婦因發現天然放射性物質鐳而一同獲得諾貝爾物理獎。1911 年瑪里·居禮自己又因發現鐳和釙兩種放射性元素並測定了鐳的性質而獲諾貝爾化學獎。1935 年，他們的女兒伊雷娜·約里奧—居里（Irène Joliot-Curie）和女婿弗雷德里克·約里奧—居禮（Jean Frédéric Joliot-Curie）用人工方法獲得了新的放射性元素，又同獲諾貝爾科學獎金，成為獲得該獎最多的一家。1946 年，美國加利福尼亞大學人工製成第 96 號元素，為了永遠紀念居禮一家對科學發展所作的不朽貢獻，這一新元素定名為「鍋」。

科學家年譜

- 1867 年，出生於波蘭華沙
- 1898 年，發現新元素「釙」、「鐳」
- 1902 年，從瀝青鈾礦漆中提煉出 1/10 克鐳，測得其原子量為 225
- 1903 年，發表《放射性物質的研究》博士論文
- 1906 年，發表《論放射性》專著
- 1910 年，出版《放射性專論》
- 1934 年出版《放射學》（*Radioactivity*）逝世

第八部分　生物學家

第一個看到微生物的人 —— 列文虎克

「要成功一件事業，必須花掉畢生的時間。」

—— 列文虎克

人生傳略

安東尼‧范‧列文虎克（Antonie van Leeuwenhoek，西元 1632 ～ 1723 年）荷蘭生物學家，微生物的發現者。1632 年 10 月 24 日出生於荷蘭德爾夫特市。出身於一個中產階級家庭。他只上過幾年學，16 歲時，失去了父親，從此離開學校開始學徒生涯。最初，他到阿姆斯特丹的一家商店當學徒，6 年後回到德爾夫特市獨自開設了一家布匹商店。他的大半生都是在該城度過。他當過德爾夫特市長的管家、市政府的傳達員等一些低階職位，直至逝世。

主要思想及著作

列文虎克出生前已經有人發明了複合式顯微鏡，但列文虎克卻從來沒有使用過它。相反，列文虎克的業餘癖好就是喜歡思索小而精緻的透鏡。他製成的透鏡有的小到直徑 3 公釐，但卻可以將物體毫不變形地放大 200 倍。他一生中一共磨製了 419 枚透鏡。

列文虎克是位極有耐心而又細緻的觀察者。他用那雙敏銳的眼睛和無限的好奇心觀察過蟲子、水滴、小石塊、肉類、毛髮、種子、狗的精液、肌肉組織、皮膚纖維等等，真是五花八門，應有盡有。他還將觀察到的東西認真記錄，並精確地描繪出這些被觀察物的形狀。

1665 年，列文虎克觀察了動物活組織的毛細血管。義大利人在 4 年

前發現了毛細血管，但列文虎克卻第一次觀察到了血液在這些毛細血管裡的流動。1674 年列文虎克又發現了使血液呈紅色的紅血球。1675 年，列文虎克觀察到了細菌，無疑是他所有發現中最具價值的一項。

名人事典

對於細菌的發現他致信英國皇家學會，詳述自己思索透鏡和用它進行觀察的發現。此信使皇家學會大為震驚。1677 年皇家學會會員羅伯特‧虎克（英國物理學家、天文學家）用列文虎克的顯微鏡親眼看到列文虎克信中所述的發現。

1680 年列文虎克被選為英國皇家學會會員。一個只上過小學，除了荷蘭語外不懂任何語言的外國布商，竟成了英國皇家學會最有名的會員，還成了巴黎科學院的通訊院士。列文虎克一生共向英國皇家學會寄送了 375 篇研究論文，還向法國科學院寄送了 27 篇論文。這些論文大都以通訊的形式用荷蘭文發表，從 1673 年到 1723 年，荷蘭皇家學會的哲學家報曾發表他的論文的英文摘要約 120 篇。

列文虎克結過兩次婚，有 6 個孩子，但沒有孫子孫女。雖然他的一生從未離開過德爾夫特，但他的名字卻由於他的業績而聞名遐邇。許多顯貴訪問過他，像沙皇彼得大帝（Peter the Great）以及英國女王都來拜訪他。人人都想用他那著名的顯微鏡看看東西，但他卻為之沮喪，他寧願人們不來打擾他，以便可以專心工作。

歷史評說

列文虎克身體健康，持續工作到晚年。1723 年於德爾夫特去世，享年 90 歲。列文虎克並不是第一個製造、也不是第一個使用顯微鏡的人，

但他卻是第一個使人們懂得用顯微鏡能做出什麼事情的人。他第一個成功地使用顯微鏡，從而為今天的生物學所涉及的許多領域打下了基礎。如果沒有對細胞進行顯微鏡研究的能力，今天的解剖學和生理學都將一事無成。如果沒有利用顯微鏡來研究細胞及其生命現象，那麼今天的醫學就仍將停留在蒙昧時代。1700 年以後生物學家的一切偉大發現，從某種意義上說，都是來自這位德爾夫特市政府收發人辛勤磨製的玻璃透鏡。

有的人把列文虎克看作僅僅是因為好運氣偶然撞到一項重要的科學發現。這種說法毫無道理。他發現微生物是由於他精心製作了品質空前的顯微鏡和他耐心細緻觀察、精確記錄的結果。換句話說，他的發現是技巧加努力工作的結晶，這與僅僅靠好運氣是大相逕庭、截然相反的。

科學家年譜

- 1632 年，出生於荷蘭德爾夫特市
- 1665 年，第一次觀察到血液在動物活組織的毛細血管內流動
- 1674 年，發現紅血球
- 1675 年，發現細菌
- 1677 年，對精子細胞做出描述
- 1686 年，對蝌蚪尾中的血流做出描述
- 1723 年，逝世

苦學成長的博物學家 —— 林奈

「假如我有一些能力，就有義務將它獻給祖國。」

—— 林奈

人生傳略

卡爾・林奈（Carl von Linné，西元1707～1778年）。瑞典博物學家、植物分類學家。1707年5月23日出生在瑞典南方斯滕布羅胡特附近的沙拉爾特村（斯莫蘭省），他是耶穌教的鄉村牧師尼爾耐・林奈的第一個孩子。尼爾耐・林奈在牧師庭院裡開了一個園圃，這個園圃被認為是全瑞典植物種類最豐富多彩的園圃之一。林奈就是在這個環境裡長大，日後成為植物學家的林奈對此留有深刻印象。

從1716年至1727年，林奈在省府維克舍上學後，經一位醫生資助去隆德學醫，後來又轉到烏普薩拉大學醫學院深造。

主要思想及著作

在林奈獲得醫學博士學位的同一年，出版了他的劃時代著作《自然系統》（*Systema Naturae*）。這是一部地球上礦物、植物界和動物界的一部宏偉的百科全書。此書的獨創之處在於他用「雙名制命名法」，使過去紊亂的植物名稱歸於統一，對植物分類學研究的進展，起了很大的推動作用。此書一共出版了13版，在出第13版時，擴充為12卷，6,000多頁。在這之後，他又陸續出版了《植物學基礎》、《植物學書目》、《植物屬志》、《瑞典北部植物誌》、《植物學評論》、《性別分類法》、《克利伏爾提安植物園》、《植物的綱》。在這些著作中，林奈將自然界分為動、植、礦物三大類，每一類又分綱、目、屬、種。他用植物雄蕊的數目區別綱，用雌蕊數目區別目，又以花果性質區別屬，以葉的特徵區別種。他把顯花植物分為23綱，隱花植物為1綱，形成「林氏24綱」分類法，一時被廣泛採用，直到19世紀才被自然分類法所替代。

名人事典

在醫學院學習期間，林奈學習十分刻苦勤奮，進步很快。但由於生活艱難，為了生活，他不得不在烏普薩拉大學公開演講植物學，以此收費作為日常開支。但沒有學位的人是不能公開講演的。這時醫師莫雷烏斯（Johan Moraeus）賞識林奈年輕有為，有意與他結交，想把女兒嫁給他，但條件只有一個就是要他考取醫學博士學位。苦讀 3 年之後，1735年 6 月，林奈在荷蘭哈德維克大學獲得醫學博士學位，這年他才 28 歲。幾年之後林奈與醫師的女兒結婚，從此兩人終身為伴，林奈一生得到她很多幫助。

林奈在取得博士學位以後，周遊了英、法、荷蘭等國。1738 年冬訪問巴黎，在參觀皇家植物園時，遇到植物學教授遊素正在講演，當講述一種海外植物標本時，教授有些疑點，林奈在旁聽了就說：「這是一種美洲植物。」遊素驚訝地問：「先生是林奈嗎？」林奈回答說：「教授，我正是。」遊素立即熱忱接待林奈。可見年輕的林奈已譽滿全歐了。

歷史評說

曾任瑞典科學院最年輕的第一任院長的林奈，在 1741 年被委任為烏普薩拉大學的解剖學和醫學教授，並得到魁星（皇帝御醫）的頭銜和「貴族林奈」的封號。1778 年 1 月 10 日與世長辭，安葬於烏普薩拉城的天主教堂，終年 71 歲。在自然科學裡，他是永垂不朽的。把植物和動物加以科學分類是由林奈解決的。對於他，同時代的人說過，上帝創造了世界，而林奈對世界進行了整理分類。林奈的研究是瑞典經濟發展的輔助源泉。他的運用多種多樣的科學方略和組織科學研究工作的積極性，促

進了瑞典自然科學的發展和人類認識的提高。

　　作為一個貧窮潦倒的教師之子，林奈能取得這麼巨大的成就，完全是他刻苦鑽研，勤奮讀書的結果。每逢借得一本好書，林奈就如飢似渴地徹夜閱讀，有時對書愛不釋手，簡直到了廢寢忘食的地步。也正是由於他的這種刻苦求學的精神感動了一些有識之士，在他們的資助下得以繼續深造，使林奈在科學上不斷進步。

科學家年譜

- 1730 年，第一次發表自己的鑽研成果並受委託講授植物學
- 1735 年，發表《自然系統》
- 1745 年，發表《斯維奇卡植物誌》
- 1746 年，發表《斯維奇卡動物誌》
- 1749 年，發表《自然界的奇特性》、《藥林》
- 1751 年，發表《植物哲學》（*Philosophia botanica*）
- 1753 年，發表《植物種志》（*Species Plantarum*）
- 1760 年，發表《自然界的治理》
- 1778 年，發表《法國植物誌》（三卷）
- 1801 年，發表《無脊椎動物的分類系統》
- 1802 年，發表《關於生物體組織的研究》
- 1802 ～ 1806 年，發表《關於巴黎附近化石的研究報告》
- 1809 年，發表《動物哲學》（兩卷）
- 1815 ～ 1822，年發表《無脊椎動物自然史》（七卷）
- 1820 年，發表《人類真實知識的系統分析》

生物演化論的先驅 —— 拉馬克

「觀察自然，研究它所生的萬物；追求萬物，推究其普遍或特殊的關係；再想法抓住自然界中的秩序，抓住它進行的方向，抓住它發展的法則，抓住那些變化無窮的構成自然界秩序所用的方法；這些工作，在我看來，乃是追求真實知識唯一的法門。」

—— 拉馬克

人生傳略

拉馬克（Jean-Baptiste Lamarck，西元 1744 年～ 1829 年）法國生物學家，生物演化論學說的先驅。1744 年 8 月 1 日，出生於法國北部巴贊庭省的索姆村的一個小貴族家庭，兄弟 11 人，他是最小的一個。他的父親希望他將來做一個傳教士，所以拉馬克幼年便被關進神學院讀書。可是拉馬克對神學毫無興趣。1760 年在父親去世之後，拉馬克離開了神學院，懷著理想和抱負到前線從軍參戰，很快便在軍隊中嶄露頭角。後因患頸淋巴病退伍，而在一家巴黎的銀行裡謀生。此間，拉馬克以半工半讀的形式用 4 年時間學習醫學，1768 年結束學習，辭去銀行職務，正式走上科學研究之路，那時他才 24 歲。

主要思想及著作

拉馬克集中全副精力於植物學研究，他認真研究和吸取了前人對植物學研究的分類原則和鑑定方法，獨創了現代植物學仍在使用的二叉分支（分析）法。運用這種方法，他花了整整 10 年時間，將巴黎植物園收藏的眾多、全面但龐雜零亂的植物標本加以分類整理，一一考訂，並結

合自己的實際觀察和分析研究，寫成三卷本的「大部頭」——《法國植物誌》(Flore françoise)，這書一出版，連科學權威們也刮目相看，稱拉馬克為「法國林奈」。翌年，巴黎科學院授予與拉馬克植物學院士。在接下來的時間裡，拉馬克還編寫了《植物學辭典》和《植物圖鑑》。直至今日，《圖鑑》上的插圖仍為人們所沿用，足見其經久不衰的價值。1793年6月14日，在拉馬克的規劃下，「皇家植物園」和「自然歷史研究室」合併成「國立自然歷史博物館」（今巴黎自然歷史博物館）。由於開館需要有人來講關於低等動物方面的課，一時又找不出合適人選。拉馬克從需要出發，知難而進，在年近半百時，毅然放棄他曾有過卓越貢獻的植物學研究，而轉向低等動物研究。他憑著堅強的意志、巨大的工作熱情和刻苦的努力，很快便熟悉並鑽研了新的學科，並在無脊椎動物學上取得卓越的成績。歷時7年之久，於1822年出版了7卷本的《無脊椎動物自然史》(Histoire naturelle des animaux sans vertèbres)。這部書以系統、詳盡、全面著稱，創造了前人所不曾有的成果，成為該領域的執牛耳之作，再次震驚科學界。

名人事典

拉馬克在軍隊服役期間，透過假期蒐集和鑑定植物而掌握了不少植物學方面的知識。他從摩納哥帶回一種罕見的植物，進行研究，並發篇專論。這件事，可以說是他研究植物學生涯的開端。世界歷史上少了一個也許並不平庸的將軍，但卻從此多了一位偉大的科學巨匠。

對於一個沒有家世淵源，又沒有經過系統學習的拉馬克來說，成為科學家的道路非常曲折。在銀行供職期間，他迷上了氣象觀測，他按雲的形狀以及變幻的次序加以分類，並研究了產生雲變幻的原因和與風向

的關係等，寫出了這方面的論述。現今氣象學上的「捲雲」、「層雲」、「濃雲」、「積雲」等名詞，便是拉馬克創立的。

1801 年 5 月 10 日，拉馬克在自然博物館主講無脊椎動物學時，第一次提出生物是進化的觀點：「我可以證明……活動習慣、生活方式以及環境影響，久而久之，構成了動物軀體以及軀體各部分的型別。新的型別產生著新的能力，自然界便逐漸成為我們現在所看到的狀態。」基於這些觀點，拉馬克後來寫成《動物哲學》（*Philosophie zoologique*），當他拿給拿破崙看時，拿破崙公開嘲諷他「荒唐」、「可笑」。但這並沒有影響他科學進取的步伐。

歷史評說

拉馬克是 18 世紀歐洲各國科學迅速發展時，出現的一位偉大的科學家，他是第一個提出生物進化理論的，他的這一理論對當時社會經濟和社會思想意識的發展起了有力的推動作用。

拉馬克在科學事業上不斷攀登一個又一個高峰，為人類留下寶貴的精神財富，自己卻沒有得到什麼報酬，一生都在極度貧困中度過，到了晚年境遇更是淒涼。1819 年拉馬克不幸雙目失明，但他靠兩個女兒的幫助，仍未停止科學研究工作，靠口述寫完 7 卷宏文鉅著《無脊椎動物自然史》。1829 年 12 月 18 日拉馬克與世長辭，享年 85 歲。由於貧困，兩個女兒竟無力為父親買一塊能讓這位偉大科學家長眠安息的墓地，致使遺骨埋了又挖，挖了又埋，最後竟不知去向。此情此景令人慨嘆！他的墓地雖然不在，而他的科學貢獻卻永遠銘記在人們心中。

違背聖經的「罪人」 ── 達爾文

「我所學到的任何有價值的知識，都是由自學中得來的。」

── 達爾文

人生傳略

　　查爾斯‧達爾文（Charles Robert Darwin，西元 1809 ～ 1882 年）是英國傑出生物學家，演化論的奠基人。1809 年 2 月 2 日（恰巧與美國總統亞伯拉罕‧林肯〔Abraham Lincoln〕生於同一天）出生在英格蘭西部希羅普郡希魯茲伯裡城一個世代行醫的家庭裡，他是這位富有醫生的第五個兒子。達爾文的祖父伊拉斯謨斯‧達爾文（Erasmus Darwin）不僅是醫生，而且是一位動物學家，曾寫過《動物生理學》（Zoonomia）一書。他的父親羅伯特‧瓦爾寧‧達爾文（Robert Darwin）也是當地的名醫，並且喜愛花草樹木，寫過一本名為《植物園》的書。由於達爾文出身名門望族，家庭條件優渥，因此他童年是在無憂無慮、自由自在中度過的。童年的達爾文非常調皮，愛動腦筋，愛提一些稀奇古怪的問題。比如，他問媽媽：「泥土地裡為什麼不長出小貓、小狗來呢？」等等。賢惠的母親總是耐心地回答小達爾文奇怪的問題，同時又給予鼓勵：「親愛的，許多問題都是個謎。希望你長大了自己去找答案，做個有出息有學問的人。」母親的鼓勵時刻在激勵著達爾文去探索自然奧祕。1817 年，在母親死後，達爾文被送到一個官辦的寄宿學校上學。在這個學校他幾乎僅僅學習了古典語言和一點歷史、地理知識。但在校外，達爾文卻不斷採集昆蟲、鳥卵、礦石、貝殼等標本，對自然史、特別是對植物保持著濃厚的興趣。1825 年，他進入愛丁堡大學學醫，但他對醫學不感興趣，於是轉

入劍橋大學學習神學。1831 年達爾文以博物學家的身分，隨「小獵犬」號艦艇進行了科學考察。這次考察為後來他成為英國博物學家、生物演化論的奠基人打下了基礎。事實證明，這次環球旅行是西方科學史上最有價值的一次旅行。

主要思想及著作

　　達爾文回國之後，立即著手對物種起源和生物進化問題進行深入的研究。從 1837 年起，達爾文就開始寫第一本關於物種起源問題的筆記。1839 年出版了環球考察探險的《旅行日記（小獵犬號的航行）》(*Journal and Remarks (The Voyage of the Beagle)*)。同時發表了與生物學家歐文合著的《在小獵犬號航行中的地質學》。至此，達爾文的物種起源理論已經基本形成。1842 年，達爾文把自己的理論寫成了第一個概要，共 35 頁，兩年以後，這個概要已擴充為 230 頁。為了證明自己的觀點，達爾文不斷進行各式各樣的生物試驗，檢驗和補充自己的理論，同時與國內外科學家進行廣泛的學術交流。直到 1859 年 11 月 24 日，《物種起源》(*On the Origin of Species*) 才正式出版。第一版共印 1,250 冊，當天就全部賣光。接著 1860 年 1 月又發行了第 2 版 3,000 冊，很快又被搶購一空。從 1859 年到 1872 年，《物種起源》共出了 6 版，每一版都經過達爾文修改，增加新的內容。

　　《物種起源》用相當豐富詳實的數據，證明了生物界是在不斷變化的，有自己的發生和發展的演化歷史。世界上的生物都是由簡單到複雜、由低階到高級進化而來的，不是由什麼自然力量的干預或由神的意志決定的，而是透過變異遺傳、生存鬥爭和自然選擇的結果。《物種起源》的出版戳穿了「上帝造萬物」的謊言，推翻了物種不變的形而上學觀點，第一次把生物學建立在完全科學的基礎之上，象徵著演化論科學的誕生。馬克

思、恩格斯給予盛讚，認為「非常有意義」、「寫得簡直極好了」，而且恩格斯將達爾文的演化論稱為 19 世紀自然科學的三大發現之一。

名人事典

在劍橋大學的 3 年中，達爾文雖然對神學課程的學習感到十分厭倦，但是實際上他沒有浪費時間，而是將時間更多地用在了學習代數學、幾何學及自然科學。與劍橋大學教師和植物學家教授亨斯洛（Stephan Henslow，西元 1796 ～ 1861 年）的友好關係，對達爾文的成長發展具有十分重大的意義。亨斯洛建議達爾文做地質學研究，並介紹他認識了地質學家亞當・塞奇威克（Adam Sedgwick，西元 1785 ～ 1873 年），並於 1831 年陪同塞奇威克到北威爾士做了一次地質考察。

1830、1840 年代，英國的工業革命基本完成。英國政府為了擴大商品市場和原料產地，多次派遣船隊到世界各地考察和探險。為了弄清各地的資源，於是一些自然科學家被邀請到參加探險的行列中。

1831 年 8 月，亨斯洛推薦達爾文作為「自費的自由博物學家」陪同艦長菲茨・羅伊乘「小獵犬」號做環球旅行。按照達爾文自己的評價，這次旅行是他一生中「極其重要的一件事」。

乘「小獵犬」號所作的旅行從 1831 年 12 月 27 日一直延續到 1836 年 10 月 2 日。「小獵犬」號穿過大西洋，到達南美洲，後進入太平洋和印度洋，繞過南非好望角後回到英國。在 5 年的海上探險和考察期間，年輕的達爾文登山涉水，入叢林，過草地，採集標本，挖掘化石，累積了極其豐富的實際數據，為他以後的科學研究打下了基礎。這 5 年的經歷使他在 1839 年發表了自己寫的旅行記《小獵犬號的航行》一書，這本書不僅描述了這位年輕的天才博物學者所發現的東西，而且總結了他認識各種自然現

象的連繫和得出綜合結論所使用的方式方法，所以價值極高。同時這部旅行記還是一部傑出的科學史文獻，並以各種不同的語言廣為流傳。

在劍橋大學學習期間，達爾文對於採集昆蟲標本興趣最濃。有一天，達爾文從樹上撕下一張老樹皮時，看到了兩隻稀有甲蟲，馬上用雙手各抓住一隻，但是忽然又見到第三隻，也是一個新奇品種。於是他把自己右手抓住的一隻甲蟲塞進嘴中咬住，以便騰出手去抓第三隻。但是，那隻含在嘴裡的甲蟲射出一股極其辛辣的液汁，灼傷了達爾文的舌頭，他不得不馬上吐出讓它跑了，而第三隻甲蟲也因此失蹤，令他懊喪不已。就是這樣，他獲得的很稀有的甲蟲，被收入史蒂芬的《不列顛昆蟲圖集》（*Illustrations of British Insects*）之中。

歷史評說

對達爾文的成就儘管各人看法不相一致，但舉世公認他是個偉大的科學家。雖然關於演化論還有很多問題沒有得到解答，但達爾文還是對科學作出了巨大的貢獻，他使生物學跳出迷信的圈子，而立足於穩固的科學基礎，他獲得歐美十幾個國家、70 多個科學研究和學術機構授予的各種榮譽稱號、學位、獎章和獎金。作為英國傑出的生物學家、生物演化論的奠基人，達爾文是當之無愧的。

青年時代的航海考察，使達爾文染有多種疾病，在與病魔搏鬥中，達爾文堅持工作了 40 多個年頭。臨終前兩天，他還支撐著垂危的身體記錄植物實驗報告。他說：「我一點也不怕死……我難過的只是，我已經沒有氣力把我的研究繼續下去了。」1882 年 4 月 9 日凌晨 4 時，這位科學巨人懷著壯心不已的心情，永遠告別了人世。人們將達爾文安葬在倫敦西敏寺的公墓裡，與牛頓墓並排在一起，以示對他的紀念與尊重。達爾

文的墓碑上只刻著他的姓名和生卒年月，沒有留下碑文。但是，他給後人留下了 20 多部科學著作，上百篇論文以及為科學獻身的崇高精神。他所創立的生物演化論，是 19 世紀自然科學領域中的三個偉大發現之一，由他所興起的科學革命，不僅為近代生物學的發展開闢了寬闊的道路，而且對整個意識形態領域產生了深遠的影響。

科學家年譜

- 1839 年，《小獵犬號的航行》
- 1842 年，《珊瑚礁的結構和分布》(*The Structure and Distribution of Coral Reefs*)
- 1859 年，《論透過自然選擇的物種起源》(*On the Origin of Species by Means of Natural Selection*)
- 1860 年，《物種起源》美、德第一版
- 1868 年，《動物和植物在家養下的變異》(*The Variation of Animals and Plants Under Domestication*)
- 1871 年，《人類的由來和性的選擇》(*The Descent of Man, and Selection in Relation to Sex*)
- 1872 年，《人類與動物的情感表達》(*The Expression of the Emotions in Man and Animals*)
- 1875 年，《食蟲植物》(*Insectivorous Plants*)
- 1876 年，《植物界中的異花授粉和自花授粉》(*The Effects of Cross and Self Fertilisation in the Vegetable Kingdom*)
- 1877 年，《同種花的不同形態》(*The Different Forms of Flowers on Plants of the Same Species*)

- 1880 年,《植物的運動能力》(*The Power of Movement in Plants*)
- 1881 年,《蚯蚓對土壤形成的作用》(*The Formation of Vegetable Mould through the Action of Worms*)
- 1876 ～ 1881 年,《回憶我的精神和性格的發展》

現代遺傳學的奠基人 —— 孟德爾

「如果我要經歷痛苦的時刻,那麼我應該感激地承認,美好、幸福的時刻真是不少。我的科學著作給我帶來許多愉快,我相信,無須經過許多時間,全世界將承認這些著作的價值。」

—— 孟德爾

人生傳略

格雷戈爾·約翰·孟德爾(Gregor Johann Mendel,西元 1822 ～ 1884 年)奧地利遺傳學家。1822 年 7 月 22 日出生在奧地利西里西亞一個叫作海因申多夫的鄉村,這裡風景優美,氣候宜人,素有「多瑙河之花」的美譽。他的父親是位農民,農忙之餘喜歡園藝,在父親的影響和周圍大自然美景的薰陶下,孟德爾從小就對植物有著濃厚的興趣。孟德爾在海因申多夫的小學畢業後,又到鄰近的特羅波城中學讀書。後來靠著家裡賣地換來的錢,半飢半飽地讀完了大學。大學畢業後,孟德爾在 1843 年 10 月 9 日進入了設在布魯恩的奧古斯丁派修道院,當了一名修道士,後來做了神父,兼職希爾諾皇家學校的教員。他一邊工作,一邊如飢似渴地學習和開展科學實驗,為後來奠定了堅實的科學基礎。

主要思想及著作

在這塊理想的實驗基地裡，從 1857 年開始，孟德爾連續 8 年栽培豌豆，精心進行實驗。整整 8 年，他幾乎天天都陪伴著他心愛的豌豆。在常人看來那是枯燥乏味的實驗，而這位「種豌豆的神父」卻自得其樂，樂此不疲。8 個寒暑的辛勤勞作，使孟德爾獲得了旁人望塵莫及的重要發現，總結出了有關生物性狀遺傳的「顯性規律」和「分離規律」，在掌握大量的數據之後，1865 年他寫出題為《植物雜交試驗》（*Experiments on Plant Hybridization*）的論文，刊在自然科學學會的年刊上，這一年刊分送到歐亞 120 個圖書館珍藏。文章的發表沒有引起絲毫反響。遺憾的是在孟德爾的有生之年，誰也沒有提到過他的論文以及遺傳因子的分離定律和自由組合定律。

名人事典

1853 年孟德爾回到修道院做神父，碰巧的是有一位名叫薩勒的神父同樣喜好植物，並在修道院裡開闢了一個很大的植物園。可薩勒嗜酒如命，常常喝得爛醉而被院長逐出院門。薩勒這一走，倒給孟德爾留下了一個好園子，留下一塊理想的生物學實驗基地。

值得一提的是，在孟德爾中學畢業後，儘管他學習成績優秀，但由於父親一次意外傷害而再無能力勞作，於是索性將家裡僅剩的一塊地賣掉，將錢分給孟德爾和他的姐姐。姐姐就要結婚了，這錢是用作嫁妝的。但姐姐為了成全弟弟，讓他繼續學業而放棄了嫁妝。這樣才使孟德爾完成學業。

歷史評說

　　孟德爾的發現不僅奠定了遺傳學大廈的基礎，而且對於完善達爾文的演化論具有極其重要的意義。演化論的核心是自然選擇。但自然選擇的作用是緩慢的，是個長期的過程，這就存在著這樣一個問題，在自然選擇期間，物種的變異是一代接一代發生的，那些有利的變異會不會在自然選擇尚未發揮作用的時候就已經消失了呢？孟德爾指出遺傳是一種長期的、穩定的過程，變異性狀並不融合為中間狀態，而是保留其特性不變。這表明自然選擇是可以對自然變革發生緩慢、但是有效的作用。孟德爾以其卓著的理論，彌補了達爾文演化論的一個致命漏洞。

　　在 1884 年 1 月 6 日，孟德爾與世長辭。他的論文及定律仍無人問津。在他莊嚴肅穆的葬禮上，無人知道他們送別的並非是一位普普通通的修道院院長，而是一位出類拔萃的科學家、現代遺傳學的偉大奠基人，是可與伽利略、哥白尼、牛頓、達爾文相並肩的一代偉人。這也許是孟德爾個人的不幸。但科學的幸運是在 1900 年，歐洲有三位植物學家分別進行了與孟德爾相類似的雜交試驗，在他們寫論文查閱文獻時發現了塵封 40 多年的孟德爾的《植物雜交試驗》。三位真正的科學家，以其完美無瑕的誠實宣布了孟德爾的發現，同時將自己的論文列為該定律的佐證，並將遺傳學定律命名為孟德爾定律。這不禁讓人想起中國的那句老話：是金子總會閃光。是真理總會被人發現。這位偉大的科學家在他逝世後 16 年終於為世人所發現，所景仰。

科學家年譜

- 1857 ～ 1865 年，對豌豆進行雜交實驗

- 1865 年，在「自然研究協會」作雜交試驗結果的報告
- 1866 年，在「自然研究協會」雜誌上發表雜交研究成果的文章

條件反射理論的奠基者 ── 巴夫洛夫

科學研究要求每個人有極緊張的工作和偉大的熱情。

── 巴夫洛夫

人生傳略

　　伊凡・彼得洛維奇・巴夫洛夫 (Ivan Petrovich Pavlov，西元 1849 ～ 1936 年) 俄國生理學家，1849 年 9 月 26 日出生在俄國中部一個名叫梁贊的鎮上。他父親是一位神父，雖然巴夫洛夫是在一個信教的家庭裡長大，從 1860 年至 1869 年上過教會學校並進過神學院，但這種環境對他的影響並不長。畢業後，他又進入彼得堡大學學習，在那裡他最感興趣的是跟著名的西翁教授 (Elias von Cyon) 學解剖。1875 年，巴夫洛夫大學畢業並獲金質獎章。1879 年，他畢業於軍事醫學研究院再次獲得金質獎章。1883 年，取得醫學博士學位。1884 年，成為軍事醫學研究院副教授，1890 年，任教授。1891 年，他領導了實驗醫學研究所生理研究工作。1901 年他被選為俄國科學院的通訊院士，1907 年為正式院士。

主要思想及著作

　　巴夫洛夫的科學研究大致可分三個時期，屬於三個領域，即心臟生理、消化生理和高級神經活動生理。早在大學時，巴夫洛夫就開始了血液循環的研究，並開闢了生理學的一個新分支 ── 神經營養學，還發現

溫血動物的心臟有著特殊的營養性神經，能使心跳增強和減弱。

在消化腺研究中，他發現動物在進食時，食物還未進入胃，胃即開始分泌胃液。對狗進行的「假餵實驗」證明了這一點，並形成了條件反射的概念，被譽為 19 世紀最有貢獻的實驗。巴夫洛夫還建立了現代胃生物學。1897 年寫了《消化腺機能講義》（*The Work of the Digestive Glands*）一書，為消化系統疾病的診斷提供了豐富的數據和經驗。由於此項研究，1904 年巴夫洛夫獲諾貝爾獎金，是世界上第一個獲此殊榮的生理學家。

巴夫洛夫在高級神經活動生理的研究顯示，凡是動物都具有無條件反射和條件反射，並可借反射的反應回答外界的刺激。所謂「意識」、「精神活動」也是大腦這個「物質肌肉」活動的產物，同樣需要消耗一定量的能。這一結論給唯心主義心理學以沉重的打擊，為創立科學的唯物主義心理學奠定了基礎。

巴夫洛夫晚年的精神病學研究，提出兩個訊號系統學說，他的第二訊號系統學說揭示了人類所特有的思維的生理基礎。

巴夫洛夫的主要著作有：《消化腺機能講義》、《動物高級神經活動客觀研究 20 年經驗》、《大腦兩半球機能講義》等。蘇聯科學院於 1951 年至 1952 年出版了六卷本的《巴夫洛夫全集》。

名人事典

狗是巴夫洛夫從事科學研究工作的助手。他研究生理學，做活體解剖試驗，所用的動物大都是狗。他一輩子與狗打交道，對狗有著特殊的感情。在十月革命後的幾年中，蘇聯經濟極其困難。巴夫洛夫的實驗條件也極端惡劣。為了科學事業，巴夫洛夫致信列寧（Vladimir Lenin）希望能幫其解決困難。很快列寧便派高爾基來看望巴夫洛夫。當高爾基詢

問道：「教授，蘇維埃需要您，需要科學。不必客氣，您需要什麼，儘管說，我們一定盡量滿足您的要求！」看著笑容可掬的高爾基，巴夫洛夫早已把自己的口糧不足、燃料缺少的問題忘在腦後，聲音顫抖而又急切地說：「我只需要狗，狗！」

歷史評說

　　1836 年 2 月 27 日，巴夫洛夫因患流感性肺炎在列寧格勒逝世，享年 87 歲。巴夫洛夫的一生是將畢生精力獻給祖國、獻給人民，獻給科學事業的輝煌燦爛的一生。他首先提出條件反射理論，為科學唯物主義心理學的創立奠定了基礎，是俄國歷史上一位偉大的生理學家。

　　在自己的家庭生活十分困難，甚至自己的溫飽都難以保障的條件下，巴夫洛夫對家庭的困難、物質生活的低下，都不放在心上，而唯獨念念不忘的是科學實驗的對象 —— 狗能得到保障，以使科學事業能繼續進行。從中我們不難領略一位偉大科學家，對科學研究工作的全身心投入，正如他本人所說：「科學研究要求每個人有極緊張的工作和偉大的熱情。」

科學家年譜

- 1883 年，寫成博士論文《心臟的離心神經》
- 1897 年，發表《消化腺機能講義》
- 1923 年，發表《動物高級神經活動客觀研究 20 年經驗》
- 1927 年，發表《大腦兩半球機能講義》

現代遺傳基因學說的創立者 —— 摩爾根

「知識是一種快樂，而好奇則是知識的萌芽。」

—— 摩爾根

人生傳略

托馬斯‧亨特‧摩爾根（Thomas Hunt Morgan，西元 1866 ～ 1945 年）美國實驗胚胎學家、遺傳學家，1866 年 9 月 25 日出生於美國肯塔基州萊辛頓一個名門望族的家庭。他的父親查爾頓‧摩爾根是英國貴族後裔，曾任美國駐西西里島墨西拿的領事。在義大利統一運動中，援助過加里波底（Giuseppe Garibaldi）率領的紅衫軍。摩爾根從小就熱愛大自然，曾幾個夏天都到肯塔基州的鄉間、山區和西馬蘭州的農村觀光遊覽，蒐集化石和考察自然界。在肯塔基的山區，他還與美國地質勘察隊一起工作了兩個夏天。所有這些經歷，不僅增長了知識，開闊了視野，而且使摩爾根從童年時期就對博物學和生物學產生了非常濃厚的興趣。

19 世紀中葉，工農業生產迅速發展，使自然科學呈現出一片繁榮局面。生物科學的研究十分活躍。在摩爾根出生前的 1859 年，達爾文發表了演化論鉅著《物種起源》；在他出生的那一年（1866 年），著名遺傳學家孟德爾發表了他關於雜交研究成果的重要論文。生物學和遺傳學研究的這些進展，不僅為摩爾根營造了良好的科學環境，而且在一定程度上對他步入科學領域造成引路作用。1886 年他在肯塔基州立農學院取得動物學學士學位。後入約翰‧霍普金斯大學。1890 年完成了論海洋蜘蛛的博士論文，獲得哲學博士學位。

主要思想及著作

　　1895 年至 1902 年，他開始集中研究實驗胚胎學 —— 前期主要探索了影響正常胚胎產生的因素，後期著重研究成年幼體中已經喪失或受傷的組織、器官的再生問題。他運用了實驗與分析方法，重視定量分析與實驗證明生物進化的過程；運用嚴密的科學方法推動生物學向前發展。在摩爾根的影響下，普通生物學，特別是遺傳學和胚胎學從描述性的科學轉變成為運用定量分析和實驗方法的科學。1901 年他發表的第一部鉅著《再生》（*Regeneration*）全面總結了那個時期人們對再生問題的認識。

　　摩爾根在對演化論研究之初，對達爾文的自然選擇理論和孟德爾定律及染色體理論表示懷疑。透過幾年大量的實驗和分析，他從反面證實了達爾文理論和孟德爾染色體理論的正確性，從懷疑到接受這種態度的變化，表現出這位科學家的求實精神。正如他自己所說：「我們要的是科學，而不是面子！」

　　從 1908 年起摩爾根開始養殖果蠅，並潛心研究果蠅的遺傳問題。1925 年出版了《演化論與遺傳學》一書，1926 年出版了《基因論》一書。在這兩部著作中他總結了在遺傳學研究中的主要發現，系統地闡述了遺傳的染色體理論和基因學說。

　　為了表彰他在創立染色體遺傳學方面的功績，諾貝爾基金授予他1933 年生理學及醫學獎。此外，摩爾根還榮獲了英國皇家學會授予的達爾文獎章（1924 年）和克卜勒獎章（1939 年）。他的主要著作有《進化與適應》、《演化論批判》、《遺傳與批判》、《孟德爾遺傳學機理》、《基因理論》、《蛙卵的進化：實驗胚胎學入門》、《再生》、《實驗胚胎學》、《胚胎學與遺傳學》等。

名人事典

1891 年，摩爾根接受布萊恩‧莫爾大學的聘請，到該校生物學系任副教授。從此開始了他的教學科學研究生涯。1894 年至 1895 年間，他有幸到義大利那不勒斯動物站工作 10 個月，這使他有機會結識了以德國胚胎學漢斯‧德雷斯為首的世界各國研究人員，接觸到了最優秀的當代成果。

1933 年冬的一天，美國人奔走相告「摩爾根獲諾貝爾獎金啦」，這時，摩爾根正穿過熙熙攘攘的人群，朝他的實驗室奔去。他急著要見到他的學生 —— 布里奇斯（Calvin Bridges）和斯圖爾提萬特（Alfred Sturte-vant）。這兩個人是他的終生助手。他們既是師生，又是朋友。摩爾根進入實驗室，看見他的合作者正在埋頭工作，便把他倆叫到身邊，興奮地說：「這份獎金我們三人共享。」「不要這樣做吧。」兩個學生異口同聲地回答：「那獎金是給您的啊！」「不，這是獎給我們的！」摩爾根把「我們」兩個字說得很重、很響，還決定承擔他的終身助手斯圖爾提萬特、布里奇斯等人的子女的全部教育費用。

歷史評說

摩爾根的一生是從事科學研究的一生，是在胚胎學、遺傳學、細胞學和演化論的廣闊領域裡漫遊的一生。在研究中，他窮根究底，講求實際，滿腔熱忱。平日很少休假。摩爾根的重要貢獻，在於把整個生物學、特別是把遺傳學和胚胎學，從那種由形態學傳統中脫胎出來的描述性的和高度思辨的科學，變成以定量分析法為基礎的科學。從胚胎學開始到後來轉入遺傳學領域，他都首先採用實驗的方法，然後採用定量分

析的方法，用來解決生物學問題。摩爾根對染色體遺傳理論這一項研究，就足以使他在近代生物學史上贏得一個重要的地位，再加上他在胚胎學方面的重大貢獻以及他對新方法的熱衷提倡，使他可以被列為 20 世紀最重要的生物學家之一。

摩爾根在科學事業上是一位嚴肅的學者，可他在生活中卻是一位極有家庭觀念的人，即使工作再忙，每天也要抽出一段時間與妻子、孩子在一起享受天倫之樂。在學校和實驗室，他也受到人們的尊敬和愛戴。無論朋友、同事或學生都稱讚摩爾根是一位頭腦敏捷、有深刻判斷力和富於幽默感的人。

科學家年譜

- 1890 年，完成論海洋蜘蛛的博士論文
- 1901 年，發表《再生》
- 1915 年，發表《孟德爾的遺傳學原理》（*The Mechanism of Mendelian Heredity*）
- 1925 年，出版《演化論與遺傳學》
- 1934 年，出版《胚胎學與遺傳學》

分子生物學的元勛 —— 華森和克里克

「科學中的任何創造都不同程度地意味著，要把當時的任何尚處於零散狀態的事實材料、尚未結合起來的觀念綜合起來。沒有這樣的綜合，就不會形成統一的世界圖景。」

—— B・M・凱德洛夫（蘇聯當代自然哲學家）

人生傳略及名人事典

華森（James Dewey Watson，西元 1928 年～）美國著名生物家，DNA 的發現者。1928 年生於美國芝加哥，少年時期的華森，就極為勤奮好學，學習成績優秀。16 歲中學畢業升入大學時，不幸未被哈佛大學和加州理工學院錄取，只能進入印第安州立大學。入學後他開始學習動物學，並對鳥類學極感興趣。1947 年參加了密西根大學高級鳥類和植物系統學習班。據大學時他的胚胎學和脊椎動物學老師章斯回憶：「他完全不關心課堂上進行的任何事情，他從來不做筆記，但在課程結束時，他的成績在班上總是名列前茅。」

華森上大學時，他的院長和系主任是摩爾根門下的優秀學生，諾貝爾獎的得主——穆勒（Hermann Joseph Muller），曾因用 X 光誘使果蠅基因突變而名震生物界。按常規，華森理應從師於他，去做果蠅的研究。但當華森偶然讀到薛丁格著名的小冊子《生命是什麼？》（*What Is Life?*）以後，內心勃發了去「發現基因的祕密」的激情。他具有很強的獨立思考能力與科學鑑別力，他認為「果蠅的黃金時代已經過去了，相反許多最優秀的比較年輕的遺傳學家，都在從事微生物學的研究」。他決心投奔義大利病毒學家盧里亞（Salvador Luria），他是瑪里·居禮的學生，曾在巴黎鐳學院從事過放射性對細菌和噬菌體的研究，組成與馬克斯·德布呂克（Max Delbrück）在內的「噬菌體研究小組」。華森帶著他的稚氣和智慧，在人生征途上做了重要的抉擇。他成了盧裡亞的研究生，開始進入生物學研究的前沿陣地，很快就在讀研究生期間成為「噬菌體研究小組」的成員之一。1948 年他在布魯氏敦盧裡亞家中遇到了德布呂克，聆聽德布呂克暢談透過噬菌體研究去捕捉遺傳訊息的目標和方法，華森完全被德布呂克的思想「鉤住了」。不久，他赴冷泉港參加了噬菌體的暑期學

校。22 歲時他以 X 光對噬菌體產生突變的影響研究獲得博士學位。1951
年 5 月華森赴義大利參加生物學討論會，聽到了英國生物物理學家威爾
金斯（Maurice Wilkins）關於 DNA 的 X－繞射報告，第一次看到了 DNA
結晶的繞射照片，又得知英國劍橋大學卡文迪許實驗室正在做蛋白質結
構的 X 繞射分析，便決定趕赴英國生物科學中心，到風口浪尖上去闖一
闖。正是這種抱負和學術上的獨立判斷能力，以及求新的思想，促使沃
爾森勇於去叩開世界科學殿堂的大門。

　　克里克（Francis Crick，西元 1916 ～ 2004 年）英國著名生物學家。
1916 年生於英國北安普敦的一個富有的靴鞋資本家的家庭。第二次世界
大戰前夕，克里克上中學時家裡破產了。他不顧家庭的鉅變繼續勤奮學
習，1934 年中學畢業時物理、數學成績都名列前茅。由於他對科學的偏
愛，對其他事物興趣淡漠，家人稱他為「胡桃夾」，比喻他興趣狹窄。
1937 年他以優異的成績畢業於倫敦大學物理系，開始在安德雷教授（Ed-
ward Andrade）指導下寫作博士論文。1939 年因二戰爆發而中斷學習，轉
入英國海軍部工作，研究偵破和破壞德軍水雷的電路系統，因工作出色
受到賞識，戰後仍留在海軍部工作。

　　克里克不滿足於得心應手的工作，廣泛閱讀各種新科學材料以豐富
自己。一次偶然的機會，他讀到薛丁格的《生命是什麼？》一書中提到研
究生物現象可能會導致新物理學定律的發現。他受到極大的鼓舞，說薛丁
格給他最深的印象是「對生物學的基本問題可以用物理和化學的概念，以
精確的措詞進行思考」，「偉大的東西就藏在犄角旮旯裡」，他決心到陌生
領域去闖蕩一番。透過各種方法，克里克進入醫學科學研究會的生物學小
組，與佩魯茨（Max Perutz）、肯德魯（John Kendrew）和布拉格（Sir Law-
rence Bragg）合作研究血紅蛋白和肌紅蛋白的分子結構。他透過自學，指
出了肯德魯、佩魯茨和布拉格在 X 結晶學方面，一直遵循的基本技術和

模型有錯誤，指出血紅蛋白分子要比他們根據現有數據設想的複雜得多。他對血紅蛋白的帽盒模型大膽地提出了異議。好傢夥，這等於在太歲頭上動土！布拉格是開闢 X 結晶繞射的鼻祖之一，又是諾貝爾獎的最年輕得主，還是他的導師，他這樣做勢必造成關係緊張。克里克不管這些，以初生牛犢不怕虎的精神，在這個新興領域中橫衝直撞。他針對血紅蛋白結構的複雜性，採用多種途徑進行實驗，打破了卡文迪許生物小組思考生物分子結構的一些舊思路，推進了生物大分子繞射的研究。

　　1951 年華森到卡文迪許實驗室遇到了克里克，他們兩人性格完全相左，克里克性格開朗，大聲說笑，談論科學問題滔滔不絕；華森則孤獨文靜，靦腆內向，遇事不輕易開口。但克里克富於獨立思考，勇於向權威挑戰的精神一下子就吸引了華森，再加上兩人都受薛丁格的影響，嚮往探索遺傳訊息的祕密，都認為 DNA 的分子結構與功能可能是揭示這個祕密的關鍵。克里克也認為華森是所遇到的「以跟我一樣的方式」思考生物學問題的第一個人。「華森也認為克里克」無疑是我曾與之合作過的人中最生氣勃勃的一個，而且極接近我……他從未停止過談論和思考」。共同的理想、共同的思路把這兩個國籍不同，年齡懸殊，背景有異，性格各異，專業逕庭的人緊緊連繫在一起，向 20 世紀生物學的高峰發起了衝擊。

主要思想及著作

　　從 1953 年開始，克里克和華森開始分析 DNA 晶體結構。這時，倫敦皇家學院的威爾金斯和女科學家費蘭克林（Franklin）也在做同樣的工作。華森和克里克直接從他們那裡得到了較完整的分析數據和照片，並從奧地利人查哥夫處得到了 DNA 四個鹼基兩兩相等的數據，還從鮑林那裡得到蛋白質肽鏈由於氫鍵的作用而呈 α 螺旋型的結果，經過計算和

思考，最後建立了 DNA 的雙螺旋結構模型。他們的論文《核酸的分子結構》(*Molecular Structure of Nucleic Acids*) 發表在 1953 年 5 月英國《自然》雜誌上，立刻引起了世界科學界的轟動。這篇論文的發表被人們視為分子生物學誕生的里程碑。

克里克和華森的模型表明，DNA 分子是兩條多核苷酸彼此纏繞而成的雙螺旋，兩者靠鹼基之間的氫鍵連在一起，結成對的鹼基是不同的，但卻是特異地互補的：腺嘌呤與胸腺嘧啶相連，鳥嘌呤和胞嘧啶相連。一條鏈控制著另一條鏈的鹼基順序。若已知一條鏈鹼基的順序，便可寫出其補合鏈的鹼基順序，他是由鹼基配對法則決定的。

DNA 雙螺旋結構問世後，克里克還提出了分子轉換器假說、中心法則及驗證了三聯密碼，進一步完善了分子生物學。

歷史評說

華森、克里克將他們的一生獻給了 20 世紀的分子生物學，由他們兩個小人物掀起的狂瀾，席捲了全球，帶動了一系列的學科發展，促進了「生物世紀」的到來！其意義和深遠影響將跨越若干世紀，成為人類科學、文化的寶貴財富！更可欽佩的是他們孜孜不倦、永遠進擊的科學精神，他們將成為有志獻身科學事業的人的楷模和典範。

華森和克里克這兩個無名小輩以極短的時間，僅 18 個月就創造了 DNA 大分子的雙螺旋模型，完成了 20 世紀生物學中最偉大的發現。躍上了 20 世紀科學寶座，摘取了「分子生物學」的桂冠，領略了半個世紀的風騷。這絕非偶然，而是與當時的背景、機遇和他們自身的努力分不開的。

二戰及戰後的發展為分子生物學在英、美、法三國的興起鋪平了道路。首先，作為戰勝國，他們無論在精神、人才或財力上都占優勢。尤

其是美國，戰後經濟的發展及強大，有可能為新興科學提供大量的財力資助，這是進行大規模分子生物學研究的倚靠。另外，美、英兩國在 20 世紀以來都曾是遺傳學研究的中心，具有良好的科學基礎，使它們在進一步研究分子生物學時起步較快。還有一個原因就是歐洲大批優秀科學家，由於逃避德國法西斯的迫害，紛紛湧入英、美，特別是美國。戰後，一大批物理學家轉入生物科學，為分子生物學的發展注入了新的活力。這些都是華森、克里克施展才能的客觀背景。

　　華森和克里克在不占任何優勢的條件下，能後來居上，僅用 18 個月時間就創造了 DNA 大分子的雙螺旋模型，超越了經驗豐富並且學有所成的威爾金斯、費蘭克林、鮑林等著名學者，而迅速取得劃時代的突破，成為科學殿堂中的佼佼者，主要原因有：一是選準了明確的主攻方向，在策略上高人一籌，所向披靡；二是在 DNA 結構分析中採用了模型方法，而且在建模型時，指導思想明確，獨樹一幟，使他們的模型既滿足了物理、化學、數學研究的最新事實 —— X 繞射的結果，鹼基配對的力學要求，又滿足了生化的知識，更完成了生物遺傳學及代謝的使命。因而美妙清新、無懈可擊，自洽周圓。這些都反映了他們科學思想上的傑出之處。科學上的重大成就往往屬於那些科學思想及方法高超，而運用自如的人。三是採百家之長，為己所用，使 DNA 雙螺旋結構更加完美。

　　華森和克里克都有一個共同的特點，就是他們勤於獨立思考，有極優秀的科學判斷能力及富於創造性的實踐能力，對科學領域未知的東西，勇於啃硬骨頭，進攻科學前沿，對權威不迷信、不盲從、勇於挑戰，孜孜不倦地去追求新的科學、新的創造，才促使他們去叩開世界科學殿堂的大門。這一切都再一次證明，自然界只願把她的隱祕貢獻給科學思想、科學方法高超，而且百般追求她的人。

科學家年譜

華森：

- 1968 年，《雙螺旋》
- 1965 年，出版基因分子生物教科書

克里克：

- 1954 年，《倫琴射線在多肽蛋白質上的繞射》

第九部分　地質學家

最早溝通中西文化的旅行家 —— 馬可‧波羅

「行在城所供給之快樂，世諸城無有及之者，人處其中自信為置身天堂。」

—— 《馬可‧波羅行記》中對杭州的記載

人生傳略

　　馬可‧波羅（Marco Polo，西元 1254 ～ 1324 年）是義大利著名的旅行家和地理學家。馬可‧波羅的家鄉威尼斯是一個古老的商業城市。他家祖輩也是世代經商，父親和叔父常奔走於地中海東部，進行商業活動。1260 年，他的父親和叔父經商路過伊斯坦堡，後又到中亞的本哈拉，在那裡遇到了一位波斯使臣，並一同到了中國，見到了元世祖忽必烈。1269 年，馬可‧波羅已經 15 歲了，他的父親和叔父從東方回到了威尼斯。他們從東方帶回的動人見聞，使得馬可‧波羅既羨慕又嚮往，他也很想做一個商人漫遊東方。兩年之後，馬可‧波羅的美好願望終於有可能實現了。1271 年，他的父親和叔父再次動身去中國。決定帶馬可‧波羅同行，於是年輕的馬可‧波羅以義大利威尼斯商人的身分，懷著了解東方的心情，踏上了東行之途。他們由威尼斯起程，渡過地中海，到達小亞細來半島，再經美麗的底格裡斯河谷到達伊斯蘭古城巴格達，後又穿過人跡罕至的伊朗高原和塔克拉馬干大沙漠，費時 3 年有半，終於在 1275 年抵達元代上都（今內蒙古自治區多倫西北）。上都是忽必烈夏季避暑的行宮，正式國都定在北京，當時稱大都，以後馬可‧波羅等人到達大都，並居住了 10 多年。

　　馬可‧波羅到達大都時已經 21 歲，風華正茂，由父親和叔父帶著

覲見忽必烈大汗。忽必烈非常高興，在宮內設宴歡迎，並留他們在宮中居住下來。馬可‧波羅善於學習，很快熟悉了朝廷禮儀，掌握了蒙古語等語言。忽必烈在和馬可‧波羅的接觸中，發現他具有敏銳的觀察力，因此對他很器重，除了在京城大都應差外，還幾次安排他到國內各地和一些鄰近國家，進行遊覽和訪問。根據遊記記載，馬可‧波羅出訪過雲南、揚州、南京、杭州、福州、泉州等地。此外，馬可‧波羅還奉使訪問過東南亞的一些國家，如印尼、菲律賓、緬甸、越南等國。這些豐富的遊歷經歷，使馬可‧波羅有可能對所到之處的風土人情、地理風俗進行詳細的了解，從而為後來聞名於世的《馬可‧波羅遊記》（*The Travels of Marco Polo*）提供了重要的素材基礎。

主要思想及著作

《馬可‧波羅遊記》問世後，廣為流傳。600 多年來，世界各地用各種文字輾轉翻譯，譯本之多，可能超過了 100 種，另外，還有許多學者對照各種版本進行校勘注釋，做了大量的整理研究工作。中國學者根據不同版本也翻譯過 7 種，其中 1935 年馮承鈞將法人沙海昂（Antoine Joseph Henri Charignon）的注本翻譯過來，譯名為《馬可波羅行記》（以下簡稱《行記》），在中國流傳較廣。書中記述的國家、城市的地名多達 100 多個，而這些地方的情況，綜合起來有山川地形、物產、氣候、商賈貿易、居民、宗教信仰、風俗習慣等，及至國家的談聞軼事、朝章國故，也時時夾見其中。馬可‧波羅的這本書是一部關於亞洲的遊記，它記錄了中亞、西亞、東南亞等地區的許多國家的情況，而重點部分則是關於中國的敘述。馬可‧波羅在中國的停留時間最長，他的足跡所至遍及西北、華北、西南和華東等地區。他在《行記》中以大量的篇章，熱情

洋溢的語言，記述了中國無窮無盡的財富，巨大的商業城市，極好的交通設施，以及華麗的宮殿建築。他記述當時北京這個城市，「全城地面規劃猶如棋盤，其美善之極，未可言宣」。對於皇室的宮殿建築，《行記》中描述為「宮頂甚高，宮牆及房壁滿塗金銀，並繪龍、獸、鳥、騎士形象，……頂上之瓦，皆紅、黃、綠、藍及其他諸色，上塗以釉，光滑燦爛，猶如水晶，致使遠處亦見此宮光輝」。今天讀到《行記》中關於北京的記載，這座 600 多年前的古城面目，似乎又復現在我們的眼前。

名人事典

馬可‧波羅和他的父親、叔父在中國旅居約 17 年之後，於 1295 年回到離別 20 餘年的家鄉威尼斯。

馬可‧波羅漫遊東方歸來的訊息，轟動了威尼斯，從社會名流到一般市民，爭相看望他的人絡繹不絕。馬可‧波羅回家住了不久，威尼斯與熱那亞兩個城市，因為市場競爭，爆發了一場激烈的戰鬥。馬可‧波羅為保衛自身和威尼斯的商業利益，奮勇加入了威尼斯的戰鬥行列。激戰結束，威尼斯艦隊大敗，熱那亞人獲得勝利，馬可‧波羅受傷被俘，關進了熱那亞監獄。馬可‧波羅因為從東方回來已經有點名望了，雖然禁錮在監獄中，監內監外，仍不斷有人找他談東方的事情。而馬可‧波羅為了消磨時光，也經常向同獄的人敘述東方各國的奇風異物。他的敘述引起了同獄人魯斯蒂謙（Rusticiano）的注意。魯斯蒂謙是比薩人，從小就受到比薩文化傳統的薰陶，精通法語，用法語寫過騎士傳奇小說。他覺得馬可‧波羅的遊歷見聞很有意思，如不寫成書，那是非常可惜的。於是徵得馬可‧波羅的同意，將他的口述，用當時歐洲流行的法蘭西語記錄下來。這樣，一部舉世聞名的《馬可‧波羅遊記》或稱《東方見聞錄》就誕生了。

在《馬可‧波羅行記》中還專門談到元代通行的紙鈔和中國使用已久的煤。馬可‧波羅記述忽必烈在京城中設有造幣局，先以桑樹皮製造紙張，然後以它刻印紙幣，這種紙幣不但通行國內，就是在和外商貿易中也有流通。他還說到中國北方親自見到「有一種黑石，採自山中，如同脈絡，燃燒與薪無異，其火候且較薪為優」。毫無疑問，這是說的中國境內蘊藏豐富的煤炭，其實中國以煤作為燃料，早在漢代便已經開始。馬可‧波羅在這時還當作「奇異事物」來記述，說明歐洲在 13 世紀用煤還不普遍，而中國在元代則是司空見慣的事了。

歷史評說

馬可‧波羅是中西交通史上最早的海陸兼程旅行家。他的著作，在中國古代的地理學史、亞洲歷史、中西交通中和中義關係史諸方面，都有著重要的歷史價值。馬可‧波羅的遊記在 13 世紀末問世後，一般人為其新奇可喜所動，爭相傳閱和翻印，成為當時很受歡迎的讀物，被稱為「世界第一大奇書」，其影響是巨大的。它開啟了中古時代歐洲人的地理視野，在他們面前展示了一片寬廣而富饒的土地、國家和文明，引起了他們對於東方的嚮往，也有助於歐洲人衝擊中世紀的黑暗，走向近代的文明。馬可‧波羅的遊記對於 15 世紀左右歐洲航海事業的發展，也造成了促進作用。當時一些著名的航海家和探險隊的領導人曾經閱讀過馬可‧波羅的書，並從中得到巨大的鼓舞和啟示，激起他們對於東方嚮往和冒險遠航的熱情。

馬可‧波羅的東遊和他的著作，是中西之間，特別是中義人民之間在中古時代友好往來的生動展現。他是第一個將地大物博的中國向歐洲人做出報導的人，他在書中以 100 多章的篇幅，記載了中國 40 多處的城

市地方，對其自然和社會情況做了詳細描述。他熱情洋溢，態度友好，儘管其中有浮華誇張的地方，今天我們以中世紀的偉大旅行家，中西交通史和中義關係史上的友好使者稱譽馬可‧波羅，他是當之無愧的。

科學家年譜

- 1254 年，出生於義大利威尼斯
- 1271 ～ 1275 年，長途旅行到達中國
- 1275 ～ 1291 年，旅居中國
- 1291 ～ 1295 年，長途旅行回到威尼斯
- 約 1295 —— 約 1299 年，參加威尼斯與熱那亞的戰爭被捕入獄，在獄中口述由魯斯蒂謙記錄寫成《馬可‧波羅行記》，廣傳於世。
- 1323 年，逝世於威尼斯

近代地質學之父 —— 赫頓

「地球是一架具有神聖智慧的特殊的機器，它為生命形式造成了一個可居的世界。」

—— 赫頓

人生傳略

赫頓（James Hutton，西元 1726 ～ 1797 年），是英國近代著名地質學家，他在地質學、農學、哲學等方面均有重大成就。赫頓 1726 年 6 月 3 日出生於蘇格蘭愛丁堡的一個上層社會家庭。父親威廉‧赫頓（William Hutton）是愛丁堡的名紳士和富商，母親莎拉‧貝爾福（Sarah Balfour）是

該城富商的女兒。他們的祖輩中有兩位是愛丁堡大學的植物學教授。受家庭環境的薰陶，赫頓從小就對自然界的一切事物有著濃厚的興趣。雖然在他 3 歲時父親就去世了，但是靠著父親留下的大筆遺產，赫頓與他的姐妹們仍過著無憂無慮的生活。

赫頓 15 歲就進入愛丁堡大學攻讀人文學科，同時他對科林·麥克勞林（Colin McLaughlin）的物理學、經驗哲學、地理學和數學，以及化學課程都有興趣。赫頓的興趣愛好特別廣泛，他曾想當一名律師，不久又決定學習醫藥。在愛丁堡大學攻讀醫學期間，赫頓對化學又發生了興趣。獲得醫學碩士學位的赫頓回到英國，一個很偶然的機會，他讀到一部英國名著，從中得到啟發，決定放棄醫學改營農場。他在愛丁堡東南 40 英里的地方經營著一座小農場，為了有效地經營這個農場，赫頓涉獵了大量地質學知識，並且先後到英格蘭各地考察。在考察中，一些有趣的地質現象深深地吸引了他，使他在考察中不僅注意農業問題，而且將更多的注意力放到了地質學上。在鄰居兼好友霍爾爵士的影響下，赫頓加入了弗斯—克利特運河籌委會，在此後的 20 年中，赫頓積極參與此項工作，這為他的地質旅行提供了更多的機會。根據自己多年的旅行經歷和細心研究，赫頓於 1785 年在愛丁堡皇家學會通報上發表了長篇論文《地質學說，或對陸地、組成、瓦解和復原規律的研究》（*Theory of the Earth; or an Investigation of the Laws observable in the Composition, Dissolution, and Restoration of Land upon the Globe*）。不幸的是，此後不久他便患了致命的膀胱結石症，雖然經過了手術治療，但病症反覆發作。赫頓於 1797 年 3 月 26 日在愛丁堡與世長辭，享年 71 歲。在生命的最後日子裡，他仍在為出版《地球學說：證據和說明》（*Concerning the System of the Earth, its Duration and Stability*）而努力工作著……

主要思想及著作

　　赫頓對於科學最重要的貢獻在於他的地球學說，其主要內容記述在《地球學說》、《地球學說：證據和說明》和《赫頓學說的解說》這三部著作之中。由於這幾部著作對經典地質學的奠基作用，歐洲人將赫頓譽為「近代地質學之父」。

　　這裡我們有必要先交待一下赫頓思想產生的歷史背景。歐洲的近代資本主義工業興起之後，由於礦業的相應發展，人們對岩石的種類和分布有了越來越多的認識，同時也就產生了研究它的興趣和需要。在這方面產生了兩種主要的觀點：水成論和火成論。1695 年英國著名學者伍德沃德（西元 1665 ～ 1728 年）在《地球的自然史試探》一文中利用《聖經》中關於諾亞洪水的傳說，用水的作用解釋了岩石的成因，地球歷史上一個時期的洪水沖走了大部分生物和地表的砂石土壤，後來懸浮在水中的各種物質按重量的大小分層沉澱，多年後沉積形成各層岩石和其中的動植物化石。這種「水成論」的觀點在宗教的維護下，幾乎統治著科學思維的一切領域，產生了很大的影響。

　　火成論觀點最初是由威尼斯修道院的莫羅（西元 1687 ～ 1764 年）提出的。莫羅 1740 年發表的《論在高山裡發現的海洋生物》一文指出，山上存在的貝殼化石不能用諾亞洪水來解釋，只能用火山作用來解釋。赫頓則是繼莫羅之後的火成論的集大成者。1785 年他在愛丁堡皇家學院發表了題為《地球的理論（學說）的演講》。赫頓在演講中提出，必須用現在地球上仍然在發揮作用的、可觀察到的因素來說明地球形成的歷史，而不應藉助任何超自然的力量，這應該是研究地球形成歷史的一個普遍原則。赫頓的見解是針對地質學中用諾亞洪水來說明地殼形成的觀點而提出的。赫頓認為，原始地球的核內包容著高溫岩漿，外面是一層海

水，火山是地球內部的重要閥門。地內能量聚足之後，熔岩從火山中射出，形成玄武岩的結晶構造。在火山運動過程中，海殼隆起形成陸地、高山，山岩被風化成碎屑後又被洪水沖入大海，在沉積和地熱作用下又固化為岩石，覆蓋在海底，在地殼隆起時被抬起，變為傾斜狀態，這便是地面上可以看到的包圍在火山岩核心周圍的傾斜沉積層。赫頓認為從現在的地質構造中可以看到舊日地球的廢墟，但由於地球有漫長的歷史，在現有地質現象中還看不到開始的痕跡和結束的前景。

名人事典

赫頓之所以能提出震驚世人的地質「火成論」思想，與他長期對大自然的觀察有關。1774 年，赫頓到英格蘭和威爾士地質旅行。當他訪問伯明翰時，曾與瓦特一起去考察柴郡的鹽礦。他和他的朋友經常觀察和討論愛丁堡城郊的地質，從中獲得不少真知。從愛丁堡城向東走，就到了著名的阿瑟別墅和薩利斯堡崖，那裡顯示出古火山噴發的景象；出城向西走，可以看到現代流水地質作用的產物和石炭紀海底沉積物和生物化石；甚至有時從城牆砌塊的岩石中都能找到熔岩侵入的證據。愛丁堡近郊的豐富的地質現象，也是形成赫頓學說和學派的一個天然條件。赫頓正是充分利用了這些有利的條件再加上他自己的細心分析才得出了「火成論」學說。

歷史評說

赫頓的學說克服了地質水成學派的片面性，對地質學的發展有重要的意義。同時對其他自然科學如化學、物理學和氣象學，他也懷有濃厚的興趣。他對雨的成因及溼度的研究曾給予著名化學家道耳頓以重要啟

示。他對燃素的見解儘管是古怪的和令人費解的，但卻是「只有天才才能提出的」。他甚至從分析煤燃燒時發出的不同的光推測出自然界存在著不可見光。這一預測若干年後即被證實。他所寫的《農學原理》(*Elements of Agriculture*) 一書不僅有個人的實踐，而且總結了當時人們的生產實踐，其內容幾乎包括了所有的農牧業器械和經濟問題，充分證明了他廣博的科學知識。雖然赫頓 30 歲之後才開始研究地質，但他最終卻以在地學方面的成績而名垂青史。

　　赫頓的學說作為一個思想體系是在英國工業革命的時代背景下產生的，這個思想體系在許多方面與經典的水成論是相對立的。後者是比較落後的德國社會現實的反映。比起水成論說學派，赫頓的學說能夠更好地解釋大自然的諸多現象。這主要是因為赫頓的學說是他幾十年實踐經驗和對大量事實概括的產物，並在較廣泛的學術交流的基礎上不斷修正形成的。這也正是赫頓火成論說成功地影響地質學發展長達一個多世紀的原因。

科學家年譜

- 1726 年 6 月 3 日，生於蘇格蘭愛丁堡
- 1740 年，入愛丁堡大學讀人文學科
- 1749 年，以《血液與微觀宇宙循環》論文獲醫藥學碩士學位，同年底與戴維共同發明製造氨鹽的方法
- 1750 年，棄醫務農
- 1754 ～ 1774 年，到英國各地及荷蘭、比利時、法國等地旅行，廣泛接觸科學界人士
- 1783 年，積極支持愛丁堡皇家學會的成立，並在一次學術會議上公布了他的《地球學說》論文，其核心思想為「火成論」。

- 1791 年，患膀胱結石症
- 1797 年 3 月 26 日，卒於愛丁堡

地質「災變論」的首倡者 —— 居維葉

「沒有緩慢作用的原因能夠產生突然作用的結果，那些微小的作用力即使連續作用達數百萬年也不可能產生諸如阿爾卑斯山岩層斷裂那樣的構造。」

—— 居維葉

人生傳略

　　居維葉（Georges Cuvier，西元 1769 ～ 1832 年）是德國歷史上著名的古生物學家、地質學家。他因最早提出地質「災變論」而享譽全世界。居維葉 1769 年 8 月 23 日出生於德國烏爾登堡蒙比爾鎮的一個退役軍人家庭。他的父母都是新教徒，在當地也有一定的社會地位和影響。富有的家境使居維葉從小就受到良好的教育。他舉止優雅，酷愛體育，尤其喜歡繪畫。為了寫生他經常出入於山川叢林之間，這使他對大自然的奧祕產生了濃厚的興趣。居維葉 12 歲時開始攻讀博物學，尤其是動物學，表現出很強的閱讀能力、驚人的記憶力以及刻苦頑強和持之以恆的精神。他的聰明好學時常得到老師的褒獎。由於成績優異，年僅 15 歲的居維葉就進入了斯圖加特的加羅林學院，主攻動物學。4 年後他結束了大學生活回到家鄉，成為當地一位貴族的家庭教師。在任教期間他生活優渥，時間充足。課餘之暇，他便乘馬車遠遊，還蒐集了大量豐富的動植物以及礦物和岩石標本，特別是記述了動植物生態、生長和生理的數據，並

做了初步分類，為他以後的研究奠定了基礎。1794 年，他辭去了高級家庭教師的職位，專門從事海洋生物解剖實驗和研究，獲得了大量的海洋生物學方面的數據；同時對鳥類也做了系統的研究，豐富了他對生物演化及其特徵方面的知識。透過自己實驗解剖與數據分析，他勇敢地對著名瑞典學者林奈的動植物分類系統提出了質疑，對這位學術權威的分類原則提出了挑戰，深受學者們的稱讚。當時的另一位青年動物學家聖希雷爾（Augustin Saint-Hilaire）為他那豐富而又有創見的研究所折服，認為他是一個很有培養前途的年輕人，於是推薦居維葉進入巴黎博物館，協助拉馬克研究靈長目類人猿的工作。無論在教學中還是工作中，居維葉都表現出非凡的組織才能，他為人和藹、處事得當，很快就成為巴黎的學術名流。到他逝世前的那一年，即 1831 年，他被晉封為貴族，成為教育界、學術界的顯赫人物，同時他還是一位身居爵位的著名科學家，享有很高的社會地位和學術聲望。

主要思想及著作

居維葉一生學術思想活躍，成就突出，早期主要表現在生物學方面，諸如比較解剖學、生物器官相關規律等，自 1803 年開始對巴黎附近的盆地進行地質調查以後，側重於地質古生物方面的研究，發表了一系列影響世界學壇的論著，這些論著早已成為研究生物發展史、地質學史的重要文獻。在這些文獻中，他最早系統地闡述「災變論」思想的是他的《論地球的革命》（*Discours sur les révolutions de la surface du globe et sur les changements qu'elles ont produits dans le règne animal*）一書。在書中居維葉以生動的筆觸形象地描述了他的思想，他寫道：「河水在靜靜地流動，周圍生長著茂密的植物群落，經過變遷，已慢慢適於人類居住

了。然而那些肥沃的原野，除了戰爭能使它們變成荒蕪之地，還有地球自己的運動。這種巨大的破壞力，能讓平靜的地面驟然起伏，也能把綿延的山川拉成斜線，能讓海面頻繁地升降，也能讓島嶼永遠沉沒。」居維葉認為這種變動，在地球歷史的長河中有過幾次。這種變動的論據，就是在北方埋藏在凍土層中的四足類動物，有的皮、毛，甚至肉都儲存完好，說明這些動物是在某種急遽的災變中，突然被凍死的；同時也說明這些動物死亡前是生活在一個溫暖的環境中。居維葉在書中還寫道，這種突然的劇變會引起洪水氾濫，使動物們被淹死；也可能使海洋乾涸，從而導致海底生物因缺水而死亡。在居維葉眼中，地球各方面偶然或者必然的運動都可能使居於其上的生物面臨大規模的而又是不可能避免的災難。

名人事典

　　居維葉的「災變論」思想是他長期對動物化石進行洞察和研究得出的論斷。他與他的助手在對巴黎盆地附近的地質、地層以及古脊椎動物化石的分析中，發現地層越深、越古老，動植物化石種屬就越與現代生物種屬不同。因而得出一個論斷，即古生物的形態與埋藏化石的地層之間具有密切的關係。他認為自己發現的不同種屬的化石，顯然屬於那些滅絕了的物種；而在比較新的岩層中找到了接近於現代生物的化石。為了說明不同地層中脊椎動物化石在物種上的明顯差別，以及這些化石同現有生物的差別，居維葉猜想在地球歷史中多次出現過區域性地區自然環境的災變，包括洪水、地震。災變使當地生物滅絕，遠方遷徙而來的生物取而代之，後來也被埋在同一地區的地層中。這便是居維葉關於地殼運動變化形式的「災變論」。

居維葉每到一個新的地方就特別注意當地的動植物以及地層土壤，並把有價值的動植物化石、礦物岩石製成標本，帶回家中。這樣，日積月累，標本漸漸地多了起來。於是他乾脆就在家中開設了一個私人博物陳列館。由於他珍藏的標本來自世界各地，內容十分豐富，再加上居維葉的名氣，所以博物館吸引了許多學者前往參觀、討論。如 1810 年就物種起源的問題在他的陳列館內進行了長期的爭論；1824 年英國人立爾（Sir Charles Lyell，西元 1797 ～ 1875 年）訪問了他的博物館後深受啟發。立爾後來成為地質「漸變論」的創立者，其思想對達爾文有很大的影響。可以說，居維葉的私人博物館就是當時法國動植物學及地質學的一個微型學術中心。

歷史評說

居維葉的地質「災變論」是 19 世紀科學上的一個重大發現，其影響頗為深遠。不過，「災變論」僅是其一生成就的一個方面，他還是許多學科的開拓者。他曾收集了歐洲大陸上許多動植物化石，並加以對比。運用比較解剖學的方法，他細緻地分析了各類生物的不同構造，提出了器官相關規律的學說，為比較解剖學的建立奠定了理論基礎。他還根據各個器官的相互連繫，把脊椎動物分為四個綱，即哺乳綱、鳥綱、兩棲綱和魚綱。綱以下按次要特徵再加以分類。居維葉的分類在生物科學的發展史上的貢獻也是不可磨滅的。居維葉的動物器官相關規律的理論及方法為近代地質學、古生物學研究提供了一種新的方法論，為後人研究古脊椎動物提供了最重要的一把鑰匙。他留下的豐富的科學遺產，是人類科學史上的一筆寶貴的財富。

居維葉一生為人隨和、善於與他人合作；但是在科學研究上他一絲

不苟、絕不妥協。為了維護自己的學說，他不惜同摯友進行公開而激烈的辯論，並不因為與對方私交甚篤就放棄立場。他的語言注重事實，邏輯性強；說理透澈又從不故弄玄虛。所以無論對於學者、專家還是普通百姓，他的學說都是通俗易懂的，而內容又是博大精深的。儘管「災變論」曾遭到很多學者的否定，但仍然具有極強的生命力。1994 年 7 月舒梅克—李維九號彗星撞擊木星的事件，已使「災變論」得到了有力的證據，居維葉的思想能歷久不衰，這不能不說是他實事求是的嚴謹學風的真實反映。正因為如此他被稱為生物學理論中「事實派」的代表人物。

科學家年譜

- 1769 年，生於德國烏爾登堡蒙比爾
- 1784 年，進入斯圖加特加羅林學院，學習生物學及動物學
- 1788 ～ 1794 年，任諾曼第貴族的家庭教師，雲遊四方，收集動植物化石及礦物岩石，作初步分析
- 1794 ～ 1795 年，研究海洋生物
- 1795 年，進入剛成立的巴黎博物館任館員
- 1803 年，對巴黎盆地附近進行調查研究，取得重大成就
- 1819 年，任巴黎大學校長
- 1824 年，被加封為男爵
- 1830 年，從事動物形態與分類學研究，在建立實證生物學方面作出貢獻；倡導「災變論」
- 1831 年，晉封為貴族
- 1832 年 5 月 13 日，逝世，享年 63 歲

大陸漂移學說的建立人 —— 韋格納

「無論發生什麼事，必須首先考慮不要讓事業受到損失。」

—— 韋格納

人生傳略

阿爾弗雷德・韋格納（Alfred Lothar Wegener，西元 1880 ～ 1930 年）是德國著名地質學家兼天文、氣象、地球物理學家和極地探險家，現代全球構造理論的先驅、大陸漂移學說的創始人。1880 年 11 月 1 日出生在德國柏林一個虔誠的天主教家庭。父親是個慈善家，希望他長大後考神學院。但韋格納童年時就喜歡讀探險家的故事，立志當一名探險家。大學時代攻讀天文學和氣象學，25 歲獲博士學位。1906 年加入丹麥探險隊赴格陵蘭，同時參加遠航飛行，並創造了當時的世界紀錄。27 歲回國任教於馬爾堡大學。44 歲應徵赴奧地利格拉茨大學任大氣與地球物理學教授。

主要思想及著作

韋格納提出大陸漂移說，認為大陸是由較輕的剛性的矽鋁質組成，漂移在較重的黏性的矽鎂質大洋殼之上，全球大陸在晚古生代石炭紀以前是連在一起的原始泛大陸或稱世界洲。可能由於潮汐力和地球自轉時的離心力的影響，至中生代末期，這個原始大陸破裂成幾塊，在矽鎂層上分離，產生了離極漂移或向西漂移，逐漸造成今日海陸分布格局。韋格納理論成功地解釋了今日大西洋兩岸的輪廓、地層、褶皺山系與古生物群落相似性，闡明了長時期令人困惑不解的南半球古生代冰川的分

布、流徙問題，論述了諸大洋的起源演變以及環太平洋山系、島弧帶及其他褶皺山系的分布與成因。韋格納的學說從根本上改變了人們對地球表面海陸分布與起源的認識。1912 年 1 月韋格納先後在法蘭克福地質協會和馬爾堡科學協會做了題為《大陸與海洋的起源》及《大陸的水平位移》的講演，後發表。1915 年寫成《海陸的起源》（*The Origin of Continents and Oceans*）系統、詳盡地論述了該學說。

名人事典

　　1910 年的一天，30 多歲的韋格納在看世界地圖時被一個奇妙的現象吸引住了。南美洲巴西的一塊突出部分和非洲的喀麥隆海岸凹進去的部分形狀恰好吻合。如果移動這兩個大陸，使它們靠攏，不正好鑲嵌在一起了嗎？「莫非這兩個大陸在太古的時候本來就是一個？」一個大膽的念頭在他腦中閃過。這在當時人們認為大陸是不動又不變的情況下確實是大膽的，甚至是奇談怪論。韋格納是個不肯輕易屈服的人。他為了證實自己的想法，收集證據，埋頭鑽研。他了解到南美和非洲兩大陸邊沿不但地形相似，而且兩洲上生存的動物也相似，這種情況不但存在於南美洲和非洲之間，而且存在於亞洲和歐洲、澳洲、南極之間。經過兩年的研究，他提出了大陸漂移學說：地球的大陸最初是一個整塊，大約距今 3 億年前開始分裂，向東西南北移動，後來才成為現在這個模樣。韋格納的學說當時不被正統派所接受，在他死後幾十年，科學界的新發現卻進一步證明了他那個大膽的學說是有科學依據的可靠理論。

　　1930 年韋格納第四次踏上到格陵蘭探險的征途，很快順利地抵達格陵蘭西海岸基地。因當時格陵蘭中部的愛斯密特基地給養不足難以過冬。於是韋格納決定親自把給養從海岸基地運送到愛斯密特去。在零下

65 度的酷寒中，許多人失去前進的勇氣，折回海岸基地，只有韋格納和
兩名堅定的追隨者絕不回頭最後勝利到達。可給養供應非常緊張，韋格
納在慶祝了自己 50 歲生日之後，決定返回海岸基地。這是十分危險的舉
動。因這時已進入冬天，天氣比來時更為惡劣，肆虐的暴風雪會使人迷
失方向，極地冬天的酷寒時刻都會把人凍得失去知覺。11 月 2 日，韋格
納和另一名隊員義無反顧地踏上歸途。他們乘兩輛狗拉雪橇，帶著 17 隻
狗、100 多公斤旅途用品，在這銀裝素裹的冰天雪地裡，緩慢地向前行
進著。不幸的是，從此之後，就再也沒有他的訊息。直到第二年 4 月，
搜尋隊經過艱難探尋，才找到了他的屍體。

歷史評說

　　韋格納長眠於冰天雪地之中，他是為科學而犧牲的。但他提出的大
陸漂移學說對後世地質學的發展影響卻是任何東西都掩蓋不了的。在科
學領域他將永遠活在人們的心中。

　　可以告慰長眠在冰雪之中的韋格納的是，經過科學界的不斷努力，
他所倡導的大陸漂移學說，已經有了科學的解釋，並與後來人們又提出
的「海底擴張說」、「板塊構造說」一起，構成了名符其實的現代地質學革
命的三部曲。

科學家年譜

- 1912 年，發表《大陸與海洋的起源》、《大陸的水平位移》
- 1915 年，寫成《海陸的起源》

「地幔對流說」的建立者 —— 霍姆斯

「我們還差不多處在人類歷史的開端，而將來會糾正我們錯誤的後代，大概比我們有可能經常從極為輕視的態度糾正其認識錯誤的前代要多得多。」

—— 恩格斯

人生傳略

霍姆斯（Arthur Holmes，西元 1890 ～ 1965 年）是英國傑出的地質學家、地球物理學家、岩石學家。他出生於英格蘭北部諾森伯蘭的一個農家。早在上中學時，他就在老師的指導下閱讀了威廉·湯姆森和休斯的著作，對地球科學產生了極大的興趣。1907 年，霍姆斯進入倫敦帝國學院，師從斯特拉特（John William Strutt）學習物理學。一年之後，在另一位老師的影響下他改學地質學，1909 年即獲學士學位，翌年又獲地質學副碩士學位，進步之快令所有老師和同學都很吃驚。這以後，他在斯特拉特指導下，研究放射性在地質學中的應用，並於 1911 年獲地球物理學證書。同年，他參加了非洲莫三比克探險，這使他增加了前寒武紀變質岩和第三紀火山熔岩的野外考察和室內岩類學的工作經驗並激起他對地貌學的興趣。這些經歷為他後來在地質年代學、火山岩成因和地球物理學領域取得成就奠定了扎實的基礎。

主要思想及著作

在 20 世紀第一個 10 年中，亨利·貝克勒、瑪里·居禮和拉塞福完全革新了物質的概念，發現了放射性同位素的存在及其性質，而斯特拉

特進一步揭示了岩石礦物中放射性同位素的廣泛存在，這些發現的地質學意義在霍姆斯的開拓性的工作中得到了充分展現。

為了確定地球的「絕對」年齡，湯姆森在 1862 年以地球均速冷卻的假想為前提，根據重力能和已知的可作為地球與太陽的化學能源等，計算出地球年齡應在 20 ～ 40 百萬年之間，並自認為地質學家用沉積速率法計算地層總厚度得出的數以百萬年計的結果並不可靠。霍姆斯認為，如果考慮到放射蛻變產生熱能這一事實，那麼湯姆森的推論顯然不正確。1911 年 4 月 6 日，斯特拉特向英國皇家學會提交了霍姆斯的論文《岩石礦物質中鉛和鈾的組成及其在地質年代測定中的作用》。這是在波特伍德（Bertram Boltwood）於 1907 年取得第一個礦物放射性鉛年齡數據之後，世界上出現的第一篇同位素年代學論文。在 1911 ～ 1962 年的半個世紀之中，霍姆斯共發表有關放射性年代學論文 50 餘篇，成為公認的現代地質時間標準的奠基者。

名人事典

霍姆斯與他人一起給出了放射性元素半衰期，比較了岩石中鈾、釷及其子元素鉛、氦的量，並在 1929 年與 V・S・道比一起證實了氦法測定玄武岩的可能性。霍姆斯指出，鈾、釷和鉀經放射性衰變而產生熱這一認識對於重建地球的熱歷史具有重要意義。他認為，地球冷縮的假設未必可靠。為了解釋地殼構造運動，他提出地球週期性膨脹，在兩次膨脹之間相對收縮的假說。在韋格納的大陸漂移學說遭到強烈非難的時候，霍姆斯於 1928 年發表論文《放射作用與地球運動》，提出地殼底層地幔對流假說，他認為地幔對流的能量來自於地球內部放射性物質產生的熱量以及地球內部物質重力差異釋放出的重力能。儘管地幔基本上是固體，但在高溫及長期應力作用下，具有一定的塑性，可以發生緩慢蠕動。他設想，固體地幔

可以進行熱對流。在早期，大陸底下的地幔上升，遇到大陸屏障即向兩邊流去。由此產生的引張力將陸地拉開、分裂，並隨地幔漂流而去，從而形成裂谷。當兩股相向的地幔流在地殼底下相遇時，就匯合起來向下流去，由此產生的擠壓力和向下的拉力造成海溝、地槽和山脈。因此，地幔不再是韋格納所設想的漂浮大陸的海洋，而是攜帶大陸的傳送帶。

歷史評說

霍姆斯的地幔對流說為海底擴張說和板塊構造說奠定了基礎，合理地解釋了地殼既有垂直方向的運動又有水平方向的運動，既存在著擴張又存在著擠壓的問題。然而，對流究竟是限於地幔軟流圈還是涉及整個地幔，直到 20 世紀末仍未取得統一認識。

霍姆斯從事地球物理學及地質學研究多年，在學術上取得了豐碩成果。有鑒於此，他先後被選入倫敦皇家學會、愛丁堡皇家學會、愛爾蘭皇家學會，並成為美國、瑞典、法國、荷蘭等國家科學院的外籍院士。面對如此多的榮譽，霍姆斯顯得非常平靜與謙虛，他曾對自己的地幔對流說做過如下的評價：「此類純屬臆想的概念，特為適應需要而設。在其取得獨立的證據支持之前，不可能有什麼科學價值。」後來海底擴張和板塊構造學說的興起，使霍姆斯的地幔對流說在科學史上的地位明確了，因為他所預言的「獨立的證據」已經部分地找到了。

科學家年譜

- 1890 年 1 月 14 日，生於英格蘭赫本
- 1907 年，入倫敦帝國學院學習物理學，先後獲學士、碩士學位並獲地球物理學證書

- 1911 年，由斯特拉特向英國皇家學會提交《岩石礦物質中鉛和鈾的組成及其在地質年代測定中的應用》一文，從而成為發表同位素年代學的第一人
- 1912 ～ 1920 年，在帝國學院任地質學助教，從事岩石學研究
- 1928 年，發表《放射作用與地球運動》論文，提出著名的地殼底層「地幔對流學說」
- 1930 ～ 1932 年，在哈佛大學、麻省理工學院、耶魯大學做有關地質學與放射作用的學術研究
- 1947 年，與赫特曼（Fritz Houtermans）給出了鉛同位素比值與地球年齡關係的公式，並計算出地球年齡為 3350 百萬年；同年製成接近現代水準的第一個同位素年表
- 1965 年 9 月，卒於英國倫敦

第十部分　中國科學家

小孔成像的最早發現者 —— 墨子

「吾生也有涯，而知也無涯。」

—— 莊子

人生傳略

墨子，名翟。約生於周敬王四十年（西元前 468 ？～前 376 年）。相傳原是宋國人，後來長期住在魯國。他是中國偉大的思想家之一，也是當時以孔子為首的儒家的一個主要的反對派。墨子的門徒多來自生產第一線，有較豐富的技術知識和刻苦的鑽研精神，研究科學技術的風氣特別盛。其中尤其是稱為「從事」的一派更專注於科學技術，有不少發明創造，對後世的科學發展起著積極的作用。

主要思想及著作

墨翟原來曾學習儒術，但他不滿「儒家」學派煩瑣的「禮」。於是他另立新說，聚徒講學。他主張「兼愛」、「非攻」、「尚賢」，在仁、義、禮、樂等道德範疇內都與儒家相對抗，成為儒家的主要反對派。他以樸素的唯物主義認識論的觀點，認真觀察現象，用科學態度進行實驗，並認真總結科學知識。在他中年之時，他花費大量的心血，把多年來所收集的各種知識和本人對各種自然現象的認識，寫入他的傳世傑作《墨經》之中，為後人了解中國戰國時代自然科學的發展情況，作出了貢獻。

《墨經》原是《墨子》中的一部分，全文不過 5,000 多字，共計 179條。所涉及的內容主要是邏輯學、自然科學、哲學和倫理學。其中自然科學的條目僅次於邏輯學，占第二位。這本書的文字相當簡潔和艱深，

到漢代就已經很少有人能讀懂了。晉代魯勝曾為之作注，現已失傳。清朝以來，作注的人逐漸多起來，才使我們能夠初步弄清它的主要含義。《墨經》中的物理學內容，主要是力學和光學。其特點是超出了對物理現象直觀描述的階段，帶上了濃厚的理論色彩。墨翟在中國物理學史上，第一個給出了力的明確定義，並大體上敘述了牛頓第一定律的基本內容。他研究了槓桿、滑輪、浮力、輪軸、斜面、隨遇平衡乃至時空觀念等各種問題，其中不少理論現在看來仍然是正確的或接近正確的。他第一個提出並講解了光的小孔成像原理，並指出了光是沿直線傳播的；他還講解了光的反射、平面鏡、凹面鏡和凸面鏡的成像情況，並找出了一些規律性的東西。他甚至提出了火焰的顏色與溫度的關係，這在當時來說是很不簡單的。

名人事典

墨翟很重視生產勞動實踐，他常以自己豐富的力學知識為老百姓製造工具，解決生產問題。《墨子‧魯問篇》中記載了一個生動有趣的故事：一次，公輸般（即魯班）為了供貴族享受、玩樂，製造了一個木鵲，並請墨翟欣賞。墨翟說，你造的這個東西不如我造的輪軸，它用三寸木頭製成，能運輸五十石重的東西。造出的東西有利於老百姓才算巧，無利於百姓，只能算拙。公輸般聽後很是慚愧。後來，公輸般製造了由人駕駛，具備各種機關的「木車馬」，很受老百姓的歡迎。由此可見墨子對百姓的生產活動是非常重視的。

在一個春光明媚的早晨，有一個學者為他的學生做了一個別開生面的光學實驗。他在一間黑暗的小屋朝陽的牆上開了一個小孔，然後讓他的一個學生站在屋外小孔前面。這時，在屋內的牆上出現了奇蹟：一個

衣冠楚楚的人像倒立在牆上。圍觀實驗的村民看到這種情形都感到莫名其妙；他的學生也不明白老師搞的是什麼名堂，紛紛上前詢問。這位學者向學生們解釋：光線就像箭一樣，是直線行進的，從人體上部射過來的光，透過小孔，投射到上邊，就形成了倒立的像。在今天，「光沿著直線傳播」只是個一般的科學常識，但在 2,000 多年以前能夠意識到這一點卻是一件十分了不起的事情。這位學者就是中國戰國時代的思想家墨子。而他所作的正是幾何光學中著名的小孔成像實驗。

歷史評說

墨翟對光學進行了如此細緻而全面的探討，從而使《墨經》成為一部中國最早的光學著作。在 2000 年前，他能提出這樣頗為成熟的幾何光學理論，實在是難能可貴的。《墨經》比歐幾里得的光學還早百餘年，因此，他不僅是中國光學的始祖，而且在世界光學史上也居於領先地位。他不但在中國科學史上而且在世界科學史上都寫下了光輝的一頁。

墨翟能取得如此輝煌的科學成就，與他嚴謹務實的學風是緊密相聯的。他為反對侵略戰爭和追求自己理想境地而表現出來的艱苦奮鬥和自我犧牲精神，即便是逍遙自在的莊子也不得不稱他「不怕任何困難，堅持真理，是個了不起的人物」。甚至連反對墨家學說的孟子也不得不承認：「只要是對天下有利的事，即使把墨子從頭到腳磨成粉末，他也願意。」墨子這種為了人民的利益而甘願自我奉獻的精神實在值得我們尊敬和學習。

中醫脈學的創導者 —— 扁鵲

「驕姿不論於理，一不治也；輕身重財，二不治也；衣食不能適，三不治也；陰陽並藏，氣不定，四不治也；形羸不能服藥，五不治也；信巫不信醫，六不治也。有此一者，則重難治也。」

—— 扁鵲

人生傳略

扁鵲（約西元前 360 ～前 310 年）中國醫學家。原名秦越人，齊國渤海鄭州（今河北省任丘縣北）人。年輕時曾在一個驛站供事。醫生長桑君常到這個驛站投宿，和扁鵲成了好朋友。受他的影響，扁鵲開始喜歡醫術。他虛心學習，刻苦鑽研，同時注意收集總結民間流傳的治病經驗，醫術日漸高明。

主要思想及著作

扁鵲總結中國古代勞動人民累積的許多診病良法，歸納為望、聞、問、切四法，醫學上稱之為「四診法」。「望」就是看病人外形，看舌苔；「聞」就是聽病人說話和呼吸的聲音，以及嗅病人身體上的某些氣味；「問」就是詢問病情；「切」就是摸脈和按腹等。這「四診」沿用至今，足見其科學性，成為中醫診斷病情的一項基本功。扁鵲一生收弟子 9 人。到了漢代，有人託名秦越人編著《難經》，成為中國最古老的醫書。

名人事典

扁鵲熱心行醫，周遊列國，足跡遍及現在的河北、河南、山東和陝西等地。深受群眾的愛戴，成為眾人皆知的名醫。他行醫到越國時，越國人送給他「扁鵲」稱號。「扁鵲」原是傳說中黃帝時代能使人起死回生的名醫，人們送他這個稱號，無疑是對他最高的褒獎。後來這一稱號到處流傳，逐漸代替他的真名而為大家所接受。

一次，扁鵲行醫到虢國（今山西省平陸縣），看到虢國正在為太子辦喪事，聽到很多人談論太子的暴亡。他根據大家講的情況判斷太子不一定真死，於是進宮去看太子的屍體。門口的侍衛說：「好多名醫都沒能治好太子的病，人已經死了，你能叫他起死回生嗎！？」由於扁鵲堅持，於是虢君就請他進了宮。

扁鵲用耳朵貼近太子的鼻子聽了聽，發現還有若斷若續的氣息；用手摸摸大腿根和心窩，還稍稍有點溫熱；又仔細診了診太子的脈，發現脈還在跳，只是微弱而無規律。根據這些情況，扁鵲斷定太子並沒有死，只是「休克」，還有可能救活。於是，用針在太子頭、胸、手、腳扎了幾針，跟著熱敷，灌湯藥。不一會兒，太子果然慢慢甦醒過來，又經過 20 來天的湯藥調整，太子就完全恢復了健康。此事很快傳遍全國，世人皆知扁鵲醫術高超，能使人起死回生。扁鵲卻謙虛地說：「我只是幫助他戰勝疾病恢復健康罷了。」

歷史評說

扁鵲的望、聞、問、切四診法，開創了中醫脈學之先河，其高超的醫術和高尚的醫德都是我們今天應該學習的。

　　秦越人本人並未留下任何的文字形式記載的醫學著作，但後人假託其名所著的《難經》是中國最古老的醫書，至今仍有醫學價值。

中國古代「神醫」—— 華佗

「勤學是知識的土壤，多思是知識的鑰匙。」

—— 中國諺語

人生傳略

　　華佗，別名旉，字元化，沛國譙郡（今安徽亳縣）人，生活在距今1700 多年的東漢末年，是一位鼎鼎有名的外科醫生、醫學家。他年輕時曾到各地遊學，鑽研醫術。有些名人舉薦他做官，他拒絕了，立志當個醫生，為人民解除疾病。他行醫的足跡遍及現在的安徽、山東、河南、江蘇等地。

主要思想及著作

　　華佗發明的「麻沸散」能做前人不能做的大手術。《後漢書》記載：華佗用這種麻醉術給病人開刀做剖腹手術，能把腸子切掉一段再接通，還能做切除腫瘤、剖腹取胎等大手術。華佗對針灸術很有研究，他首次發明了「華佗夾脊穴」並意識到此穴扎得不好容易傷肺，甚至造成生命危險。

　　華佗對鍛鍊身體預防疾病也很有研究。他總結前人經驗，編製了一套鍛鍊身體的拳法。這套拳法模仿虎、鹿、猿、熊、鳥五種動物的動作編成，叫作「五禽戲」，能使全身肌肉、關節、筋骨都活動起來達到鍛鍊身體的目的。

名人事典

華佗精通各種醫術，尤其擅長外科手術。他為關羽「刮骨療毒」的故事廣為流傳。據說一個船伕因肚子痛得非常厲害，而請華佗為其看病，經診斷華佗認為他的脾爛了，必須割掉。船伕同意了，華佗拿出「麻沸散」讓船伕和酒服下。不一會兒，船伕就像喝醉酒似的昏昏入睡。華佗拿出手術刀將其肚皮剖開，果見一塊已經爛了大部分的脾。他迅速把爛脾切掉，止住血縫好，塗上生肌收口的藥膏。船伕醒來肚子就不太疼了。華佗又開了藥讓他吃下，大約一個月，傷口便癒合了。

華佗每每妙手回春，故有「神醫」之譽。然而這位名醫也曾有過「無奈小蟲何」的時候。一次一個村婦被蜂螫，頭腫得像大甕，請華佗醫治。「神醫」斷言中了蜂毒，實無藥可醫。那村婦痛哭流涕。華佗對此事耿耿於懷。一天，他見一隻被黃蜂螫了的蜘蛛掉到長滿青苔的牆角，不住摩擦，一會兒又活了過來。華佗觀察幾次，頓生「靈感」，原來青苔有清涼解毒之功！從此，以青苔做成藥膏專治蜂毒，名聲更盛。

歷史評說

華佗作為中國古代的「神醫」，成為後人頌揚名醫「華佗轉世，妙手回春」的典範，足見華佗醫術醫德對後人的影響之深。

曹操曾想把華佗作為私人醫生留在軍中。但華佗不願久居官府，為一人服務，於是假借妻子有病回到民間為百姓看病。曹操得知此事，將華佗抓回來時，華佗無論如何也再不肯為曹操治病。曹操以死相威脅，華佗仍不屈服而慘死曹操刀下，但華佗的醫術與醫德卻流芳百世。

精通天文地理的科學家 —— 張衡

「人生在勤，不索何獲？」

—— 張衡

人生傳略

　　張衡（西元 78 ～ 139 年）字平子，東漢章帝建初三年（西元 78 年）誕生於南陽郡西鄂縣城（今河南省南陽市石橋鎮）。東漢著名科學家、史學家、文學家。張衡出生於一個世族大家。祖父張堪，曾任蜀郡太守。他的家鄉南陽當時是科學文化發達地區，少年張衡對科學文化有著濃厚興趣，年輕時他曾遊學長安、洛陽，增長了不少見識。他一生曾擔任過太守主薄、郎中、侍郎、公車司馬令、侍中、河間（今河北獻縣東南）相、尚書令、太史令等官職，但他淡泊名利，唯專心於天文、曆算的研究。

主要思想及著作

　　張衡潛心研究，實際觀測，寫出了天文學上不朽的名著《靈憲》，他打破了蓋天論「天圓地方」的說法，明確指出，大地是圓球，天體每天繞地旋轉一週；渾圓的天體並不是宇宙的世界，提出了「宇之表無極，宙之端無窮」的渾天說。他還解釋了日食、月食的成因。第一次提出月食形成的週期為「凡百十三月而復始」的科學論斷，從而開始了中國預報日食、月食的歷史，這比西方早了 1,000 多年。張衡首創演示渾天思想的「水運渾天儀」。這是一個球形儀器，用鐵軸貫穿球心，軸的方向就是地球自轉的方向，他還用滴漏壺與之相連，用滴水力量推動齒輪帶動渾天

儀，一天一轉，可將天文現象按時刻顯示出來。這一發明，在當時世界上獨一無二。

此外，張衡對宇宙的生成演化、日食的成因、行星的運動等都有論述。張衡創造出世界上最早的氣象觀測儀──「候風儀」，比歐洲 12 世紀才出現的候風儀早 1,000 多年。張衡創製了世界上第一架測定地震方向的「地動儀」。西元 138 年發生在洛陽千里之外的一次地震證明了該儀器的準確可靠性。1,000 多年以後，古波斯馬哈拉天文臺才出現類似的地震儀，歐洲則在 1,700 多年以後才有水銀流溢地震儀。

張衡研究過地理學，所繪地形圖流傳數百年；他研究過數學，算出圓周率 π 等於 3.162，雖不如西元前 3 世紀的阿基米德求得的值精確，但比印度、阿拉伯的數學家算出同樣的結果，要早 500 多年。

張衡的主要著作有《靈憲》、《渾天儀圖注》、《算罔論》、《太弦經註解》、《太玄圖》、《應間》等 32 篇。

名人事典

張衡在洛陽遊學期間，結識了不少志同道合的學者。鮑德當時任南陽郡太守，因需要一位助理任郡政，便邀請張衡。張衡素聞鮑德的品學、為人很好，樂於做他的助手，於是應邀於永元十二年（西元 100 年）任南陽郡的主薄（相當於太守祕書），9 年後因鮑德調職便辭官回鄉潛心研究學問。大將軍鄧騭召他做官司，張衡拒絕了功名利祿的誘惑而繼續專研學問。好友崔瑗稱讚他刻苦學習到了「如川之逝，不捨晝夜」的程度。

張衡生活的年代，地震頻繁。張衡決意造出一種能自報地震方向的儀器。訊息傳出，說張衡故弄奇巧者有之，視張衡為痴人說夢者亦有

之，朝中更有人以張衡褻瀆天神之罪向皇帝告狀。然而，張衡早已抱定「約己博藝，無堅不鑽」的決心，不為外界冷潮熱諷所動搖，腳踏實地地進行研製工作，終於製成世界上第一臺地震儀。西元138年2月，洛陽城裡平靜如常。張衡的地動儀西北方向的龍吐出了銅珠，落入蟾蜍口中，發出「噹啷」的一聲響⋯⋯數日之後，一位信使飛馬趕到洛陽，向朝廷稟報：2月3日隴西發生了大地震！

歷史評說

張衡的一生是光輝的一生。他經過長期實際天文觀測和對天文學理論的研究，寫出了世界天文學史上的不朽著作《靈憲》，把世界古代天文學研究水準大大向前推進了一步；他創製的世界上最早用水力推動的天文儀器「渾天儀」，把當時所能知道的天文現象都靈巧地表現出來；他研究地震，發明創造出世界上第一架記錄地震的科學儀器，開創了古代地震研究的先河；此外，他還製作了機械指南車和觀測氣象的「候風儀」等儀器。他的名字不僅在中國科學史上，而且在世界科學史上永遠熠熠生輝。

值得人們注意的是，張衡一生，多才多藝。他不僅是一個科學家、發明家，同時還是一位有名的文學家，有不少文學作品傳世，其中著名的有他苦吟10年而成的《二京賦》（即《西京賦》和《東京賦》）、《溫泉賦》、四言古詩《怨篇》、《四愁詩》、《歸田賦》、《南都賦》等，在中國文學史上占有重要地位。他還是一個畫家，曾被列為東漢六大名畫家之一。郭沫若評價說：「如此全面發展之人物，在世界史中亦罕見。萬祀千齡，令人景仰。」因此，張衡永遠值得人們紀念。

科學家年譜

- 78 年，生於河南省南陽市石橋鎮
- 製造「水運渾天儀」「候風儀」「地動儀」（時間不詳）
- 著作《靈憲》、《渾天儀圖注》、《算罔論》、《太弦經註解》、《太玄圖》、《應間》

東漢「醫聖」── 張仲景

「勤求古訓，博採眾方。」

── 張仲景

人生傳略

　　張仲景（西元約 150 ～ 219 年），名機（一作璣），字仲景，東漢南陽（今河南南陽市）人，是東漢傑出的醫學家，被後人尊奉為「醫聖」。青年時曾拜同郡名醫張伯祖為師，後出任長沙太守。東漢末年軍閥混戰，加上連年災害，瘟疫肆虐，死亡枕藉。「家家有殭屍之痛，室室有號泣之哀。」目睹如此慘象，他毅然辭去官職，全力投入救死扶傷之中，以拯天枉的強烈願望，著書立說，研究醫學，為百姓防病治病，制服瘟疫。

主要思想及著作

　　張仲景「勤求古訓，」翻遍《內經》、《難經》等古代醫書，認真學習古代寶貴經驗，同時注重「博採眾方」收集民間有效方劑，總結實踐經驗，撰寫出著名的《傷寒雜病論》16 卷，記載了辨證施治的各種治療原

則和治療各種傳染病及雜病的方法。經後人整理分為《傷寒論》22 篇，113 方，主要講述外感熱病；《金匱要略方論》3 卷，包括各種雜病，如內、外、婦科和飲食衛生等。這兩部分集是現存中醫學中最早的重要文獻，被中醫奉為醫典，後世又有將《傷寒雜病論》所列方劑稱為「經方」，將該書譽為「方之祖」。

張仲景還發明了許多獨特的醫療技術，如用人工呼吸搶救溺水的人；第一個發明灌腸法，幫助大便祕結的病人緩解症狀；用藥外擦和用藥水灌洗耳道，舌下含藥等特殊方法。他先後著有《辨傷寒》10 卷、《評疾藥方》1 卷、《療婦人方》2 卷、《五藏論》1 卷、《口齒論》1 卷，儘管這些著作多已失傳，但僅就這些目錄就足以證明其醫術之深。

名人事典

出身東漢光武帝之鄉大家族的張仲景，自幼受《史記‧扁鵲倉公列傳》的影響，為神醫妙手回春的故事所傾倒，從而憧憬著將來自己也能成為一個救死扶傷的良醫。父母卻十分希望仲景走仕途之路。張仲景 16 歲時，父親帶他去拜見歸隱的名士何顒，何顒因識人有奇驗而遠近聞名。交談後，何顒觀仲景才思敏捷，英俊謙和，言其將來必能成良醫。不謀而合的預測，更堅定了仲景從醫的志向，於是師從名醫張伯祖，後從名醫陽勵公和外科名醫王神仙，練就一身好本領。

一次，張仲景在路上遇到一人上吊，已經斷氣了。周圍的人都說「沒救了」。張仲景卻說：「這個人也許是憋昏過去了……我不妨試試，看能不能救活他。」這時，有人勸他：「你是名醫，若救不活，有損你的名聲，快趕路吧。」張仲景不以為然地說：「沒見他老婆、孩子哭得多可憐，我一定要救活他！」

　　說完，將此人放到木板上，讓兩個青年把死者兩隻手臂一會兒往上抬，一會兒放在胸前。他自己又叉開雙腿，蹲在板上，用兩隻手掌抵住死者的腰和上腹，壓一下，鬆一下。一頓飯的工夫，那死者便活了過來。周圍的人驚喜地稱他為「神醫」。

歷史評說

　　張仲景不僅醫術高超，而且醫德高尚，被後人奉為「醫聖」。他的醫學理論和實踐為歷代醫家繼承和發展，形成長盛不衰的醫學流派──「傷寒學派」，到清代發展衍生出溫病學派，不僅對中國醫學的發展有很大影響，而且他的學說早已越過國界，傳到日本、朝鮮、越南等國，尤其為東亞及南亞各國所推崇。

　　一個放棄仕途的凡人終成醫學偉人，其中自有其成才之路。首先，張仲景有遠大的抱負和崇高的理想，他不為名不為利，救死扶傷而立志從醫。其次，處在醫生被視為賤業的年代，張仲景能勤學苦鑽，博採眾長，孜孜不倦地學習，是他取得成功的可靠保證。今天，我們更應該繼承並發揚張仲景的「勤求古訓，博採眾方」的治學精神，濟世救人，發展豐富醫學事業。

中國古代數學的開拓先鋒 —— 劉徽

　　「得官不欣，失位不恨，處逸樂而欲不放，居貧苦而志不倦。」

—— 王充

人生傳略

劉徽，魏晉時期人。祖籍淄鄉（今山東臨淄或淄州一帶），生卒年月不詳，猜想與中國偉大的機械專家馬鈞、地圖學家裴秀（西元 224 ～ 271 年）是同一時期人。劉徽年少好學，尤其喜歡數學。當時，《九章算術》是中國最主要的一部數學經典，這本書所載的 246 個問題，雖主要來自西漢時期的人民生產實踐，但比起一般的實用算術已有很大進展，不少問題難度較大，理論色彩也較強，書中不少篇章都是需要具備相當的數學基礎後才能讀懂的。由於劉徽對數學特別肯下功夫鑽研，又幸運地得到了師長的得法指點，因此他不僅順利地透過學習掌握了《九章算術》的主要思想，同時也意識到《九章算術》一書的不足。為了進一步探索數學的奧妙，也是為了讓更多的人掌握數學這門科學，劉徽立志要對《九章算術》做更加深入的研究。經過多年刻苦鑽研，劉徽不僅領會了《九章算術》的精神實質，而且對其中的深奧玄妙之處有了較為透澈的理解。於是他決心「敢竭頑魯，採其所見，為之作注」。西元 263 年（魏陳留王景元四年），一部在世界數學史上具有重要影響的《九章算術注》終於問世了。書中，劉徽不僅為《九章算術》中未加論證的公式和原理給予證明和闡釋，而且還提出了許多新的數學概念和數學理論，其中不少是當時世界數學史中的首次發現和創造，從而奠定了他在數學發展史中的重要地位。

主要思想及著作

《九章算術注》載錄了劉徽在數學上的許多重要貢獻。在算術方面，劉徽闡發了《九章算術》中的分數理論，使之達到了接近於近代的程度，

這一理論是對世界數學發展的重要基礎。他把分數看作比，並由此發展出「率」的概念，又在「率」概念的基礎上提出了算術中的「比例定理」、「盈不足方法」等，而這些方法都先後傳入印度、阿拉伯和歐洲，成為當時通用於世界的數學方法。

名人事典

我們知道，《九章算術》中的方程組解法及正負數加減法則，是當時世界上無與倫比的兩項重大成就，前者比歐洲早 1,500 年，後者比印度早 500 多年，比歐洲早 1,200 多年。而對這兩項演算法予以完整理論說明的正是劉徽。劉徽是第一個給出方程組定義並揭示方程組的同解原理的人。他提出的解線性方程組的方法與近代所謂的「加減消元法」相一致。對於正負數，劉徽的定義可以說是經典性的。他把正與負看成是相對存在的數的兩種情況，從這一認識出發，劉徽在世界數學史上第一個採取了把數的正負關係與加減運算關係統一起來的做法。此外，劉徽還運用平面圖形和立體圖形對中國古代的開平方和開立方做出直觀的解釋。

歷史評說

劉徽的分數理論代表了當時世界最先進的水準。他由取平方根的近似值而提出的小數概念和表示法不僅明顯地表現出了近代的特徵，而且比歐洲最早的小數 —— 斯臺文（西元 1558 年？～ 1620 年？）的小數記法要早 1,300 年。劉徽為證明立體的體積公式所採用的立體圖形割補法尤其出色，在考慮確定四面體體積時，劉徽甚至提出了與現代數學史上著名的希爾伯特的 23 個問題中的第 3 個問題相一致的認識。在幾何方面，劉徽的貢獻尤為突出，他是具有中國特色的古代幾何理論的奠基

者。他以別具一格的證明方法，對中國古代提出的幾何命題給予了科學的證明。劉徽還是中國數學史上第一個將極限思想運用於數學計算的人。他創造的求圓面積和圓周率的「割圓術」，不僅作為一種普遍的方法被應用於有關圓的計算之中，而且為中國取得圓周率計算史上的領導地位奠定了基礎。

劉徽一生成就卓著與他的品格有很大的關係。在學術上，他既不迷信古人也不自命不凡，而是堅持實事求是，以理服人。遇到自己不懂或失誤時，他又能坦率直言絕不不懂裝懂以誤世人。如在圓周率問題上，劉徽之前的學者一直是以「周三徑一（即 $\pi = 3$）」作為圓周率，得出的僅是正六邊形的周長絕不是圓的周長。看出這一點其實也不難，只是由於人們迷信古人，對「世傳此法，莫肯精核，學者踵古，習其謬失」，以至以謬傳謬，長期得不到糾正。他認為學者所追求的應該是辨明事物的根據，而不是迷信古人。這充分表現了他實事求是的精神。正是在這種精神的推動之下，劉徽終於成為光耀於古的數學偉人。

領先世界千年的中國科學家 —— 祖沖之

「親量圭尺，躬察儀漏，目盡毫釐，心窮籌策。」

—— 祖沖之

人生傳略

祖沖之（西元 429 ～ 500 年）字文遠，中國南北朝時傑出的數學家、天文學家和機械製造家。他原籍範陽郡遒縣（今河北淶水縣北），祖上因戰亂而遷居江南。西元 429 年，祖沖之誕生在南朝宋代一個封建士大夫的家

中。他的祖父祖昌，曾擔任過負責土木修建工程的大匠卿，掌握一定的科學技術、天文曆法知識。家庭的影響，使他從小培養了對各種科學技術，特別是對天文、數學的濃厚興趣。青年時代，祖沖之就勤奮好學，曾被「宋孝武帝使直華林學省」，從事科學研究，因成績出色，被政府「省賜宅宇車服」。後來，於大明五年 (461)，擔任南徐州（今江蘇鎮江）從事，公府參軍。大明八年 (464)，又調任婁縣（今江蘇崑山縣東北）縣令。祖沖之為官清廉，政績突出，但是這與他的數學成就相比就顯得微不足道了。

主要思想及著作

在數學方面，祖沖之對圓周率的計算達到了十分精確的程度，其值在 3.1415926 與 3.1415927 之間。把圓周率的近似值 22/7 稱為疏率，並首先提出了另一個圓周率的近似值 355/113，稱為密率（日本數學家稱為祖率）。這個圓周率的值等於內接正一萬二千二百八十八邊形的邊長。如果沒有熟練的技巧和堅強的毅力，是無法完成上百次加、減、乘方和開方的繁難複雜的運算的。祖沖之求出的這個比值比歐洲一些數學家提出的近似值要早上 1,000 多年。他在數學方面的著作有《綴術》和《九章術義注》，其中《綴術》在唐朝被作為學官必讀之書，是中國歷史上「十部算經」之一，可惜在北宋時失傳。

在天文學上，祖沖之首先把歲差的概念應用到曆法編製中，他修正了當時通用的《元嘉曆》中的許多錯誤，編製了一部新的曆法，叫《大明曆》，這在中國天文曆法史上是一件大事。他還改進了閏法，把沿用近千年的 19 年有 7 個閏月，改為 39 年有 144 個閏月，使之更符合實際天象。祖沖之推算的回歸年的長度與今天推算值僅差 46 秒。他第一次明確提出了交點月的長度為：27.21223 日，與現推算值 7.21222 日非常接近。

　　祖沖之在機械製造方面也有貢獻，他造的指南車，「圓轉不窮，而司方如一」，為三國以來所沒有；他製造的「千里船」，能「日行百餘里」，此外還有水碓磨等，是當時世界上非常先進的糧食加工機械。

名人事典

　　西元 454 年，祖沖之 25 歲，宋孝武帝劉駿即位。劉駿聽說祖沖之很有才華，便下令把祖沖之召進了華林學省。華林學省是由朝廷直接管轄的一個學術研究機關，省內學習和研究的條件很好，對以做學問為己任的人，倒是一個很好的去處。雖然在入華林學省之前，祖沖之水準已相當高了，但到了華林學省後，使他大開眼界，看到一些聞所未聞或有所聞而未能見的藏書和許多精緻的科學儀器。在華林學省的幾年裡，祖沖之如飢似渴地閱讀大量文獻，「搜練古今，博採沉奧。唐篇夏典莫不揆量，周正漢朔，咸加試驗。」不僅進一步學到豐富的書本知識，而且累積了大量的第一手數據，從而為他以後的天文和數學研究打下了基礎。

　　祖沖之誕生在一個科學世家裡。祖父祖昌是宋王朝的大匠卿，掌管土木修建工程。其子祖恆為《大明曆》的正式頒布採用起了決定性作用，此外他還率先解決球體積的計算問題。比歐洲解決這一問題要早 1000 年。祖恆的兒子祖皓也擅長曆法，後來不幸死於兵亂，致使這個科學世家就此斷絕了。

歷史評說

　　祖沖之在天文、曆法、數學、機械製造方面都取得了輝煌的成就，是中國人的光榮和驕傲，同時也為世界人們所景仰。在法國巴黎「發現宮」科學博物館的牆上，祖沖之的名字與世界著名科學家的名字並排鑲

刻在一起；在俄羅斯莫斯科大學禮堂前的走廊上，祖沖之的彩色塑像與其他世界文化名人並列；月球背面的環形山，有許多是以各國傑出的科學家名字命名的，祖沖之也是其中之一。祖沖之的名字已經永遠鐫刻在了世界科學發展史的里程碑上，千秋萬代，永世生輝。

祖沖之博學多才，對音樂亦有過研究，還撰寫過文學作品《論異記》10 卷。還為古代典籍作過注釋，著作有《易義》、《老子義》、《莊子義》、《釋論語》、《釋孝經》等，可惜大部分已經失傳。祖沖之之所以能取得眾多的輝煌成就，與當時社會生產發展的推動作用有關，但更主要的原因還在於他刻苦鑽研，認真學習，不「虛推古人」，而「搜練古今」，勇於大膽改革創新，以及對祖國對人民的一片赤子之心。

科學家年譜

- 462 年，編製出《大明曆》
- 約 479 至 494 年，造指南車、水碓磨等。

地球子午線的最早測量者——一行

「自古皆謂恆星隨天不移，一行以銅儀測驗，即知古今不符，已開西法之先。」

—— 齊召南（清代天文學家）

人生傳略

一行（西元 683 ～ 727 年）原名張遂，唐高宗弘道元年（西元 683 年）出生於魏州昌樂（今河南省南樂縣）。他是唐初開國功臣張公謹的後代。

其祖父也曾做過大官，但其父張檀只擔任過武功縣（今陝西省武功縣）縣令。一行為逃避當時腐朽政治的迫害，到嵩山（在今河南省登封縣境內）嵩陽寺出家為僧，法名「一行」，他是中國唐代卓越的天文學家和數學家。

主要思想及著作

　　一行主持了大規模的天文測量。他與天文儀器製造家梁令輝共同研製成觀測天象的渾天銅儀和黃道遊儀。利用這些儀器重新測定了 150 餘顆恆星的位置；多次測量了二十八宿距天球北極的度數，發現了恆星移動的現象，推翻了古人所說恆星位置永恆不動的錯誤說法。一行是世界上第一個發現恆星運動的人。1718 年英國天文學家哈雷（1656～1742 年）測量恆星共道度提出恆星自行的觀點，這已落後於一行 1000 多年了。

　　一行在天文學上的一大貢獻就是在世界上第一次測量了子午線的長度。在對日月和二十八宿的觀測中，一行在全國各地測量日影的長短，求得天上北極差一度，地上南北差 351 里 80 步（唐尺），換成今制為子午線上下 1 度為 132.03 公里。一行的這次實測，比西方早了近 100 年。在科學史上具有重大的意義和價值。英國科學家李約瑟（Joseph Needham）評價為，這是「科學史上劃時代的創舉」。

　　一行最大的成就，是他在總結歷代天文曆法成果的基礎上，修訂出《大衍曆》。這是當時世界上一部比較先進的曆法，對後世影響很大。宋代沈括曾說：「開元《大衍》曆法，最為精密，歷代用其朔法。」足見，一行的《大衍曆》在中國曆法史上占有舉足輕重的地位。

名人事典

　　西元 712 年，唐玄宗（李隆基）即位。在他統治前期，由於政治比較開明，社會生產得到發展，呈現出一片繁榮的「開元盛世」。在這種形勢下，科學文化發展得到有利的環境，遂發展很快。玄宗希望蒐羅天下有名望的學者為其服務，於第二年兩次下詔「求賢」。在唐玄宗的聘請下，一行隨同他族叔禮部郎中張怡來到長安。從此以後，一行來到唐朝的政治經濟和科學文化中心 —— 長安，住在皇宮內，成為玄宗的顧問。在長安生活的 10 年中，一行埋頭於天文的觀測和曆法的改革，做出了巨大的貢獻。

　　一行青年時（名張遂），就已成為知名的學者了。武則天的姪兒武三思想借名流學者的聲望來抬高自己的身價，便要拉攏他與之結交。張遂厭惡這種飛揚跋扈的權奸之臣，不肯與之來往，但又怕遭到他的迫害，於是便採取消極逃避的辦法，到河南嵩山嵩陽寺出家為僧，取法名「一行」。後來由於《唐書》以「一行」之名立傳，因此知道他原名張遂的人反而不多了。

歷史評說

　　作為一名天文學家和數學家，一行的名字，不僅在中國自然科學史上占有突出的地位，而且在世界自然科學史上也閃耀著熠熠的光輝。

　　除了天文、曆法方面貢獻外，一行在數學、易學、佛學等方面也有不少成就。在數學方面，他創造了「不等間距內插法公式」和二次方程式求根公式。他的數學著作有《心機算術括》和《一行演算法》。易經方面的著書有《大衍論》、《周易論》。在佛學方面，他翻譯和撰寫的著作有《攝涸伏藏》、《釋氏系錄》等書。

- 主持大規模天文測量、測量子午線長度
- 修訂《大衍曆》

中國古代科學奇才 —— 沈括

「沈括這樣的人物，在世界數學史上找不到，唯有中國出了這個人。」

—— 三七義夫（日本數學家）

人生傳略

沈括（西元 1031 ～ 1095 年），字存中，北宋杭州錢塘人。1031 年出生在杭州錢塘縣一個中小地主家庭裡。父親沈周先後在潤州、泉州、開封、江寧等地做官，母親知書識字，親自擔任他的啟蒙老師，對他的一生有很大的影響。他一生遊遍大江南北，歷任縣令、知州、舉司天監、翰林學士等官職。是中國古代以博學著稱的科學家。

主要思想及著作

在數學方面，沈括創立了「隙積術」（即高階等級數的求和法）和「會圓術」（即已知弓形的圓徑和矢高求弧長的近似公式），被廣泛應用到平面幾何和天文計算中。

在天文曆法方面，沈括力主在實測天象的基礎上改進曆法。他算出極星與天北極的真切距離，堅持月光來自太陽的認識。改進渾天儀、景

表、五壺浮漏等天文儀器，開闢了中國天文儀器結構簡單、使用方便的新途徑。沈括與衛樸合作修成新曆《奉天曆》。還提出以「十二氣曆」代替原來的曆法。

在物理學方面，沈括發現了地磁偏角的存在，比哥倫布早 400 多年。此外，還做過凹面鏡成像的實驗和共振現象的實驗。

在地質學方面，沈括由雁蕩山諸峰地貌特徵，說明華北平原的成因；從太行山動植物化石推論古代自然環境，比達文西早 400 年。他還研究過石油的用途並最早提出石油的名稱。

在地理方面，沈括在察訪邊防時，用木屑、麵糊和熔蠟製成地勢模型，比歐洲出現的立體地圖早 700 多年。他歷經 12 年繪成由 20 幅地圖組成的《天下郡縣圖》，在中國繪圖史上占有重要地位。

在醫學方面，沈括對藥用植物有深入研究，對藥物名稱做過證同辨異的工作；他十分重視驗方的收集，著有《蘇沈良方》10 卷。

在農學方面，沈括主張興修水利、發展生產。在沭陽修築「百渠七堰」，使 70 萬畝土地受益；在寧國，修復大規模的「萬春圩」，並著《圩田五說》一書。

晚年沈括居潤州（今江蘇鎮江）夢溪園，總結平生見聞和科學活動，撰《夢溪筆談》26 卷，加上《補筆談》3 卷、《續筆談》1 卷，共 30 卷，584 條。該書內容廣博、見解獨特、記敘精當，是世界科學史上公認的一部百科全書式著作。

名人事典

沈括 21 歲時，父親沈周去世了。第二年，歸葬錢塘里。宋朝官府按照父死蔭子的制度，在沈括守喪期滿後，任命其為海州沭陽縣（今江蘇

沭陽）主簿（掌管文書的官）。沈括剛到沭陽被眼前蕭條的景象驚呆了。沭河水利年久失修，時常氾濫。沈括雖然只是一個小小的縣吏，但他有自己的抱負。新官上任後的第一件事就是治理沭河，造福沭陽百姓。在沈括的領導下，短時期內沭陽的面貌就有了很大的變化：疏通了淤塞的河道，拓寬了河床，開闢了1萬多條灌溉渠，修築了9條河堰。沈括初入仕途，小試鋒芒，顯示出不凡的才能。

沈括曾在陝北生活過一段時間。陝北是產石油的地方。沈括曾多次發現石油和砂粒、石子混雜在一起和水流出地面。他用這種油點燈，煙很大，以致燻黑了帳幕，這啟發了他用煙粉末來製墨，叫「延川石液」。沈括作出了「石油到多，生於地中無窮」的科學論斷，還首次提出了「石油」這個名詞。

歷史評說

沈括以其博學多才，著作豐富，在水利工程、天文觀測、地質考察、醫術醫理方面的諸多貢獻，被李約瑟譽為「（沈括）也許是中國科學史上最奇特的人物」，而《夢溪筆談》是中國科學史上的座標。

沈括在科學研究中有著頑強刻苦的鑽研精神。他學識淵博，全憑刻苦自學得來。他的不少科學成果，都經過長年累月的研究。《夢溪筆談》是他畢生辛勤累積的結晶。《熙寧晷漏》是他根據10多年觀測結果寫成的。《天下郡縣圖》是他在漫長的12年中陸續修成。沈括一生篤信科學，刻苦鑽研，勇於創新的精神，應該成為我們今天每一個有識之士為國家貢獻自己力量的精神動力和力量源泉。

科學家年譜

- 1031 年，出生於杭州錢塘
- 1062 年，赴蘇州應試，名列第一，中進士
- 1066 年，參與評定渾天儀
- 1072 年，任舉司天監，觀測極星位置
- 1073 年，主持改進渾天儀、景表、五壺浮漏等天文儀器
- 1073 ～ 1074 年，著《奉天曆》
- 1075 年，製作立體地圖
- 1076 年，製作「天下郡縣圖」，歷時 12 年製成
- 1079 年，試製油煙墨成功，推測古代氣候
- 1088 年，著《蘇沈良方》、《夢溪筆談》、《忘懷錄》
- 1095 年，逝世

元朝傑出的天文學家、水利學家 —— 郭守敬

「曆之本，在於測驗，而測驗之器，莫先於儀表。」

—— 郭守敬

人生傳略

　　郭守敬（西元 1231 ～ 1316 年），字若思，1231 年出生於順德邢臺（今河北省邢臺縣）。他是元朝傑出的天文學家、水利學家。他的祖父郭榮學識淵博，對數學和水利都很有研究。自幼受家學薰陶的郭守敬從小就喜歡讀書，愛觀察自然現象。他後曾擔任主管河渠水利的都水少監、都水監和主管天文曆法的太史令等職。

主要思想及著作

郭守敬是一位傑出的天文儀器製造家，為了觀測天象，他製成了簡儀、圭表、候極儀、渾天象、玲瓏儀、仰義、立運儀、證理儀、景符、窺幾、日月食儀、星晷、定時儀、正方案、丸表、懸正儀和座正儀等 17 種天文儀器，其設計之精妙、結構之靈巧，為歷代學者所讚譽。

郭守敬也是一位著名的天文觀測家，他曾組織了規模空前的地理緯度測量，設測站 27 個，貫穿東西五千里地，綿延南北萬里之遙，史稱「四海測驗」。1276 年，郭守敬等人進行的恆星測量，使記錄的恆星數目從傳統的 1,464 顆增加到 2,500 顆，遠遠領先於西方世界。

郭守敬是中國歷史上最偉大的曆法家。他主持編著的《授時歷》，把古代曆法體系推向高峰。他在天文曆法方面的著述有《推步》7 卷、《立成》2 卷、《歷議擬稿》3 卷、《古今交食考》1 卷等。

郭守敬還是一位很有重大成就的水利學家和地理學家。他一生勘查治理過「河、渠、泊、堰」數百餘處，其中最著名的「通惠河」的疏濬，極大地促進了南北交通的發展，繁榮了中原地區的經濟。郭守敬「挽舟溯流而上」，成為史籍記載中第一個探尋黃河河源的人。他首創了「海拔」這一重要概念，也是先於國外地理學家許多年。

名人事典

郭守敬的祖父為了使他得到深造，讓他跟從當時的學者劉秉忠、張文謙學習天文、曆法、數學、地理等。郭守敬學習認真刻苦，進步很快，為他後來在科學上的成就打下了基礎。他對天文學有著濃厚的興趣，自己製造了一些土儀器，如用竹篾做的渾天儀等來觀察天象，為他後來對天文儀器的發明和製造提供了早期經驗。

元朝的大運河只通到通州（今北京通縣一帶），要把糧食運到元朝大都（今北京）還需改用車馬，耗時費力。因此開鑿從大都到通州的一段運河，對發展南北交通有重要的意義。郭守敬在 1262 年、1266 年兩次興修失敗的基礎上毫不灰心，於 1291 年再次負責興修，他親自對大都附近的地形和水文進行深入細緻的勘查，設計了一條科學的施工方案。元世祖採納了他的建議後，立刻動工。在民工的努力下，這條 160 里長的運河和配套工程，僅用 1 年半就全部完成，取名「通惠河」。從此古代溝通中國南北的大動脈 —— 京杭大運河全部完成。這一水利成就不僅便利了糧食運輸，而且解決了北京城的水源問題，使北京郊區的部分土地得到灌溉，對後來北京的建設與發展有深遠的影響。

歷史評說

郭守敬是中國古代一位有多方面貢獻的偉大科學家，在世界科學技術史上也占有一定的地位。元代著名學者稱讚郭守敬「似此人世豈易得」。英國學者約翰遜（M. C. Johnson）對郭守敬製造的天文儀器讚不絕口，他說：「無論是亞歷山大城還是馬拉蓋天文臺，都沒有一件儀器能像郭守敬的簡儀那樣完善、有效而簡單。實際上我們今天的赤道裝置並沒有什麼本質上的改進。」明末來華（1629 年）的德國傳教士湯若望（Adam Schall）在了解到郭守敬的出色的工作之後，曾把郭守敬譽為「中國的第谷」。然而就時代與對天文學的貢獻來講，恐怕還應將第谷推崇為「歐洲的郭守敬」，似乎更合適一些。

1907 年國際天文學會將月球上的一座環形山（其位置為 134° W、8° n）正式命名為「郭守敬」。在「郭守敬」的周圍，還有以著名科學家「歐姆」、「焦耳」、「愛因斯坦」名字命名的環形山。在中國科學史以及世界科學史上，郭守敬的名字同天地共存，與日月齊輝。

科學家年譜

- 1231 年，出生在河北邢臺縣
- 1252 年，參與修建刑州石橋
- 1264 年，組織整治唐來、漢延等古渠，並探尋黃河河源
- 1275 年，勘查中原河渠幹線，首創「海拔」概念
- 1278 年，創製簡議、圭表等 17 種天文儀
- 1279 年，組建司天臺並實施「四海測驗」
- 1280 年，新曆編製告捷
- 1281 年，頒行《授時曆》
- 1282 年，著《推步》（7 卷）、《立成》（2 卷）、《歷議擬稿》（3 卷）天文著作
- 1291 年，主持開濬通惠河
- 1298 年，創製「靈臺水運渾天漏」（天文鐘）
- 1316 年，逝世

親嚐百草的卓越藥物學家 —— 李時珍

人生傳略

　　李時珍（西元 1518 ～ 1593 年），字東壁，號瀕湖，蘄州（今湖北蘄春縣西南）人。中國明代卓越的藥物學家，也是當時世界上最偉大的科學家之一。李時珍的祖父、父親都是醫術高明的民間醫生，其父李言聞，博學精醫，曾被聘為太醫，著述甚多。在這樣的家庭環境薰陶下，李時珍少年時代就對醫學產生了濃厚的興趣。李時珍 14 歲時中了秀才，

但他熱愛的是醫學事業，對八股文不感興趣。但父親希望他走仕途之路，在三次考舉不中之後，他便放棄了科舉考試，以行醫為終身職業。

主要思想及著作

李時珍在行醫中發現歷代流傳下來的舊《本草》，不是殘缺不全，就是記載有誤，而且分類不科學，名目混亂，待重新整理、修改和補充。因此，他決心編寫一部新的藥物學全書。

為了修訂《本草》，他研讀了 800 多種醫書、藥書和其他參考數據，記下了幾百萬字的筆記。同時走遍了湖北、江西、安徽、江蘇、河南等地，歷盡千辛萬苦，上山採藥。深入民間，向有實際生活經驗的農民、漁民、樵夫、藥農、鈴醫請教，以取得第一手的數據。他還冒著生命危險，口嚐過一些烈性藥物。他將各種藥物進行分類對比，然後著手編寫和繪圖。他從 1551 年開始撰寫，歷時 27 年，其間三易其稿，終於在 1578 年完成了 190 萬字的宏篇鉅著 ── 《本草綱目》。

《本草綱目》分 16 部，52 卷，其中礦物藥 2 部，動物藥 6 部，植物藥 5 部，其他藥物 3 部。總計藥物 1,892 種，其中新增藥物 374 種。全書附有藥物形態圖 1,100 餘幅。採用以所收藥物的自然屬性把藥物的生態、形態、特性和藥物應用相結合的分類方法，歸納為 60 類，為世界首創。除《本草綱目》外，李時珍還著有《瀕湖脈學》、《奇經八脈考》、《五臟圖論》、《三焦客難》、《命門考》等，可惜有的已經失傳了。

名人事典

李時珍得知一種名為「白花蛇」的毒蛇，是一種名貴藥材，能治多種疾病。有人告訴他要看到這種白花蛇，就必須上九峰山去。但白花

蛇「其走如飛，牙利而毒」，倘若被他咬了，必須立即截肢，否則就會喪命。強烈的求知欲，使李時珍將生命置之度外，毅然帶著乾糧，攀上了九峰山。經過幾天幾夜的風餐露宿，在當地捕蛇人的幫助下，終於捕獲了許多條白花蛇，為他研究的醫藥效能提供了可靠的數據。

歷史評說

　　李時珍親手捕蛇，親口嚐百草，博覽群書，足跡萬里，花費畢生精力和心血著成中國古代最完美的藥典《本草綱目》，西方將之稱為「東方醫學巨典」。這部書總結了 16 世紀前的中國人民豐富的藥物經驗，是中國醫藥學的一份寶貴遺產，對後世藥物學的發展作出了重大貢獻。《本草綱目》首先傳入日本、朝鮮，後陸續被譯為拉丁文、法文、英文、俄文、德文等多種文字。生物演化論創始人達爾文看了《本草綱目》，稱譽這部書為「中國古代的百科全書」。李時珍的名字也永遠鑴刻在世界醫藥發展的里程碑上，為世人所永遠景仰。

　　李時珍生前為無數人解除病痛，身後又為後人留下寶貴遺產，他親自嚐百草，為科學事業的巨大奉獻精神，更應成為我們繼承和發揚的民族之魂。

科學家年譜

- 1551 ～ 1578 年，編著《本草綱目》

鞠躬盡瘁獻身科學的宰相 ── 徐光啟

「方今事勢，實須真才，真才必須實學。」

── 徐光啟

人生傳略

　　徐光啟（西元 1562 ～ 1633 年），字子先，號玄扈，上海徐家匯人，明代傑出的自然科學家。1562 年 4 月 24 日出生在一個商人兼小地主家庭。他出生時家境已經衰落，青年時曾經先後到廣東、廣西等地，靠教書為生。他還從事過農業、手工業勞動。在這期間，他曾 7 次回鄉應試，直到 1597 年，他 35 歲那年才以第一名中舉人。7 年後，又考取進士。曾任翰林院檢討、禮部尚書兼東閣大學士、文淵閣大學士等職。政治上無多建樹，但在自然科學諸多領域頗有成就。

主要思想及著作

　　徐光啟在農業科學方面取得的成就十分顯著。他躬親農事，廣徵博引，著成《農牧全書》，共 60 卷，計 50 萬字，內容極為豐富。書分農本、四制、農事（包括營治、開墾、授時、占候）、水利、農器、樹藝（穀類及蔬果各論）、蠶桑廣類（棉、麻、葛）、種植（竹木及藥用植物）、收養、製造和荒政 12 項。這部鉅著「雜採眾家、兼出獨見」，是中國古代「五大農書」中最著名的一部，它集中農學精華於一體，堪稱中國農學史上的一部百科全書。

　　在天文曆法方面的貢獻，主要是主持編製了《崇禎曆書》，這實際上是一部卷帙浩繁的天文學叢書，加上李經天後續曆書共 45 種 137 卷。在

這部書中，首次引進西方近代天文學的理論、概念、計算方法和度量單位，把中國的曆法提高到一個新的高度。在醫藥方面他找出了可以食用的藥物，曾詳細研究了 400 多種植物的花、葉、根、實、皮、莖、筍等。

徐光啟的著作還有翻譯的《測量法義》、《泰西水法》及編寫的記錄萬曆皇帝的事蹟《神宗實錄》等。

名人事典

1600 年，徐光啟在南京初次與西方傳教士利瑪竇（Matteo Ricci）會晤。兩人一見如故，談得十分投機。1604 年，徐光啟考選為翰林院庶吉士，有機會與利瑪竇頻繁接觸。1606 年秋，他以「一物不知，儒者之恥」的決心，開始與利瑪竇合作，翻譯出版西方數學名著《幾何原本》，這也是首次把西方科學知識介紹到中國來。

徐光啟一次發現一種沒見過的蔬菜，很感興趣，馬上要在上海試種。可人家告訴他，這種菜產自山東，叫蕪菁，不能在南方種，在南方種只能長成白菜。徐光啟不太相信，查閱了《本草圖經》和《唐本草》，確實都有此說法。但疑惑仍未消除，於是他決定親自實踐。將種子分兩畦種：一畦像南方人種菜那樣，只澆水糞；另一畦採用北方辦法先用充足乾糞做基肥，然後再澆水糞，並勤鬆土。到了秋天，只澆水糞的那一畦長得像白菜；而用乾糞的那一畦卻長得和山東蕪菁一模一樣。事實證明蕪菁能在南方「安家落戶」了。徐光啟總結：「書是必讀的，讀了可以增長知識。但是，不能迷信書本。像蕪菁變白菜，雖寫在書上，卻是道聽途說，並不可靠，一經試驗就知道。」

歷史評說

　　用徐光啟之子徐驥的一段話來評價徐光啟是再恰當不過的了。他說：「他於物無所好，唯好學，唯好經濟。考古論今，廣諮博訊，遇一人輒問，至一地輒問，問則隨聞隨筆，一事一物，必講究精研，不究其極不已。故學問皆有根本，議論皆有實見，卓識沉機，通達大體。」他鞠躬盡瘁獻身科學的高貴品質是我們學習的好榜樣。

　　徐光啟生活的時代，正是瀕於沒落的封建主義和開始萌芽的資本主義短兵相接、矛盾重重，中國封建社會與傳統科學的發展的一個重要轉折時期。「西學東漸」的初潮叩響了中國封閉已久的大門，在中國思想界激起層層浪花，徐光啟就是這個時代的弄潮兒。當徐光啟展望近代科學發展之時，西方的伽利略剛完成《關於兩種世界體系的對話》這部名著的寫作（1629），而科學巨人牛頓尚未出世。這時的歐洲正處在科學革命、永珍更新的時期，以徐光啟為代表的中國科學家已見到近代科學的端倪，然而事實卻是中國近代科學不僅沒能與西方科學並駕齊驅，反而停滯不前而落後於西方。徐光啟的光輝思想只是曇花一現、未能繼續發揮它對近代科學的催生作用。根本原因在於他所處的社會環境。無怪乎晚年的徐光啟哀嘆：「臣等書雖告成，而願學者少，有倡無知，有傳無習，恐他日終成廢閣耳，豈不悲哉！」然而，徐光啟融合中西、「欲求超勝」的博大志向與遺願，確實是中國人應當深深銘記的！

科學家年譜

- 1605 年，撰《漕河議》、《處置宗祿查核邊餉議》
- 1606 年，與利瑪竇合譯《幾何原本》

- 1608 年，整理《測量法義》、《測量異同》、《勾股義》、撰《甘諸疏》、《蕪菁疏》、《吉貝疏》
- 1611 年，撰《平渾圖說》、《日晷圖說》、《夜晷圖說》
- 1612 年，編譯《泰西水法》6 卷，並序
- 1614 年，撰《刻同文算指序》
- 1627 年，撰《農牧全書》

中國古代出色的地理學家、旅行家 —— 徐霞客

人生傳略

　　徐霞客（西元 1586 ～ 1641 年），中國明代地理學家，生於明代末年，出身封建地主家庭。少年時就喜歡閱讀地理方面的著作，中國的大好河山吸引了他，所以他立志走遍五嶽。22 歲第一次到太湖地區考察。自此開始，直到逝世為止，前後 30 多年，幾乎年年出外進行地理考察，足跡遍布中國 16 個省市。

主要思想及著作

　　徐霞客以日記體的形式記載了考察中所經歷和觀察到的事物，寫成具有重大學術價值的《徐霞客遊記》。書中記載了他考察中國名山大川的經歷，以及考察和研究中國石灰岩地貌的分布及其發育規律。這是世界上第一部系統研究岩溶地貌的科學著作，比歐洲人對石灰岩進行系聯考察和分類早了 200 多年。除石灰岩地貌外，在《徐霞客遊記》中還有很多珍貴的記載。例如：1639 年，他在雲南騰衝地區考察記載了火山現象與

地熱資源。人們曾評價這部遊記是「世間真文字、大文字、奇文字！」是中外聞名的地理學鉅著和文學遊記。

名人事典

　　徐霞客在旅途中，聽說湖南茶陵有個麻葉洞，是個奇洞，洞內有神龍居住，生人不敢進。但徐霞客一定要去看看，他認為只有這樣才能得到前人不明的情況，獲得前人沒有的知識。

　　1637 年 1 月中旬，徐霞客和僕人顧興一起在茶陵城西的雲陽山找到了這個洞。只見洞口霧氣蒸騰，裡邊黑洞洞的，還有一股刺鼻的腥味。當地人都勸阻他們不要進去，但徐霞客執意要進，當地人都不願意給他們做嚮導。找不到嚮導，他決定自己摸進洞去。他和顧興各自拿了些火把，洞口狹小，僅比斗大一點，爬也難爬進去。他們只好把棉襖脫下，雙腳先伸進洞內，然後仰面躺著進了洞。到了洞裡，他們看到大大小小許多洞，洞內的石鐘乳、石筍潔白晶瑩，比玉雕還動人。後來火把燒了大半不得不返回洞口。出洞後徐霞客將洞中奇景講給鄉親們，大家聽了很感興趣。徐霞客揭開了所謂「神龍」洞的祕密，當地人也破除了迷信，走進了麻葉洞。

　　51 歲那年，徐霞客出遊滇南，行前，他對兒子說：「你們只當我死了，不用拿家務事來煩擾我。」在旅途中他遇到強盜，同伴受傷。別人都勸他回去，他卻斬釘截鐵地說：「我帶一把鋤頭走，何處不可以埋葬我的屍骨呢？」他登山一定要到最高峰，觀察河流一定要追溯源頭，遊歷巖洞也常常要鑽入最深處。至於來去途中會經歷什麼樣的危險，他從來不加考慮，而且不達目的絕不罷休。

歷史評說

「不經一番徹骨寒，哪來梅花撲鼻香？」徐霞客和他的成就被人們讚譽為「奇人、奇文、奇蹟」。他集畢生之精力寫成的《徐霞客遊記》是一部具有較高價值的學術著作。徐霞客不愧是中國古代一位著名的地理學家、旅行家。

徐霞客雖出生封建地主家庭，但他能夠衝破習慣勢力的桎梏，不應科舉，不入仕途，毅然走上重實踐、勤考察的科學研究道路，獻身於地理考察事業。他的排除萬難追求真知的實踐精神和堅持不懈地進行考察分析的態度，為中國地理學的發展貢獻了力量。

科學家年譜

中國最早的自然科學啟蒙學者 —— 方以智

「古之立大事者，不唯有超世之才，亦必有堅忍不拔之志。」

—— 蘇軾《晁錯論》

人生傳略

方以智（西元 1611～1671 年）是中國 17 世紀啟蒙學者，《物理小識》的作者。1611 年出生在安徽桐城的一個官吏家庭。他自幼勤奮好學，特別喜歡技藝，經常自己製作一些小玩具。他讀書的內容很廣，除經書、八股文外，其他方面的書，凡是他能看到的，都要瀏覽一遍。因此，他的知識豐富，涉及內容廣泛。他對地理、天文、物理、生物、歷史、醫

學、文學、哲學和音韻都有研究，並且很注意觀察自然現象，對自然科學尤其愛好。當時，做官的途徑靠出身門第，或是靠吟詩作賦，或是靠八股文章。因此，對物理學感興趣，鑽研物理學的人極少。而方以智卻抱著探索自然科學知識的信念，刻苦學習，力圖全面掌握當時有關物理學的知識。

在明末、清初的時候，有些外國天主教的傳教士，奉羅馬教宗之命，紛紛來中國傳教。在這些傳教士當中，有的人對近代科學很有興趣，他們來中國之後，也就把這些知識帶來了。如利瑪竇、熊三拔（Sabatino de Ursis）、金尼閣（Nicolas Trigault）、羅雅各（Jacques Rho）等傳教士，就把有關天文、數學、物理等知識，譯成漢文，在中國廣為傳播。對待西方物理學思想，方以智既不採取否定抵制的態度，也不採取全面接受的態度，他採取的是批判地吸收，接受其先進正確的思想，摒棄其宗教胡說、唯心錯誤的部分，他仔細地研究過西方的重要譯文，對古希臘人的物理學思想進行認真地思考。因而，方以智的著作具有兼取中外知識精華的特點。

主要思想及著作

《物理小識》是方以智在 20 歲到 40 歲期間，即正值明末農民起義、外族入侵，全國到處都是一片兵荒馬亂時完成的。

《物理小識》共 12 卷。方以智根據幾十年來所收集加工整理的物理方面材料，按力學、熱學、磁學和光學等分別進行了論述。

在力學方面，書中詳細說明了利用比重的差異，從混合礦中分離出各類金屬的方法；記錄了用蓮子、雞蛋、桃仁、飯豆等試驗鹽滷濃度的方法。此外，他還研究了表面引力現象。在機械方面，自製了不少機

械，有自動行走的「運機」，其工作原理是用懸桶流水與積砂下漏使機械轉動，推動「運機」行走。王夫之認為，「運機」是失傳已久的諸葛亮創製的「木牛流馬」。此外，書中還記錄有槓桿輸運機和螺旋起重機。前者用槓桿原理來推動重物；後者以螺旋原理使重物上升，它很像千斤頂。書中講到所謂「轉水法」時，還隱約包含著能量守恆的思想。

在光學方面，書中講到關於光的反射、折射、光學儀器和大氣中光的現象等一系列問題。在書中，他研究了冰透鏡向日取火，並指出凹透鏡光交在前，凸透鏡光交在後。特別應當指出，他用有稜的寶石、三稜形的水晶把光抽成五色；並且，他把這一現象同背日噴水而成五色彩虹連繫起來，認為屬於同一類物理現象。這比牛頓的分光實驗還早 30 多年。此外，書中還談到磁偏角隨地域而變化以及金屬傳熱等問題。

方以智除研究自然科學以外，還積極參加了反對宦官專權的政治社團「復社」的活動，與宦官勢力進行了針鋒相對的鬥爭。因而，他一直受到宦官的懷恨和報復。清兵入關後，「復社」成員慘遭謀殺。方以智改姓名為吳石松，化裝南逃，隱居五嶺，賣藥度日。此間行醫賣畫為生，浪跡桂林。清兵南下廣東後，他出家為僧，改名大智，其號有無可、弘智、五老等。1671 年方以智在江西吉安拜謁文天祥墓的途中，死於萬安，時年 61 歲。

歷史評說

《物理小識》是 17 世紀初葉的一部民間百科全書。書中以物理學的發展為線索，詳細地論述了當時的科學知識。其中所包含的物理內容頗為豐富，涉及力學、熱學、電磁學和光學的大部分內容。此外還包括天、地、曆、風雷雨電、人身、醫藥、飲食、衣服、金石、器用、草木等各

行各類，記錄之詳細，內容之豐富，在中國甚至世界上都極為罕見。它為後人研究明代以前的科學技術知識，提供了極為豐富的材料，在中國科學技術史上占有重要地位。他的作者方以智也以其宏篇鉅著而堪稱中國最早的啟蒙學者之一。

方以智的一生，幾乎都是生活在戰亂之年。農民大起義後，異族入侵，朝廷內宦官專權。在民族危亡的關鍵時刻，他毅然從政，與宦官、異族入侵者進行你死我活的堅決鬥爭。與此同時，他能積極從事科學活動，為後人留下了內容豐富的科學著作，這更是難能可貴的。

科學家年譜

- 《物理小識》（時間不詳）

西學東漸的集大成者 —— 李善蘭

「設西國最深算題，請教李君，亦無不冰解。想中國有李君之才者極稀，或有能略與頡頏者，必中西廣行交涉後，則似李君庶乎有者。」

—— 傅蘭雅（John Fryer）

人生傳略

李善蘭（西元 1811 ～ 1882 年），字竟芳，號秋紉、別號王叔。清朝數學家。1811 年 1 月 2 日出生。李善蘭自幼師從私塾，9 歲即通《九章算術》，「以為淺近無味」。14 歲靠自學讀懂利瑪竇和徐光啟合譯的《幾何原本》、《測圓海鏡》、《勾股割圓記》。1852 年到上海參加西方數學、天文學等科學著作的翻譯工作，8 年譯書 8 種近 90 卷。1860 年以後，李善蘭

到徐有王、曾國藩門下充任幕僚。1868 年在北京至同文館任天文算學總教習直到 1882 年病故。

主要思想及著作

　　李善蘭一生在數學方面建樹甚多。1845 年他完成了《方圓闡幽》1 卷、《弧矢啟祕》2 卷、《對數探源》2 卷，三部有關冪級數研究的著作。創立了一種「尖錐求積術」理論，即用尖錐的面積來表示 $x2$，用求諸尖錐之和的方法來解決各種數學問題。他運用尖錐術分別闡述了三角函式和反三角函式的冪級數展開以及對數函式的冪展開問題。李善蘭使中國數學透過自己的途徑和方法，即使沒有西方微積分的傳入也會產生微積分，從而完成由初等數學向高等數學的轉變。

　　李善蘭的突出貢獻還表現在對西方數學的開拓性的引進。李善蘭與偉烈亞力（Alexander Wylie）合譯的《代數學》13 卷是西方近代數學的第一部中譯書；另一本《代數積拾級》18 卷是中國第一部微積分學的譯本。在翻譯過程中創立了許多數學名詞和術語的中文譯名，如「微分」（Differential）、「積分」（Integral）、「函式」（Function）、「級數」（series）、「曲率」（curvature）等等；他還直接引進了＝、×、÷、＜、＞等等數學符號，至今沿用。

　　李善蘭在譯介西方自然科學方面除數學之外，還涉及物理學、天文學、植物學等方面，他與艾約瑟（Joseph Edkins）合譯《重學》一書，最早將牛頓關於物體運動規律的理論介紹到中國，是當時影響最大、最重要的一部物理學著作。翻譯的《談天》一書中，介紹了牛頓的萬有引力定律和哥白尼的日心說產生以來歐洲天文學所取得的成就，這本書被稱為近代天文學的一本標準教科書。此外，李善蘭還與傅蘭雅合譯過牛頓的名著《自

然哲學的數學原理》，可惜已遺失。在植物學學科建設上，李善蘭因與韋廉臣（Alexander Williamson）等合譯《植物學》而作出自己的貢獻，這是第一部系統介紹西方近代植物學的著作。他的開拓之功，實不可沒。

名人事典

　　第一次鴉片戰爭期間，李善蘭耳聞目睹英侵略者的暴行及清軍的腐敗，憤怒地寫下：「壬寅四月夷船來，海塘不守門自開，官兵畏死作鼠竄，百姓號哭聲如雷。夷人好殺用火攻，飛炮轟擊千家灰，牽衣攜兒出門走，白日無光慘塵埃。黑面夷奴性貪淫，網收珠玉羅裙衩，飽掠十日揚帆去，滿城死骨如山堆。朝廷養兵本為民，臨敵不戰為何哉？」李善蘭痛恨英侵略者，怒斥腐敗的清軍，也深感中國科技的落後，故而發奮著書譯作，意在期待中國科技發達，「製器日精，以威海外各國」。愛國、憂國的情結推動了李善蘭進行科學研究。

　　李善蘭年輕時研究數學非常投入，在他的家鄉，至今還流傳著他洞房花燭夜「失蹤」的故事。據說他結婚的當天晚上，人們突然不見他了。後來才發現他正在二樓將身子探出窗外觀察星象，計算數學題呢！

歷史評說

　　李善蘭是一位偉大的數學家。他潛心研究中國傳統數學，取得重大突破。他還是中國近代史上引進西方近代數學的第一人，並且是中國諸多近代自然科學學科建設的開拓者。他的才能與貢獻，不僅奠定了他在近代科學技術上顯赫的地位，也贏得了不少國際同行的欽佩與讚揚。

　　李善蘭是中國近代自然科學的先驅者和開拓者，給後人留下豐富的數學著作和多種科學譯著。不僅如此，他還是一位剛直不阿，「居廟

堂」而未敢忘憂的愛國人士。他的門聯寫道「小學略通書數，大隱不在山林」，表明其雖居高位，但仍以隱士自居，絕不和貪官汙吏之輩同流合汙。他強烈的愛國主義和高尚的人格令人敬佩！

科學家年譜

- 1845 年，撰《方圓闡幽》、《弧矢啟猶祕》、《對數探源》
- 1855 年，譯《幾何原本》後 9 卷
- 1859 年，譯《代微積拾級》、《談天》、《重學》、《圓錐曲線》
- 1865 年，著《則古昔齋算學》
- 1880 年，撰《級數勾股》

穹頂之下，從泰利斯到愛因斯坦的科學遺產：

從古希臘哲學家到現代物理學家，穿梭於數千年的科學發展歷程

作　　者：周博文

發 行 人：黃振庭

出 版 者：崧燁文化事業有限公司

發 行 者：崧燁文化事業有限公司

E-mail：sonbookservice@gmail.com

粉 絲 頁：https://www.facebook.com/
　　　　　sonbookss/

網　　址：https://sonbook.net/

地　　址：台北市中正區重慶南路一段六十一號八
　　　　　樓 815 室

Rm. 815, 8F., No.61, Sec. 1, Chongqing S. Rd.,
Zhongzheng Dist., Taipei City 100, Taiwan

電　　話：(02)2370-3310

傳　　真：(02)2388-1990

印　　刷：京峯數位服務有限公司

律師顧問：廣華律師事務所 張珮琦律師

版權聲明

定　　價：499 元

發行日期：2024 年 03 月第一版

◎本書以 POD 印製

國家圖書館出版品預行編目資料

穹頂之下，從泰利斯到愛因斯坦的
科學遺產：從古希臘哲學家到現代
物理學家，穿梭於數千年的科學發
展歷程 / 周博文 著 . -- 第一版 . --
臺北市：崧燁文化事業有限公司，
2024.03
面；　公分
POD 版
ISBN 978-626-394-073-4(平裝)
1.CST: 科學家 2.CST: 世界傳記
781.053　113002432

電子書購買

臉書

爽讀 APP